A CONSTRUÇÃO
SOCIAL DA
REALIDADE

FICHA CATALOGRÁFICA
*(Preparada pelo Centro de Catalogação-na-fonte do
Sindicato Nacional dos Editores de Livros, RJ)*

B435c
Berger, Peter L.
A construção social da realidade: tratado de sociologia do conhecimento |por| Peter L. Berger |e| Thomas Luckmann. 36. ed.; tradução de Floriano de Souza Fernandes. Petrópolis, Vozes, 2014.

Bibliografia.

6ª reimpressão, 2021.

ISBN 978-85-326-0598-6

I. Sociologia do conhecimento I. Luckmann, Thomas. II. Título. III. Série.

73-0221

CDD-301.01
CDU – 301

PETER L. BERGER

Professor de Sociologia na Rutgers University

THOMAS LUCKMANN

Professor de Sociologia na Universidade de Frankfurt

A CONSTRUÇÃO SOCIAL DA REALIDADE

TRATADO DE SOCIOLOGIA
DO CONHECIMENTO

Tradução de Floriano de Souza Fernandes

EDITORA
VOZES

Petrópolis

© 1966, by Peter L. Berger e Thomas Luckmann

Título do original em inglês: *The Social Construction of Reality*
Editado por: Doubleday & Company, Inc

Direitos de publicação em língua portuguesa – Brasil:
1973, Editora Vozes Ltda.
Rua Frei Luís, 100
25689-900 Petrópolis, RJ
www.vozes.com.br
Brasil

Todos os direitos reservados. Nenhuma parte desta obra poderá ser reproduzida ou transmitida por qualquer forma e/ou quaisquer meios (eletrônico ou mecânico, incluindo fotocópia e gravação) ou arquivada em qualquer sistema ou banco de dados sem permissão escrita da editora.

CONSELHO EDITORIAL

Diretor
Gilberto Gonçalves Garcia

Editores
Aline dos Santos Carneiro
Edrian Josué Pasini
Marilac Loraine Oleniki
Welder Lancieri Marchini

Conselheiros
Francisco Morás
Ludovico Garmus
Teobaldo Heidemann
Volney J. Berkenbrock

Secretário executivo
João Batista Kreuch

Diagramação: Sheilandre Desenv. Gráfico
Capa: Renan Rivero

ISBN 978-85-326-0598-6

Editado conforme o novo acordo ortográfico.

Este livro foi composto e impresso pela Editora Vozes Ltda.

Sumário

Prefácio, 7

INTRODUÇÃO:
O PROBLEMA DA SOCIOLOGIA DO CONHECIMENTO, 11

I. OS FUNDAMENTOS DO CONHECIMENTO NA VIDA COTIDIANA, 35

  1. A realidade da vida cotidiana, 35

  2. A interação social na vida cotidiana, 46

  3. A linguagem e o conhecimento na vida cotidiana, 52

II. A SOCIEDADE COMO REALIDADE OBJETIVA, 67

  1. Institucionalização, 67

    a) Organismo e atividade, 67

    b) As origens da institucionalização, 75

    c) Sedimentação e tradição, 92

    d) Papéis, 97

    e) Extensão e modos de institucionalização, 106

  2. Legitimação, 122

    a) As origens dos universos simbólicos, 122

    b) Os mecanismos conceituais da manutenção do universo, 137

    c) A organização social para a manutenção do universo, 151

III. A SOCIEDADE COMO REALIDADE SUBJETIVA, 167

   1. A interiorização da realidade, 167

      a) A socialização primária, 167

      b) A socialização secundária, 178

      c) A conservação e a transformação da realidade subjetiva, 189

   2. A interiorização e a estrutura social, 209

   3. Teorias sobre a identidade, 221

   4. Organismo e identidade, 229

CONCLUSÃO:
A SOCIOLOGIA DO CONHECIMENTO E A TEORIA SOCIOLÓGICA, 235

Prefácio

O presente volume pretende ser um tratado teórico sistemático de sociologia do conhecimento. Não tem, portanto, a intenção de oferecer uma vista geral histórica do desenvolvimento desta disciplina nem de empenhar-se na exegese das várias formas de tais ou quais extensões da teoria sociológica ou mesmo mostrar como é possível chegar-se a uma síntese de várias dessas formas e extensões. Tampouco há aqui qualquer intuito polêmico. Os comentários críticos sobre outras posições teóricas foram introduzidos (não no texto, mas nas notas) somente onde possam servir para esclarecer a presente argumentação.

O núcleo do raciocínio encontra-se nas secções II e III ("A sociedade como realidade objetiva" e "A sociedade como realidade subjetiva"), contendo a primeira nossa compreensão fundamental dos problemas da sociologia do conhecimento e a segunda aplicando esta compreensão ao nível da consciência subjetiva, construindo desta maneira uma ponte teórica para os problemas da psicologia social. A secção I contém aquilo que poderia ser melhor descrito como prolegômenos filosóficos ao núcleo do raciocínio, em termos de análise fenomenológica da realidade da vida cotidiana ("Fundamentos do conhecimento na vida cotidiana"). O leitor interessado somente na argumentação sociológica propriamente dita poderia ser tentado a saltar esta parte, mas deve ser avisado de que certos conceitos-chave empregados durante todo o raciocínio são definidos na secção I.

Embora nosso interesse não seja histórico, sentimo-nos na obrigação de explicar por que e em que sentido nossa concepção da sociologia do conhecimento diferencia-se do que até aqui tem sido geralmente compreendido como constituindo essa disciplina. Desincumbimo-nos desta tarefa na introdução. Na parte final fazemos algumas observações com o caráter de conclusões para indicar o que considerramos serem os "lucros" do presente empreendimento para a teoria sociológica em geral e para certas áreas da pesquisa empírica.

A lógica de nosso raciocínio torna inevitável certo número de repetições. Assim, alguns problemas são examinados entre parênteses fenomenológicos na secção I, tomados novamente na secção II sem esses parênteses e com interesse em sua gênese empírica, e depois retomados ainda uma vez na secção III ao nível da consciência subjetiva. Esforçamo-nos por tornar este livro tão legível quanto possível, mas sem violar sua lógica interna, e esperamos que o leitor compreenderá as razões dessas repetições, que não podiam ser evitadas.

Ibn ul'Arabi, o grande místico islâmico, exclama em um de seus poemas: "Livrai-nos, Alá, do mar de nomes!" Temos frequentemente repetido esta exclamação em nossas conferências sobre a teoria sociológica. Consequentemente, decidimos eliminar todos os nomes de nosso atual raciocínio. Este pode ser lido agora como uma apresentação contínua de nossa posição pessoal, sem a constante inclusão de observações tais como "Durkheim diz isto", "Weber diz aquilo", "concordamos aqui com Durkheim, mas não com Weber", "parece-nos que Durkheim foi mal compreendido neste ponto", e assim por diante. É evidente em cada página que nossa posição não surgiu *ex nihilo*, mas desejamos que seja julgada por seus próprios méritos e não em função de seus aspectos exegéticos ou sintetizantes. Colocamos por conseguinte todas as referências nas notas, assim como (embora sempre resumidamente) quaisquer discussões que temos com as fontes de que somos devedores. Isto obrigou a um aparato de notas bastante grande. Não quisemos render homenagem aos rituais da *Wissenschaftlichkeit*, mas preferimos nos manter fiéis às exigências da gratidão histórica.

O projeto do qual este livro é a realização foi pela primeira vez maquinado no verão de 1962, no curso de algumas conversas folgadas ao pé (e às vezes no alto) dos Alpes da Áustria Ocidental. O primeiro plano para o livro foi traçado no início de 1963. De começo tinha-se em vista um empreendimento que incluía um outro sociólogo e dois filósofos. Os outros participantes, por várias razões biográficas, foram obrigados a se retirarem da participação ativa no projeto, mas desejamos agradecer com grande apreço os contínuos comentários críticos de Hansfried Kellner (atualmente na Universidade de Frankfurt) e Stanley Pullberg (atualmente na Ecole Pratique des Hautes Etudes).

Em várias partes deste tratado ficará clara a dívida que temos com o falecido Alfred Schutz. Gostaríamos, porém, de reconhecer aqui a influência do ensino e das obras de Schutz em nosso pensamento. Nossa compreensão de Weber deve muito aos ensinamentos de Carl Mayer (Graduate Faculty, New School for Social Research), assim como a compreensão de Durkheim e de sua escola aproveitou imensamente com as interpretações de Albert Salomon (também da Graduate Faculty). Luckmann, recordando-se de muitas proveitosas conversas durante um período de ensino conjunto no Hobart College e em outras ocasiões, deseja expressar sua admiração pelo pensamento de Friedrich Tenbruck (atualmente na Universidade de Frankfurt). Berger gostaria de agradecer a Kurt Wolff (Brandeis University) e Anton Zijderveld (Universidade de Leiden) por seu constante interesse crítico no progresso das ideias incorporadas a esta obra.

É costume em projetos desta espécie agradecer as várias contribuições impalpáveis das esposas, filhos e outros colaboradores privados de situação legal mais duvidosa. Embora ao menos para transgredir este costume estivemos tentados a dedicar este livro a um certo *Jodler* de Brand, Vorarlberg. Entretanto, queremos agradecer a Brigitte Berger (Hunter College) e Benita Luckmann (Universidade de Freiburg), não por quaisquer desempenhos, cientificamente sem importância, de funções privadas, mas por suas observações críticas como cientistas sociais e por sua inflexível recusa a serem facilmente requisitadas.

PETER L. BERGER
Graduate Faculty New School for Social Research
THOMAS LUCKMANN
Universidade de Frankfurt

INTRODUÇÃO
O problema da sociologia do conhecimento

As afirmações fundamentais do raciocínio deste livro acham-se implícitas no título e no subtítulo e consistem em declarar que a realidade é construída socialmente e que a sociologia do conhecimento deve analisar o processo em que este fato ocorre. Os termos essenciais nestas afirmações são "realidade" e "conhecimento", termos não apenas correntes na linguagem diária, mas que têm atrás de si uma longa história de investigação filosófica. Não precisamos entrar aqui na discussão das minúcias semânticas nem do uso cotidiano ou do uso filosófico desses termos. Para a nossa finalidade será suficiente definir "realidade" como uma qualidade pertencente a fenômenos que reconhecemos terem um ser independente de nossa própria volição (não podemos "desejar que não existam"), e definir "conhecimento" como a certeza de que os fenômenos são reais e possuem características específicas. É neste sentido (declaradamente simplista) que estes termos têm importância tanto para o homem da rua quanto para o filósofo. O homem da rua habita um mundo que é "real" para ele, embora em graus diferentes, e "conhece", com graus variáveis de certeza, que este mundo possui tais ou quais características. O filósofo naturalmente levantará questões relativas ao *status* último tanto desta "realidade" quanto deste "conhecimento". *Que é real? Como se conhece?* Estas são algumas das mais antigas perguntas não somente da pesquisa filosófica propriamente dita, mas do pensamento humano enquanto tal. Precisamente por esta razão a intromissão do sociólogo neste venerável território intelectual poderá provavelmente chocar o homem da rua e mesmo ainda mais provavelmente enfurecer o filósofo. É por conseguinte importante que esclareçamos desde o início o sentido em que usamos estes termos no contexto da sociologia, e que imediatamente repudiemos qualquer pretensão da sociologia a dar resposta a estas antigas preocupações filosóficas.

Se quiséssemos ser meticulosos na argumentação a seguir exposta, deveríamos pôr entre aspas os dois mencionados termos todas as vezes que os empregamos, mas isto seria estilisticamente deselegante. Falar em aspas, porém, pode dar um indício da maneira peculiar em que estes termos aparecem em um contexto sociológico. Poder-se-ia dizer que a compreensão sociológica da "realidade" e do "conhecimento" situa-se de certa maneira à meia distância entre a do homem da rua e a do filósofo. O homem da rua habitualmente não se preocupa com o que é "real" para ele e com o que "conhece", a não ser que esbarre com alguma espécie de problema. Dá como certa sua "realidade" e seu "conhecimento". O sociólogo não pode fazer o mesmo, quanto mais não seja por causa do conhecimento sistemático do fato de que os homens da rua tomam como certas diferentes "realidades", quando se passa de uma sociedade a outra. O sociólogo é forçado pela própria lógica de sua disciplina a perguntar, quanto mais não seja, se a diferença entre as duas "realidades" não pode ser compreendida com relação às várias diferenças entre as duas sociedades. O filósofo, por outro lado, é profissionalmente obrigado a não considerar nada como verdadeiro e a obter a máxima clareza com respeito ao *status* último daquilo que o homem da rua acredita ser a "realidade" e o "conhecimento". Noutras palavras, o filósofo é levado a decidir onde as aspas são adequadas e onde podem ser seguramente omitidas, isto é, a estabelecer a distinção entre afirmativas válidas e inválidas relativas ao mundo. O sociólogo, possivelmente, não pode fazer isso. Logicamente, quando não estilisticamente, está crivado de aspas.

Por exemplo, o homem da rua pode acreditar que possui "liberdade da vontade", sendo por conseguinte "responsável" por suas ações, ao mesmo tempo em que nega esta "liberdade" e esta "responsabilidade" às crianças e aos lunáticos. O filósofo, seja por que métodos for, tem que indagar do *status* ontológico e epistemológico destas concepções. *O homem é livre? Que é a responsabilidade? Onde es-*

tão os limites da responsabilidade? Como se pode conhecer estas coisas? E assim por diante. Não é necessário dizer que o sociólogo não tem condições para dar respostas a estas perguntas. O que pode e deve fazer, contudo, é perguntar por que a noção de "liberdade" chegou a ser suposta como certa em uma sociedade e não em outra, como sua "realidade" é mantida em uma sociedade e como, de modo ainda mais interessante, esta "realidade" pode mais de uma vez ser perdida por um indivíduo ou uma coletividade inteira.

O interesse sociológico nas questões da "realidade" e do "conhecimento" justifica-se assim inicialmente pelo fato de sua relatividade social. O que é "real" para um monge tibetano pode não ser "real" para um homem de negócios americano. O "conhecimento" do criminoso é diferente do "conhecimento" do criminalista. Segue-se que aglomerações específicas da "realidade" e do "conhecimento" referem-se a contextos sociais específicos e que estas relações terão de ser incluídas numa correta análise sociológica desses contextos. A necessidade da "sociologia do conhecimento" está assim dada já nas diferenças observáveis entre as sociedades em termos daquilo que é admitido como "conhecimento" nelas. Além disso, porém, uma disciplina que se chama a si mesma por esse nome terá de ocupar-se dos modos gerais pelos quais as "realidades" são admitidas como "conhecidas" nas sociedades humanas. Em outras palavras, uma "sociologia do conhecimento" terá de tratar não somente da multiplicidade empírica do "conhecimento" nas sociedades humanas, mas também dos processos pelos quais *qualquer* corpo de "conhecimento" chega a ser socialmente estabelecido *como* "realidade".

Nosso ponto de vista, por conseguinte, é que a sociologia do conhecimento deve ocupar-se com tudo aquilo que passa por "conhecimento" em uma sociedade, independentemente da validade ou invalidade última (por quaisquer critérios) desse "conhecimento". E na medida em que todo "conhecimento" humano desenvolve-se, transmite-se e mantém-se em situações sociais, a sociologia do conhecimento deve procurar compreender o processo pelo qual isto se realiza, de tal maneira que uma "realidade" admitida como certa solidifica-se para o homem da rua. Em outras palavras, defendemos o ponto de vista que *a sociologia do conhecimento diz respeito à análise da construção social da realidade.*

Esta compreensão do verdadeiro campo da sociologia do conhecimento difere do que geralmente se entende por esta disciplina desde que pela primeira vez foi chamada por este nome há cerca de quarenta anos atrás. Por conseguinte, antes de começarmos nossa presente argumentação, será útil examinar resumidamente o desenvolvimento anterior da disciplina e explicar de que maneira, e por que motivos, sentimos a necessidade de nos afastarmos dele.

O termo "sociologia do conhecimento" (*Wissenssoziologie*) foi forjado por Max Scheler[1] na década de 1920 na Alemanha, e Scheler era um filósofo. Estes três fatos são muito importantes para a compreensão da gênese e do ulterior desenvolvimento da nova disciplina. A sociologia do conhecimento teve origem em uma particular situação da história intelectual alemã e em determinado contexto filosófico. Embora a nova disciplina fosse posteriormente introduzida no adequado contexto sociológico, especialmente no mundo de língua inglesa, continuou a ser marcada pelos problemas da particular situação intelectual de onde surgiu. Como resultado, a sociologia do conhecimento permaneceu no estado de objeto marginal de estudo entre os sociólogos em geral, que não participavam dos particulares problemas que preocupavam os pensadores alemães na década de 1920. Isto foi especialmente verdade no que diz respeito aos sociólogos americanos, que de modo geral consideravam a disciplina como uma especialidade periférica, de sabor caracteristicamente europeu. Mais importante, contudo, foi o fato da permanente ligação da sociologia do conhecimento com sua original constelação de problemas ter constituído uma fraqueza teórica, mesmo nos lugares em que houve interesse pela disciplina. Isto é, a sociologia do conhecimento foi considerada por seus protagonistas e em geral pelo público sociológico mais ou menos indiferente como uma espécie de glosa sociológica sobre a his-

---

1. Cf. SCHELER, M., *Die Wissensformen und die Gesellschaft*. Berna: Francke, 1960. Este volume de ensaios, publicado pela primeira vez em 1925, contém a formulação básica da sociologia do conhecimento num ensaio intitulado "Probleme einer Soziologie des Wissens", que foi originalmente publicado um ano antes.

tória das ideias. O resultado foi uma considerável miopia com relação à significação teórica potencial da sociologia do conhecimento. Houve diferentes definições da natureza e do âmbito da sociologia do conhecimento. Na verdade, é possível dizer-se que a história dessa subdisciplina tem sido até agora a história de suas várias definições. Entretanto, há acordo geral em que a sociologia do conhecimento trata das relações entre o pensamento humano e o contexto social dentro do qual surge. Pode dizer-se assim que a sociologia do conhecimento constitui o foco sociológico de um problema muito mais geral, o da determinação existencial (*Seinsgebundenheit*) do pensamento enquanto tal. Embora neste caso a atenção se concentre sobre o fator social, as dificuldades teóricas são semelhantes às que surgiram quando outros fatores (tais como os históricos, os psicológicos ou os biológicos) foram propostos com o valor de determinantes do pensamento humano. Em todos esses casos o problema geral tem sido estabelecer a extensão em que o pensamento reflete os fatores determinantes propostos ou é independente deles.

É provável que a proeminência do problema geral na recente filosofia alemã tenha suas raízes na vasta acumulação de erudição histórica que foi um dos maiores frutos intelectuais do século XIX na Alemanha. De um modo sem precedente em qualquer outro período da história intelectual, o passado, com sua assombrosa variedade de formas de pensamento, foi "tornado presente" ao espírito contemporâneo pelos esforços da cultura histórica científica. É difícil disputar o direito da cultura alemã ao primeiro lugar neste empreendimento. Não deveria, por conseguinte, surpreender-nos que o problema teórico instituído pelo mencionado empreendimento tenha sido sentido mais agudamente na Alemanha. Pode-se dizer que este problema é o da vertigem da relatividade. A dimensão epistemológica do problema é óbvia. No nível empírico conduziu à preocupação de investigar o mais cuidadosamente possível as relações concretas entre o pensamento e suas situações históricas. Se esta interpretação é correta, a sociologia do conhecimento tomou a si um problema originariamente colocado pela erudição histórica, numa focalização mais estreita, sem dúvida, mas essencialmente com o interesse nas mesmas questões[2].

Nem o problema geral nem sua focalização mais estreita são novos. A consciência dos fundamentos sociais dos valores e das concepções do mundo pode ser já encontrada na Antiguidade. Pelo menos a partir do Iluminismo esta consciência cristalizou-se, tornando-se um dos principais temas do moderno pensamento ocidental. Assim, é possível justificar convenientemente muitas "genealogias" do problema central da sociologia do conhecimento[3]. Pode mesmo dizer-se que o problema está contido *in nuce* na famosa frase de Pascal de acordo com a qual aquilo que é verdade de um lado dos Pireneus é erro do outro lado[4]. No entanto, os antecedentes intelectuais imediatos da sociologia do conhecimento são três criações do pensamento alemão do século XIX, o pensamento marxista, o nietzscheano e o historicista.

A sociologia do conhecimento tem sua raiz na proposição de Marx que declara ser a consciência do homem determinada por seu ser social[5]. Sem dúvida tem havido muitos debates para se saber ao certo que espécie de determinação Marx tinha em mente. Pode-se dizer, com certeza, que muito da grande "luta com Marx" que caracterizou não somente os começos da sociologia do conhecimento, mas a "Idade Clássica" da sociologia em geral (particularmente tal como é manifestada nas obras de Weber, Durkheim e Pareto) foi realmente uma luta contra uma defeituosa interpretação de Marx pelos marxistas modernos. Esta proposição ganha plausibilidade quando refletimos no fato de que foi somente em 1932 que os importantíssimos *Manuscritos econômicos e filosóficos de 1844*

---

2. Cf. WINDELHAND, W. & HEIMSOETH, H. *Lehrbuch der Geschlchte der Philosophie*. Tübingen: Mohr, 1950, p. 605ss.

3. Cf. SALOMON, A. *In Praise of Enlightenment*. Nova York: Meridian Books, 1963. • BARTH, H. *Wahrheit und Ideologie*. Zurich: Manesse, 1945. • STARK, W. *The Sociology of Knowledge*. Chicago: Free Press of Glencoe, 1958, p. 46ss. • LENK, K. (ed.). *Ideologie*. Neuwied/Rhein: Luchterhand, 1961, p. 13ss.

4. *Pensèes*, v. 294.

5. Cf. Marx, K. *Die Frühschriften*. Stuttgart: Kröner, 1953. Os *Manuscritos econômicos e filosóficos de 1844* encontram-se nas p. 225ss.

foram redescobertos e somente depois da Segunda Guerra Mundial a plena implicação dessa redescoberta poderia ser esgotada na pesquisa sobre Marx. Como quer que seja, a sociologia do conhecimento herdou de Marx não somente a mais exata formulação de seu problema central, mas também alguns de seus conceitos-chave, entre os quais deveriam ser mencionados particularmente os conceitos de "ideologia" (ideias que servem de armas para interesses sociais) e "falsa consciência" (pensamento alienado do ser social real do pensador).

A sociologia do conhecimento foi particularmente fascinada pelos dois conceitos gêmeos, estabelecidos por Marx, de "infraestrutura e superestrutura" (*Unterbau, Ueberbau*). Foi neste ponto principalmente que a controvérsia se tornou violenta a respeito da correta interpretação do próprio pensamento de Marx. O marxismo posterior teve a tendência a identificar a "infraestrutura" com a estrutura econômica *tout court*, da qual se supunha que a "superestrutura" era um "reflexo" direto (assim, por exemplo, Lenin). É agora de todo claro que isto representa incorretamente o pensamento de Marx, pois o caráter essencialmente mecanicista, em vez de dialético, desta espécie de determinismo econômico torna-o suspeito. O que interessava a Marx é que o pensamento humano funda-se na atividade humana ("trabalho" no sentido mais amplo da palavra) e nas relações sociais produzidas por esta atividade. O melhor modo de compreender as expressões "infraestrutura" e "superestrutura" é considerá-las respectivamente como atividade humana e mundo produzido por esta atividade[6]. De qualquer modo, o esquema fundamental "infraestrutura/superestrutura" foi admitido em várias formas pela sociologia do conhecimento, a começar por Scheler, sempre

---

6. Sobre o esquema de Marx *Unterbau/Ueberbau*, cf. KAUTSKY, K. "Verhältnis von Unterbau und Ueberbau". In: Iring Fetscher (ed.). *Der Marxismus*. Munique: Piper, 1962, p. 160ss. • LABRIOLA, A. *"Die Vermittlung zwischen Basis und Ueberbau"*, ibid., p. 167ss. • CALVEZ, J.-Y. *La pensée de Karl Marx*. Paris: Editions du Seuil, 1956, p. 424ss. A mais importante reformulação do problema feita no século XX é a de György Lukács, em sua *Geschichte und Klassenbewusstsein* (Berlim, 1923), hoje mais facilmente acessível na tradução francesa, *Histoire et conscience de classe* (Paris: Editions de Minuit, 1960). A interpretação de Lukács do conceito de dialética de Marx é tanto mais notável quanto antecedeu de quase uma década a redescoberta dos *Manuscritos econômicos e filosóficos de 1844*.

compreendendo-se que existe alguma espécie de relação entre o pensamento e uma realidade "subjacente", distinta do pensamento. A fascinação desse esquema prevaleceu apesar do fato de grande parte da sociologia do conhecimento ter sido explicitamente formulada em oposição ao marxismo e de terem sido tomadas diferentes posições nesse campo com relação à natureza do correlacionamento entre os dois componentes do esquema.

As ideias de Nietzsche continuaram menos explicitamente na sociologia do conhecimento, mas participam muito de seus fundamentos intelectuais gerais e da "atmosfera" em que surgiu. O anti-idealismo de Nietzsche, apesar das diferenças no conteúdo não dessemelhante ao de Marx na forma, acrescentou novas perspectivas sobre o pensamento humano como instrumento na luta pela sobrevivência e pelo poder[7]. Nietzsche desenvolveu sua própria teoria da "falsa consciência" em suas análises da significação social do engano e do autoengano e da ilusão como condição necessária da vida. A concepção nietzscheana do "ressentimento" como fator causal de certos tipos de pensamento humano foi retomada diretamente por Scheler. De modo mais geral, contudo, pode dizer-se que a sociologia do conhecimento representa uma aplicação específica daquilo que Nietzsche chamava adequadamente a "arte da desconfiança"[8].

O historicismo, expresso especialmente na obra de Wilhelm Dilthey, precedeu imediatamente a sociologia do conhecimento[9].

---

7. As obras mais importantes de Nietzsche para a sociologia do conhecimento são *A genealogia da moral* e *A vontade de poder*. Para discussões secundárias, cf. Kaufmann, W.A. *Nietzsche*. Nova York: Meridian Books, 1956. • LÖWITH, K. *From Hegel to Nietzsche* (tradução inglesa – Nova York, HOLT, RINEHART and WINSTON, 1964).

8. Uma das primeiras e mais Interessantes aplicações do pensamento de Nietzsche à sociologia do conhecimento encontra-se em *Bewusstsein als Verhängnis* de Alfred Seidel (Bonn: Cohen, 1927). Seidel, que foi aluno de Weber, procurou combinar Nietzsche e Freud com uma radical crítica sociológica da consciência.

9. Uma das mais sugestivas discussões da relação entre historicismo e sociologia é a de Carlo em *Dallo storicismo alla sociologia*. Florença, 1940. Também cf. HUGHES, H.S. *Consciousness and Society*. Nova York: Knopf, 1958, p. 183ss. A mais importante obra de Wilhelm Dilthey para nossas presentes considerações é *Der Aufbau der geschichtlichen Welt in den Geisteswissenschaften*. Stuttgart: Teubner, 1958.

O tema dominante aqui era o esmagador sentido da relatividade de todas as perspectivas sobre os acontecimentos humanos, isto é, da inevitável historicidade do pensamento humano. A insistência com que o historicismo afirmava que nenhuma situação histórica poderia ser entendida exceto em seus próprios termos prestava-se a ser facilmente traduzida na acentuação da situação social do pensamento. Certos conceitos historicistas, tais como "determinação situacional" (*Standortsgebundenheit*) e "sede na vida" (*Sitz im Leben*) poderiam ser diretamente traduzidos como se referindo à "localização social" do pensamento. Em termos mais gerais, a herança historicista da sociologia do conhecimento predispôs esta última a tomar intenso interesse pela história e a empregar um método essencialmente histórico, fato, diga-se de passagem, que contribuiu também para a marginalização dessa disciplina no ambiente da sociologia americana.

O interesse de Scheler pela sociologia do conhecimento e pelas questões sociológicas em geral foi essencialmente um episódio passageiro em sua carreira filosófica[10]. Seu objetivo final era o estabelecimento de uma antropologia filosófica que transcendesse a relatividade dos pontos de vista específicos histórica e socialmente localizados. A sociologia do conhecimento deveria servir de instrumento para alcançar este propósito, tendo por principal finalidade esclarecer e afastar as dificuldades levantadas pelo relativismo, de modo que a verdadeira tarefa filosófica pudesse ir adiante. A sociologia do conhecimento de Scheler é, em sentido muito real, *ancilla philosophiae*, e de uma filosofia muito específica, além do mais.

Ajustando-se a esta orientação, a sociologia do conhecimento de Scheler é essencialmente um método negativo. Scheler afirmava que a relação entre "fatores ideais" (*Idealfaktoren*) e "fatores reais" (*Realfaktoren*), termos que lembram claramente o esquema marxista "infra/superestrutura", era meramente uma relação regulativa. Isto é, os "fatores reais" regulam as condições nas quais certos "fa-

---

10. Para um excelente estudo da concepção de Scheler sobre a sociologia do conhecimento, cf. LIEBER, H.-J. *Wissen und Gesellschaft*. Tübingen: Niemeyer, 1952, p. 55ss. Veja-se, também, STARK, op. cit., passim.

tores ideais" podem aparecer na história, mas não podem afetar o conteúdo destes últimos. Em outras palavras, a sociedade determina a presença (*Dasein*), mas não a natureza (*Sosein*) das ideias. A sociologia do conhecimento, portanto, é o procedimento pelo qual deve ser estudada a seleção sócio-histórica dos conteúdos ideativos, ficando compreendido que estes conteúdos enquanto tais são independentes da causalidade sócio-histórica e por conseguinte inacessíveis à análise sociológica. Se é possível descrever pitorescamente o método de Scheler, poderia dizer-se que consiste em lançar um pedaço de pão de bom tamanho molhado em leite ao dragão a relatividade, mas somente com o fim de poder melhor penetrar no castelo da certeza ontológica.

Neste quadro intencionalmente (e inevitavelmente) modesto, Scheler analisou com abundantes detalhes a maneira em que o conhecimento humano é ordenado pela sociedade. Acentuou que o conhecimento humano é dado na sociedade como um *a priori* à experiência individual, fornecendo a esta sua ordem de significação. Esta ordem, embora relativa a uma particular situação sócio-histórica, aparece ao indivíduo como o modo natural de conceber o mundo. Scheler chamou a isto a "relativa e natural concepção do mundo" (*relativnatürliche Weltanschauung*) de uma sociedade, conceito que pode ainda ser considerado central na sociologia do conhecimento.

Seguindo-se à "invenção" por Scheler da sociologia do conhecimento houve na Alemanha um largo debate a respeito da validade, âmbito e aplicabilidade da nova disciplina[11]. Deste debate emergiu uma formulação que marcou a transposição da sociologia do conhecimento para um contexto mais estreitamente sociológico. Foi nessa mesma formulação que a sociologia do conhecimento chegou

---

11. Para o desenvolvimento geral da sociologia alemã durante este período, cf. ARON, R. *La sociologie allemande contemporaine*. Paris: Presses Universitaires de France, 1950. Como importante contribuição deste período concernente à sociologia do conhecimento, cf. LANDSHUT, S. *Kritik der Soziologie*. Munique: 1929. • FREYER, H. *Soziologie als Wirklichkeitswissenschaft*. Leipzig, 1930. • GRÜNWALD, E. *Das Problem der Soziologie des Wissens*. Viena, 1934). • SCHELTING, A. von. *Max Webers Wissenschaftslehre*. Tübingen, 1934. Esta última obra, ainda o mais importante estudo da metodologia de Weber, deve ser entendida levando-se em conta o debate sobre sociologia do conhecimento, então concentrado nas formulações de Scheler e Mannheim.

ao mundo de língua inglesa. Trata-se da formulação de Karl Mannheim[12]. Pode-se afirmar com segurança que quando os sociólogos hoje em dia pensam na sociologia do conhecimento, pró ou contra, em geral o fazem nos termos da formulação de Mannheim. Na sociologia americana este fato é facilmente inteligível se refletirmos em que a totalidade da obra de Mannheim virtualmente se tornou acessível em inglês (uma parte desta obra na verdade foi escrita em inglês, durante o período em que Mannheim esteve ensinando na Inglaterra depois do advento do nazismo na Alemanha ou foi publicada em traduções inglesas revistas), ao passo que a obra de Scheler sobre a sociologia do conhecimento permaneceu até hoje sem tradução. Deixando de lado o fator "difusão", a obra de Mannheim é menos carregada de "bagagem" filosófica que a de Scheler. Isto é especialmente verdade no que se refere aos últimos escritos de Mannheim e pode ser visto se compararmos a tradução inglesa de sua principal obra, *Ideologia e utopia*, com o original alemão. Mannheim tornou-se assim uma figura mais "compatível" para os sociólogos, mesmo para aqueles que criticavam o seu modo de ver ou não se interessavam por ele.

A compreensão que Mannheim tinha da sociologia do conhecimento era muito mais extensa que a de Scheler, possivelmente porque o confronto com o marxismo tinha maior destaque em seu trabalho. A sociedade era vista determinando não somente a aparência, mas também o conteúdo da ideação humana, com exceção da matemática e pelo menos de algumas partes das ciências naturais. A sociologia do conhecimento tornou-se assim um método positivo para o estudo de quase todas as facetas do pensamento humano.

---

12. MANNHEIM, K. *Ideology and Utopia*. Londres, Routledge & Kegan Paul, 1936. • *Essays on the Sociology of Knowledge*. Nova York: Oxford University Press, 1952. • *Essays on Sociology and Social Psychology*. Nova York: Oxford University Press, 1953. • *Essays on the Sociology of Culture*. Nova York: Oxford University Press, 1956. Um compêndio dos mais importantes escritos de Mannheim sobre a sociologia do conhecimento, compilado por Kurt Wolff, tendo uma útil introdução, é *Wissenssoziologie* de Karl Mannheim (Neuwied/Rhein, Luchterhand, 1964). Para estudos secundários da concepção de Mannheim sobre a sociologia do conhecimento, cf. MAQUET, J.J. *Sociologie de la connaissance*. Louvain: Nauwelaerts, 1949. • ARON. Op. cit. • MERTON, R.K. *Social Theory and Social Structure*. Chicago: Free Press of Glencoe, 1957, p. 489ss. • STARK, op. cit. • LIEBER. Op. cit.

É muito significativo o fato de Mannheim preocupar-se principalmente com o fenômeno da ideologia. Estabelece a distinção entre os conceitos particular, total e geral de ideologia – a ideologia constituindo somente um segmento do pensamento do adversário; a ideologia constituindo a totalidade do pensamento do adversário, (semelhante à "falsa consciência" de Marx); e (aqui, segundo pensou Mannheim, indo além de Marx) a ideologia caracterizando não somente o pensamento de um adversário, mas também o do próprio pensador. Com o conceito geral de ideologia alcança-se o nível da sociologia do conhecimento, a compreensão de que não há pensamento humano (apenas com as exceções antes mencionadas) que seja imune às influências ideologizantes de seu contexto social. Mediante esta expansão da teoria da ideologia Mannheim procura separar seu problema central do contexto do uso político e tratá-lo como problema geral da epistemologia e da sociologia histórica.

Embora Mannheim não partilhasse das ambições ontológicas de Scheler, também ele sentia-se pouco à vontade com o pan-ideologismo que seu pensamento parecia conduzi-lo. Cunhou o termo "relacionismo" (por oposição a "relativismo") para designar a perspectiva epistemológica de sua sociologia do conhecimento, não uma capitulação do pensamento diante das relatividades socio-históricas, mas o sóbrio reconhecimento de que o conhecimento tem sempre de ser conhecimento a partir de urna certa posição. A influência de Dilthey é provavelmente de grande importância neste ponto do pensamento de Mannheim, o problema do marxismo é resolvido com os instrumentos do historicismo. Seja como for, Mannheim acreditava que as influências ideologizantes, embora não pudessem ser completamente erradicadas, podiam ser mitigadas pela análise sistemática do maior número possível de posições variáveis socialmente fundadas. Em outras palavras, o objeto do pensamento torna-se progressivamente mais claro com esta acumulação de diferentes perspectivas a ele referentes. Nisso deve consistir a tarefa da sociologia do conhecimento, que se torna assim uma importante ajuda na procura de qualquer entendimento correto dos acontecimentos humanos.

Mannheim acreditava que os diferentes grupos sociais variam enormemente em sua capacidade de transcender deste modo sua própria estreita posição. Depositava a maior esperança na "inteligência socialmente descomprometida" (*Freischwebende Intelligenz*, termo derivado de Alfred Weber), uma espécie de estrato intersticial que acreditava estar relativamente livre de interesses de classe. Mannheim acentuou também o poder do pensamento "utópico", que (tal como a ideologia) produz uma imagem destorcida de realidade social, mas que (ao contrário da ideologia) tem o dinamismo necessário para transformar essa realidade na imagem que dela faz.

Não é preciso dizer que as observações acima de modo algum fazem justiça nem à concepção de Scheler nem à de Mannheim com relação à sociologia do conhecimento. Não é esta nossa intenção. Indicamos unicamente alguns aspectos decisivos das duas concepções, que foram convenientemente chamadas, respectivamente, as concepções "moderada" e "radical" da sociologia do conhecimento[13]. O fato notável é que o subsequente desenvolvimento da sociologia do conhecimento consistiu em grande parte em criticas e modificações dessas duas concepções. Conforme já tivemos ocasião de indicar, a formulação, feita por Mannheim, da sociologia do conhecimento continuou a estabelecer os termos de referência para essa disciplina de maneira definitiva, particularmente na sociologia de língua inglesa.

O mais importante sociólogo americano que prestou seriamente atenção à sociologia do conhecimento foi Robert Merton[14]. A análise da disciplina, que abrange dois capítulos de sua obra principal, serviu de útil introdução a este campo de estudos para aqueles sociólogos americanos que se interessaram por ele. Merton construiu um paradigma para a sociologia do conhecimento, expondo os temas mais importantes desta disciplina em forma condensada e coerente. Esta construção é interessante porque procura integrar a abordagem da sociologia do conhecimento com a

---

13. Esta caracterização das duas formulações originais da disciplina foi feita por Lieber, op. cit.

14. MERTON. Op. cit., p. 439ss.

da teoria funcional estrutural. Merton aplica seus próprios conceitos de funções "manifestas" e "latentes" à esfera da ideação, fazendo distinção entre funções conscientes, intencionais das ideias e funções inconscientes, não intencionais. Embora Merton se concentrasse na obra de Mannheim, que é para ele o sociólogo do conhecimento por excelência, acentuou a importância da escola de Durkheim e dos trabalhos de Pitirim Sorokin. É interessante notar que Merton ao que parece deixou de ver a importância para a sociologia do conhecimento de certas importantes extensões da psicologia social americana, tais como a teoria dos grupos de referência, que discute em um local diferente da mesma obra.

Talcott Parsons fez também comentários sobre a sociologia do conhecimento[15]. Seus comentários, porém, limitam-se principalmente à crítica de Mannheim e não procuram a integração da disciplina no próprio sistema teórico de Parsons. Neste último, sem dúvida, o "problema do papel das ideias" é analisado extensamente, mas num sistema de referência muito diferente do empregado pela sociologia do conhecimento de Scheler ou de Mannheim[16]. Podemos, portanto, tomar a liberdade de dizer que nem Merton nem Parsons deram qualquer passo decisivo além da sociologia do conhecimento tal como foi formulada por Mannheim. O mesmo pode dizer-se de outros críticos. Mencionando apenas o mais eloquente, C. Wright Mills tratou da sociologia do conhecimento em seus primeiros trabalhos, mas de maneira expositiva e sem fazer qualquer contribuição para o desenvolvimento teórico positivamente sem contribuir para o desenvolvimento teórico do assunto[17].

Um interessante esforço para integrar a sociologia do conhecimento com o enfoque neopositivista da sociologia em geral é o de Theodor Geiger, que teve grande influência sobre a sociologia es-

---

15. Cf. PARSONS, T. "An Approach to the Sociology of Knowledge". *Transactions of the Fourth World Congress of Sociology*. Louvain: International Sociológical Association, 1959, Vol. IV, p. 25ss. • "Culture and the Social System. In: PARSONS e col. (eds.). *Theories of Society*. Nova York: Free Press, 1961. Vol. II, p. 963ss.

16. Cf. PARSONS, T. *The Social System*. Glencoe (Ill.): Free Press, 1951, p. 326ss.

17. Cf. MILLS, C.W. *Power, Politics and People*. Nova York: Ballantine Books, 1963, p. 453ss.

candinava, depois que emigrou da Alemanha[18]. Geiger voltou a um conceito mais estreito da ideologia, como sendo o pensamento socialmente destorcido, e sustentou a possibilidade de superar a ideologia pela cuidadosa observação dos cânones científicos de procedimento. O enfoque neopositivista da análise ideológica foi, mais recentemente, continuado na sociologia de língua alemã na obra de Ernst Topitsch, que acentuou as raízes ideológicas de várias posições filosóficas[19]. Mas na medida em que a análise sociológica das ideologias constitui uma parte importante da sociologia do conhecimento, conforme foi definida por Mannheim, tem havido muito interesse nela tanto na sociologia europeia quanto na americana, desde a Segunda Guerra Mundial[20].

Provavelmente a mais extensa tentativa de ir além de Mannheim na construção de uma ampla sociologia do conhecimento é a de Werner Stark, outro erudito continental emigrado, que ensinou na Inglaterra e nos Estados Unidos[21]. Stark vai mais longe, deixando para trás a focalização feita por Mannheim do problema da ideologia. A tarefa da sociologia do conhecimento não consiste em desmascarar ou revelar as distorções socialmente produzidas, mas no estudo sistemático das condições sociais do conhecimento enquanto tal. Dito de maneira simples, o problema central é a sociologia da verdade, não a sociologia do erro. Apesar de seu enfoque característico, Stark provavelmente está mais perto de Scheler que de Mannheim na compreensão da relação entre as ideias e seu contexto social.

---

18. Cf. GEIGER, T. *Ideologie und Wahrheit*. Stuttgart: Humboldt, 1953. • *Arbeiten zur Soziologie* (Neuwied/Rhein: Luchterhand, 1962, p. 412ss.

19. Cf. TOPITSCH, E. *Vom Ursprung und Ende der Metaphysik*. Viena: Springer, 1958. • *Sozialphilosophie zwischen Ideologie und Wissenschaft*. Neuwied/Rhein: Luchterhand, 1961. Uma influência importante sobre Topitsch é a escola do positivismo legal de Kelsen. Para as implicações desta última no que diz respeito à sociologia do conhecimento, cf. KELSEN, H. *Aufsätze zur Ideologiekritik* (Neuwied/Rhein, Luchterhand, 1964.

20. Cf. BELL, D. *The End of Ideology*. Nova York: Free Press of Glencoe, 1960. • LENK, K. (ed.). *Ideologie*. • BIRNBAUM, N. (ed.). *The Sociological Study of Ideology*. Oxford: Blackwell, 1962.

21. Cf. STARK. Op. cit.

Por outro lado, é evidente que não tentamos dar um adequado panorama histórico da história da sociologia do conhecimento. Além disso, ignoramos até aqui certos desenvolvimentos que poderiam teoricamente ter importância para a sociologia do conhecimento, mas não foram considerados como tais por seus próprios protagonistas. Em outras palavras, limitamo-nos aos desenvolvimentos que, por assim dizer, navegaram sob a bandeira da "sociologia do conhecimento" (considerando a teoria da ideologia como parte desta última). Isto tornou claro um fato. À parte o interesse epistemológico de alguns sociólogos do conhecimento, o foco empírico da atenção situou-se quase exclusivamente na esfera das ideias, ou seja, do pensamento teórico. Isto é verdade com relação a Stark, que colocou como subtítulo de sua obra principal sobre a sociologia do conhecimento a expressão "Ensaio para servir de auxílio à compreensão mais profunda da história das ideias". Em outras palavras, o interesse da sociologia do conhecimento foi constituído pelas questões epistemológicas em nível teórico, e pelas questões da história intelectual em nível empírico.

Desejamos acentuar que não temos reservas de qualquer espécie quanto à validade e importância desses dois conjuntos de questões. Consideramos, porém, infeliz que esta particular constelação tenha dominado até agora a sociologia do conhecimento. Nosso ponto de vista é que, como resultado, a plena significação teórica da sociologia do conhecimento ficou obscurecida.

Incluir as questões epistemológicas concernentes à validade do conhecimento sociológico na sociologia do conhecimento é de certo modo o mesmo que procurar empurrar um ônibus em que estamos viajando. Sem dúvida a sociologia do conhecimento, como todas as disciplinas empíricas que acumulam indícios referentes à relatividade e determinação do pensamento humano, conduz a questões epistemológicas a respeito da própria sociologia, assim como de qualquer outro corpo científico de conhecimento. Conforme observamos anteriormente, neste ponto a sociologia do conhecimento desempenha um papel semelhante ao da história, da psicologia e da biologia, para mencionar somente as três disciplinas empíricas mais importantes que causaram dificuldade à epistemologia. A estrutura lógica dessa dificuldade é fundamentalmente a mesma em todos os casos, a saber: como posso ter certeza, digamos, de minha análise sociológica dos costumes da classe média americana em vista do fato de que as categorias por mim usadas para esta análise são condicionadas por formas de pensamento historicamente relativas, e mais que eu próprio e tudo quanto penso sou determinado por meus genes e por minha inata hostilidade aos meus semelhantes, e além do mais, para rematar tudo isso, eu próprio sou um membro da classe média americana?

Está longe de nós o desejo de repelir estas questões. Tudo quanto desejaríamos afirmar aqui é que estas questões não são por si mesmas parte da disciplina empírica da sociologia. Pertencem propriamente à metodologia das ciências sociais, empreendimento que pertence à filosofia e é por definição diferente da sociologia, que na verdade é objeto de suas indagações. A sociologia do conhecimento, juntamente com outros criadores de dificuldades epistemológicas entre as ciências empíricas, "alimentará" de problemas esta investigação metodológica. Não pode resolver estes problemas em seu próprio quadro de referência.

Por conseguinte, excluímos da sociologia do conhecimento os problemas epistemológicos e metodológicos que perturbaram ambos os seus principais criadores. Em virtude desta exclusão afastamo-nos tanto da concepção da disciplina criada por Scheler quanto da que foi exposta por Mannheim, e também dos últimos sociólogos do conhecimento (principalmente os de orientação neopositivista) que partilham de tais concepções a este respeito. Ao longo de todo este livro colocamos decididamente entre parênteses todas as questões epistemológicas ou metodológicas relativas à validade da análise sociológica, na própria sociologia do conhecimento ou em qualquer outro terreno. Consideramos a sociologia do conhecimento como parte da disciplina empírica da sociologia. Nosso propósito aqui é evidentemente de caráter teórico. Mas nossa teorização refere-se à disciplina empírica em seus problemas concretos, e não à pesquisa filosófica dos fundamentos da disciplina empírica. Em resumo, nosso empreendimento pertence à teoria sociológica e *não* à metodologia da sociologia. Em uma única secção de nosso tratado (a que se segue imediatamente a esta introdução) vamos além da teoria sociológica propriamente dita, mas isto é feito por motivos que nada têm a ver com a epistemologia, conforme será explicado no devido momento.

Contudo, devemos também redefinir a tarefa da sociologia do conhecimento no nível empírico, isto é, enquanto teoria engrenada com a disciplina empírica da sociologia. Conforme vimos, neste nível a sociologia do conhecimento ocupou-se com a história intelectual, no sentido da história de ideias. Ainda mais, acentuaríamos que este é, na verdade, um foco muito importante da pesquisa sociológica. Além disso, em contraste com a exclusão feita por nós do problema epistemológico e metodológico, admitimos que este foco pertence à sociologia do conhecimento. Defenderemos, porém, o ponto de vista de que o problema das "ideias", incluindo o problema especial da ideologia, constitui apenas parte do problema mais amplo da sociologia do conhecimento, não sendo nem mesmo uma parte central.

A sociologia do conhecimento deve ocupar-se com tudo aquilo que é considerado "conhecimento" na sociedade. Basta este enunciado para se compreender que a focalização sobre a história intelectual é mal escolhida, ou melhor, é mal escolhida quando se torna o foco central da sociologia do conhecimento. O pensamento teórico, as "ideias", *Weltanschauungen* não são *tão* importantes assim na sociedade. Embora todas as sociedades contenham estes fenômenos, são apenas parte da soma total daquilo que é considerado "conhecimento". Em qualquer sociedade somente um grupo muito limitado de pessoas se empenha em produzir teorias, em ocupar-se de "ideias" e construir *Weltanschauungen*, mas todos os homens na sociedade participam, de uma maneira ou de outra, do "conhecimento" por ela possuído. Dito de outra maneira, só muito poucas pessoas preocupam-se com a interpretação teórica do mundo, mas todos vivem em um mundo de algum tipo. Não somente a focalização sobre o pensamento teórico é indevidamente restritiva da sociologia do conhecimento, mas também insatisfatória, porque mesmo esta parte do "conhecimento" socialmente existente não pode ser plenamente compreendida se não for colocada na estrutura de uma análise mais geral do "conhecimento".

Exagerar a importância do pensamento teórico na sociedade e na história é um natural engano dos teorizadores. Isto torna por conseguinte ainda mais necessário corrigir esta incompreensão intelectualista. As formulações teóricas da realidade, quer sejam científicas ou filosóficas quer sejam até mitológicas, não esgotam o que é "real" para os membros de uma sociedade. Sendo assim, a sociologia do conhecimento deve acima de tudo ocupar-se com o que os homens "conhecem" como "realidade" em sua vida cotidiana, vida não teórica ou pré-teórica. Em outras palavras, o "conhecimento" do senso comum, e não as "ideias", deve ser o foco central da sociologia do conhecimento. É precisamente este "conhecimento" que constitui o tecido de significados sem o qual nenhuma sociedade poderia existir.

A sociologia do conhecimento, portanto, deve tratar da construção social da realidade. A análise da articulação teórica desta realidade continuará certamente sendo uma parte deste interesse, mas não a parte mais importante. Ficará claro que, apesar da exclusão dos problemas epistemológicos e metodológicos, o que estamos sugerindo aqui é uma redefinição de longo alcance do âmbito da sociologia do conhecimento, muito mais ampla do que tudo quanto até agora tem sido entendido como constituindo esta disciplina.

A questão que se apresenta é a de saber quais são os ingredientes teóricos que devem ser acrescentados à sociologia do conhecimento para permitirem que seja redefinida no sentido acima indicado. Devemos a compreensão fundamental da necessidade desta redefinição a Alfred Schutz. Em toda sua obra, como filósofo e como sociólogo, Schutz concentrou-se sobre a estrutura do mundo do sentido comum da vida cotidiana. Embora não tenha elaborado uma sociologia do conhecimento, percebeu claramente aquilo sobre o que esta disciplina deveria focalizar a atenção:

> Todas as tipificações do pensamento do senso comum são elementos integrais do concreto *Lebenswelt* histórico e sociocultural em que prevalecem, sendo admitidas como certas e socialmente aprovadas. Sua estrutura determina entre outras coisas a distribuição social do conhecimento e sua relati-

vidade e importância para o ambiente social concreto de um grupo concreto em uma situação histórica concreta. *Acham-se aqui os problemas legítimos do relativismo, do historicismo e da chamada sociologia do conhecimento*[22].

E ainda uma vez:

> O conhecimento encontra-se socialmente distribuído e o mecanismo desta distribuição pode tornar-se objeto de uma disciplina sociológica. Na verdade temos uma chamada sociologia do conhecimento. No entanto, com muito poucas exceções, a disciplina assim incorretamente denominada abordou o problema da distribuição social do conhecimento, meramente pelo ângulo da fundamentação ideológica, da verdade em sua dependência, das condições sociais e especialmente econômicas, ou do ângulo das implicações sociais da educação e ainda do ponto de vista do papel social do homem de conhecimento. Não foram os sociólogos, mas os economistas e filósofos, que estudaram alguns dos numerosos outros aspectos teóricos do problema[23].

Embora não demos o papel central à distribuição social do conhecimento, que Schutz reclama aqui, concordamos com a crítica por ele feita à "disciplina assim incorretamente denominada" e derivamos dele nossa noção básica da maneira pela qual a tarefa da sociologia do conhecimento deve ser redefinida. Nas considerações que se seguem dependemos grandemente de Schutz nos prolegômenos referentes aos fundamentos do conhecimento na vida diária e temos uma importante dívida para com sua obra em vários decisivos lugares de nosso principal raciocínio ulterior.

Nossos pressupostos antropológicos são fortemente influenciados por Marx, especialmente por seus primeiros escritos, e pelas implicações antropológicas tiradas da biologia humana por Helmuth Plessner, Arnold Gehlen e outros. Nossa concepção da natureza da realidade social deve muito a Durkheim e sua escola de sociologia da França, embora tenhamos modificado a teoria durkheimiana da sociedade pela introdução de uma perspectiva dialética

---

22. SCHUTZ, A. *Collected Papers*. Vol. I. The Hague: Nijhoff, 1962, p. 149 [Grifos nossos].

23. Ibid., Vol. II, 1964, p. 121.

derivada de Marx e uma acentuação da constituição da realidade social mediante os significados subjetivos derivada de Weber[24]. Nossos pressupostos sociopsicológicos, especialmente importantes para a análise da interiorização da realidade social, são grandemente influenciados por George Herbert Mead e alguns desenvolvimentos de sua obra realizados pela chamada escola simbólico-interacionista da sociologia americana[25]. Indicaremos nas notas até que ponto estes vários ingredientes são usados em nossa formação teórica. Compreendemos plenamente, é claro, que neste uso não

---

24. Para o debate das implicações da sociologia de Durkheim sobre a sociologia do conhecimento, cf. DECRÉ, G.L. *Society and Ideology*. Nova York: Columbia University Bookstore, 1943, p. 54ss. • MERTON. Op. cit. • GURVITCH, G. "Problèmes de la sociologie de la connaissance". *Traité de sociologie*. Vol. II. Paris: Presses Universitaires de France, 1960, p. 103ss.

25. O enfoque mais aproximado, tanto quanto saibamos, feito pelo interacionismo simbólico aos problemas da sociologia do conhecimento pode ser encontrado em Tamotsu Shibutani, "Reference Groups and Social Control". In: ROSE, A. (ed.). *Human Behavior and Social Processes*. Boston: Houghton Mifflin, 1962, p. 128ss. O malogro em fazer a conexão entre a psicologia social de Mead e a sociologia do conhecimento, por parte dos interacionistas simbólicos, relaciona-se sem dúvida com a limitada "difusão" da sociologia do conhecimento nos Estados Unidos, mas seu fundamento teórico mais importante tem que ser encontrado no fato de Mead e seus adeptos posteriores não terem criado um conceito adequado da estrutura social. Precisamente por esta razão, pensamos, é tão importante a integração das abordagens de Mead e de Dürkheim. Pode observar-se aqui que, assim como a indiferença com relação à sociologia do conhecimento por parte dos psicólogos sociais americanos impediu estes de relacionar suas perspectivas com uma teoria macrossociológica, da mesma maneira a total ignorância da obra de Mead constitui um grave defeito teórico do pensamento social neomarxista na Europa hoje em dia. Há uma considerável ironia no fato de ultimamente os teóricos neomarxistas estarem procurando uma ligação com a psicologia freudiana (fundamentalmente incompatível com as premissas antropológicas do marxismo), esquecendo completamente a existência da teoria de Mead sobre a dialética entre a sociedade e o indivíduo, que seria imensuravelmente mais compatível com sua própria abordagem. Como exemplo deste fenômeno irônico, cf. Georges Lapassade, *L'entrée dans la vie* (Paris: Editions de Minuit, 1963), livro por outro lado altamente sugestivo, que, por assim dizer, brada a favor de Mead a cada página. A mesma ironia, embora em um diferente contexto de segregação intelectual, encontra-se nos recentes esforços americanos de aproximação entre o marxismo e o freudismo. Um sociólogo europeu que tirou mais coisas, e com sucesso, de Mead e da tradição deste autor na construção da teoria sociológica é Friedrich Tenbruck. Cf. sua *Geschichte und Gessellschaft* (*Habilitationsschrift*, Universidade de Freiburg, a ser publicada em breve), especialmente a secção intitulada "Realität". Em um contexto sistemático diferente do nosso, mas de certo modo muito compatível com nossa própria abordagem da problemática de Mead, Tenbruck discute a origem social da realidade e as bases socioestruturais da conservação da realidade.

somos, nem podíamos ser, fiéis às intenções originais destas várias correntes da teoria social, mas, conforme já dissemos, nosso propósito aqui não é exegético, nem mesmo o de fazer uma síntese só pelo valor da síntese. Compreendemos bem que em vários lugares violentamos certos pensadores integrando seu pensamento em uma formação teórica que alguns deles teriam julgado inteiramente estranha. Poderíamos dizer, a título de justificação, que a gratidão histórica não é por si mesma uma virtude científica. Poderíamos citar aqui algumas observações de Talcott Parsons (sobre cuja teoria temos sérias dúvidas, mas de cuja intenção integradora participamos plenamente):

> O objetivo principal do estudo não consiste em determinar e enunciar em forma condensada aquilo que estes escritores disseram ou julgaram relativamente aos assuntos sobre os quais escreviam. Não é tampouco indagar diretamente, com referência a cada proposição de suas "teorias", se aquilo que disseram pode ser sustentado à luz do atual conhecimento sociológico e noções afins... É um estudo da *teoria* social, não de *teorias*. Seu interesse não está nas proposições separadas e descontínuas que se encontram nas obras desses homens, mas em um *único* corpo de raciocínio teórico sistemático[26].

Nossa finalidade, de fato, consiste em nos empenharmos em um "raciocínio teórico sistemático".

Deve já se ter tornado evidente que nossa redefinição de sua natureza e alcance deslocará a sociologia do conhecimento da periferia para o próprio centro da teoria sociológica. Podemos assegurar ao leitor que não temos nenhum interesse adquirido no rótulo "sociologia do conhecimento". Ao contrário, nossa compreensão da teoria sociológica é que nos levou à sociologia do conhecimento e orientou a maneira pela qual chegaríamos a redefinir os problemas e tarefas desta última. O melhor modo de descrever o caminho que seguimos será fazer referência a duas das mais famosas e influentes "ordens de marcha" da sociologia.

Uma foi dada por Durkheim em *As regras do método sociológico*, a outra por Weber em *Wirtschaft und Gesellschaft* (*Economia e socieda-*

---

26. PARSONS, T. *The Structure of Social Action*. Chicago: Free Press, 1949, p. v.

de). Durkheim diz-nos: "A primeira regra e a mais fundamental é: *Considerar os fatos sociais como coisas*"[27]. E Weber observa: "Tanto para a sociologia no sentido atual quanto para a história o objeto de conhecimento é o complexo de significados subjetivo da ação"[28]. Estes dois enunciados não são contraditórios. A sociedade possui na verdade facticidade objetiva. E a sociedade de fato é construída pela atividade que expressa um significado subjetivo. E, diga-se de passagem, Durkheim conheceu este último enunciado, assim como Weber conheceu o primeiro. É precisamente o duplo caráter da sociedade em termos de facticidade objetiva *e* significado subjetivo que torna sua "realidade *sui generis*", para usar outro termo fundamental de Durkheim. A questão central da teoria sociológica pode, por conseguinte, ser enunciada desta maneira: como é possível que significados subjetivos *se tornem* facticidades objetivas? Ou, em palavras apropriadas às posições teóricas acima mencionadas: Como é possível que a atividade humana (*Handein*) produza um mundo de coisas (*choses*)? Em outras palavras, a adequada compreensão da "realidade *sui generis*" da sociedade exige a investigação da maneira pela qual esta realidade é construída. Esta investigação, afirmamos, constitui a tarefa da sociologia do conhecimento.

---

27. DURKHEIM, E. *The Rules of Sociological Method*. Chicago: Free Press, 1950, p. 14.

28. WEBER, M. *The Theory of Social and Economic Organization*. Nova York: Oxford University Press, 1947, p. 101.

I
Os fundamentos do conhecimento na vida cotidiana

1. A realidade da vida cotidiana

Sendo nosso propósito neste trabalho a análise Sociológica da realidade da vida cotidiana, ou, mais precisamente, do conhecimento que dirige a conduta na vida diária, e estando nós apenas tangencialmente interessados em saber como esta realidade pode aparecer aos intelectuais em várias perspectivas teóricas, devemos começar pelo esclarecimento dessa realidade, tal como é acessível ao senso comum dos membros ordinários da sociedade. Saber como esta realidade do senso comum pode ser influenciada pelas construções teóricas dos intelectuais e outros comerciantes de ideias é uma questão diferente. Nosso empreendimento, por conseguinte, embora de caráter teórico, engrena-se com a compreensão de uma realidade que constitui a matéria da ciência empírica da sociologia, a saber, o mundo da vida cotidiana.

Deveria, portanto, ser evidente que nosso propósito não é envolver-nos na filosofia. Apesar disso, se quisermos entender a realidade da vida cotidiana é preciso levar em conta seu caráter intrínseco antes de continuarmos com a análise sociológica propriamente dita. A vida cotidiana apresenta-se como uma realidade interpretada pelos homens e subjetivamente dotada de sentido para eles na medida em que forma um mundo coerente. Como sociólogos, tomamos esta realidade por objeto de nossas análises. No quadro da sociologia enquanto ciência empírica é possível tomar esta realidade como dada, tomar como dados os fenômenos particulares que surgem dentro dela, sem maiores indagações sobre os fundamentos dessa realidade, tarefa já de ordem filosófica. Contudo, considerando o particular propósito do presente tratado, não podemos contornar completamente o problema filosófico. O mundo da vida cotidiana não somente é tomado como uma realidade certa pelos membros ordinários da sociedade na conduta subjetivamente dotada de sentido que imprimem a suas vidas, mas é um mundo que se origina no pensamento e na ação dos homens comuns, sendo afirmado como real por eles. Antes, portanto, de empreendermos nossa principal tarefa devemos tentar esclarecer os fundamentos do conhecimento na vida cotidiana, a saber, as objetivações dos processos (e significações) subjetivas graças às quais é construído o mundo intersubjetivo do senso comum.

Para a finalidade em apreço, isto é uma tarefa preliminar, mas não podemos fazer mais do que esboçar os principais aspectos daquilo que acreditamos ser uma solução adequada do problema filosófico, adequada, apressamo-nos em acrescentar, apenas no sentido de poder servir como ponto de partida para a análise sociológica. As considerações a seguir feitas têm, portanto, a natureza de prolegômenos filosóficos e, em si mesmas, pré-sociológicas. O método que julgamos mais conveniente para esclarecer os fundamentos do conhecimento na vida cotidiana é o da análise fenomenológica, método puramente descritivo, e como tal "empírico", mas não "científico", segundo o modo como entendemos a natureza das ciências empíricas[1].

A análise fenomenológica da vida cotidiana, ou melhor, da experiência subjetiva da vida cotidiana, abstém-se de qualquer hipótese causal ou genética, assim como de afirmações relativas ao *status*

---

1. Esta secção inteira de nosso tratado é baseada no livro de Alfred Schutz e Thomas Luckmann, *Die Strukturen der Lebenswelt*, agora preparada para publicação. Em vista disto, abstemo-nos de fornecer referências individuais às passagens da obra publicada de Schutz, onde os mesmos problemas são discutidos. Nossa argumentação baseia-se aqui em Schutz tal como foi desenvolvida por Luckmann no trabalho acima mencionado, *in toto*. O leitor, desejando conhecer a obra publicada de Schutz até esta data, pode consultar SCHUTZ, A. *Der sinnhafte Aufbau der sozialen Welt*. Viena: Springer, 1960. • *Collected Papers*. Vols. I e II. O leitor interessado na adaptação do método fenomenológico, feita por Schutz, à análise do mundo social consulte especialmente seus *Collected Papers*. Vol. I, p. 99ss. • NATANSON, M. (ed.). *Philosophy of the Social Science*. Nova York: Random House, 1963, p. 183ss.

ontológico dos fenômenos analisados. É importante lembrar este ponto. O senso comum contém inumeráveis interpretações pré-científicas e quase-científicas sobre a realidade cotidiana, que admite como certas. Se quisermos descrever a realidade do senso comum temos de nos referir a estas interpretações, assim como temos de levar em conta seu caráter de suposição indubitável, mas fazemos isso colocando o que dizemos entre parênteses fenomenológicos.

A consciência é sempre intencional; sempre "tende para" ou é dirigida para objetos. Nunca podemos apreender um suposto substrato de consciência enquanto tal, mas somente a consciência de tal ou qual coisa. Isto assim é, pouco importando que o objeto da experiência seja experimentado como pertencendo a um mundo físico externo ou apreendido como elemento de uma realidade subjetiva interior. Quer eu (a primeira pessoa do singular, aqui como nas ilustrações seguintes, representa a autoconsciência ordinária na vida cotidiana) esteja contemplando o panorama da cidade de Nova York ou tenha consciência de uma ansiedade interior, os processos de consciência implicados são intencionais em ambos os casos. Não é preciso discutir a questão de que a consciência do Empire State Building é diferente da consciência da ansiedade. Uma análise fenomenológica detalhada descobriria as várias camadas da experiência e as diferentes estruturas de significação implicadas, digamos, no fato de ser mordido por um cachorro, lembrar ter sido mordido por um cachorro, ter fobia por todos os cachorros, e assim por diante. O que nos interessa aqui é o caráter intencional comum de toda consciência.

Objetos diferentes apresentam-se à consciência como constituintes de diferentes esferas da realidade. Reconheço meus semelhantes com os quais tenho de tratar no curso da vida diária como pertencendo a uma realidade inteiramente diferente da que têm as figuras desencarnadas que aparecem em meus sonhos. Os dois conjuntos de objetos introduzem tensões inteiramente diferentes em minha consciência e minha atenção com referência a eles é de natureza completamente diversa. Minha consciência, por conseguinte, é capaz de mover-se através de diferentes esferas da realidade. Dito de outro modo, tenho consciência de que o mundo consiste em múltiplas realidades. Quando passo de uma realidade a outra experimento a transição como uma espécie de choque. Este choque deve ser entendido como causado pelo deslocamento da atenção acarretado pela transição. A mais simples ilustração deste deslocamento é o ato de acordar de um sonho.

Entre as múltiplas realidades há uma que se apresenta como sendo a realidade por excelência. É a realidade da vida cotidiana. Sua posição privilegiada autoriza a dar-lhe a designação de realidade predominante. A tensão da consciência chega ao máximo na vida cotidiana, isto é, esta última impõe-se à consciência de maneira mais maciça, urgente e intensa. É impossível ignorar e mesmo é difícil diminuir sua presença imperiosa. Consequentemente, força-me a ser atento a ela de maneira mais completa. Experimento a vida cotidiana no estado de total vigília. Este estado de total vigília de existir na realidade da vida cotidiana e de apreendê-la é considerado por mim normal e evidente, isto é, constitui minha atitude natural.

Apreendo a realidade da vida diária como uma realidade ordenada. Seus fenômenos acham-se previamente dispostos em padrões que parecem ser independentes da apreensão que deles tenho e que se impõem à minha apreensão. A realidade da vida cotidiana aparece já objetivada, isto é, constituída por uma ordem de objetos que foram designados *como* objetos antes de minha entrada na cena. A linguagem usada na vida cotidiana fornece-me continuamente as necessárias objetivações e determina a ordem em que estas adquirem sentido e na qual a vida cotidiana ganha significado para mim. Vivo num lugar que é geograficamente determinado; uso instrumentos, desde os abridores de latas até os automóveis de esporte, que têm sua designação no vocabulário técnico da minha sociedade; vivo dentro de uma teia de relações humanas, de meu clube de xadrez até os Estados Unidos da América, que são também ordenadas por meio do vocabulário. Desta maneira a linguagem marca as coordenadas de minha vida na sociedade e enche esta vida de objetos dotados de significação.

A realidade da vida cotidiana está organizada em torno do "aqui" de meu corpo e do "agora" do meu presente. Este "aqui e agora" é o foco de minha atenção à realidade da vida cotidiana.

Aquilo que é "aqui e agora" apresentado a mim na vida cotidiana é o *realissimum* de minha consciência. A realidade da vida diária, porém, não se esgota nessas presenças imediatas, mas abraça fenômenos que não estão presentes "aqui e agora". Isto quer dizer que experimento a vida cotidiana em diferentes graus de aproximação e distância, espacial e temporalmente. A mais próxima de mim é a zona da vida cotidiana diretamente acessível à minha manipulação corporal. Esta zona contém o mundo que se acha ao meu alcance, o mundo em que atuo a fim de modificar a realidade dele, ou o mundo em que trabalho. Neste mundo do trabalho minha consciência é dominada pelo motivo pragmático, isto é, minha atenção a esse mundo é principalmente determinada por aquilo que estou fazendo, fiz ou planejo fazer nele. Deste modo é *meu* mundo por excelência. Sei, evidentemente, que a realidade da vida cotidiana contém zonas que não me são acessíveis desta maneira. Mas, ou não tenho interesse pragmático nessas zonas ou meu interesse nelas é indireto, na medida em que podem ser potencialmente zonas manipuláveis por mim. Tipicamente meu interesse nas zonas distantes é menos intenso e certamente menos urgente. Estou intensamente interessado no aglomerado de objetos implicados em minha ocupação diária, por exemplo, o mundo da garage se sou um mecânico. Estou interessado, embora menos diretamente, no que se passa nos laboratórios de provas da indústria automobilística em Detroit, pois é improvável que algum dia venha a estar em algum destes laboratórios, mas o trabalho aí efetuado poderá eventualmente afetar minha vida cotidiana. Posso também estar interessado no que se passa em Cabo Kennedy ou no espaço cósmico, mas este interesse é uma questão de escolha privada, ligada ao "tempo de lazer", mais do que uma necessidade urgente de minha vida cotidiana.

A realidade da vida cotidiana além disso apresenta-se a mim como um mundo intersubjetivo, um mundo de que participo juntamente com outros homens. Esta intersubjetividade diferencia nitidamente a vida cotidiana de outras realidades das quais tenho consciência. Estou sozinho no mundo de meus sonhos, mas sei que o mundo da vida cotidiana é tão real para os outros quanto para mim mesmo. De fato, não posso existir na vida cotidiana sem estar continuamente em interação e comunicação com os outros. Sei que minha atitude natural com relação a este mundo corresponde à atitude natural dos outros, que eles também compreendem as objetivações graças às quais este mundo é ordenado, que eles também organizam este mundo em torno do "aqui e agora" de seu estar nele e têm projetos de trabalho nele. Sei também, evidentemente, que os outros têm uma perspectiva deste mundo comum que não é idêntica à minha. Meu "aqui" é o "lá" deles. Meu "agora" não se superpõe completamente ao deles. Meus projetos diferem dos deles e podem mesmo entrar em conflito. De todo modo, sei que vivo com eles em um mundo comum. O que tem a maior importância é que eu sei que há uma contínua correspondência entre *meus* significados e *seus* significados neste mundo que partilhamos em comum, no que respeita à realidade dele. A atitude natural é a atitude da consciência do senso comum precisamente porque se refere a um mundo que é comum a muitos homens. O conhecimento do senso comum é o conhecimento que eu partilho com os outros nas rotinas normais, evidentes da vida cotidiana.

A realidade da vida cotidiana é admitida como sendo *aí* realidade. Não requer maior verificação, que se estenda além de sua simples presença. Está simplesmente *aí*, como facticidade evidente por si mesma e compulsória. *Sei* que é real. Embora sejá capaz de empenhar-me em dúvida a respeito da realidade dela, sou obrigado a suspender esta dúvida ao existir rotineiramente na vida cotidiana. Esta suspensão da dúvida é tão firme que para abandoná-la, como poderia desejar fazer por exemplo na contemplação teórica ou religiosa, tenho de realizar uma extrema transição. O mundo da vida cotidiana proclama-se a si mesmo e quando quero contestar esta proclamação tenho de fazer um deliberado esforço, nada fácil. A transição da atitude natural para a atitude teórica do filósofo ou do cientista ilustra este ponto. Mas nem todos os aspectos desta realidade são igualmente não problemáticos. A vida cotidiana divide-se em setores que são apreendidos rotineiramente e outros que se apresentam a mim com problemas desta ou daquela espécie. Suponhamos que eu seja um mecânico de automóveis, com grande conhecimento de todos os carros de fabricação americana.

Tudo quanto se refere a estes é uma faceta rotineira, não problemática de minha vida diária. Mas um certo dia aparece alguém na garage e pede-me para consertar seu Volkswagen. Estou agora obrigado a entrar no mundo problemático dos carros de construção estrangeira. Posso fazer isso com relutância ou com curiosidade profissional, mas num caso ou noutro estou agora diante de problemas que não tinha ainda rotinizado. Ao mesmo tempo, é claro, não deixo a realidade da vida cotidiana. De fato, esta enriquece-se quando começo a incorporar a ela o conhecimento e a habilidade requeridos para consertar os carros de fabricação estrangeira. A realidade da vida cotidiana abrange os dois tipos de setores, desde que aquilo que aparece como problema não pertença a uma realidade inteiramente diferente (por exemplo, a realidade da física teórica ou a dos pesadelos). Enquanto as rotinas da vida cotidiana continuarem sem interrupção são apreendidas como não problemáticas.

Mas mesmo o setor não problemático da realidade cotidiana só é tal até novo conhecimento, isto é, até que sua continuidade seja interrompida pelo aparecimento de um problema. Quando isto acontece, a realidade da vida cotidiana procura integrar o setor problemático dentro daquilo que já é não problemático. O conhecimento do sentido comum contém uma multiplicidade de instruções sobre a maneira de fazer isso. Por exemplo, os outros com os quais trabalho são não problemáticos para mim enquanto executam suas rotinas familiares e admitidas como certas, por exemplo, datilografar numa escrivaninha próxima à minha em meu escritório. Tornam-se problemáticos se interrompem estas rotinas, por exemplo, amontoando-se num canto e falando em forma de cochicho. Ao perguntar sobre o que significa esta atividade estranha, há um certo número de possibilidades que meu conhecimento de sentido comum é capaz de reintegrar nas rotinas não problemáticas da vida cotidiana: podem estar discutindo a maneira de consertar uma máquina de escrever quebrada, ou um deles pode ter algumas instruções urgentes dadas pelo patrão, etc. De outro lado, posso achar que estão discutindo uma diretriz dada pelo sindicato para entrarem em greve, coisa que está ainda fora da minha experiência mas dentro do círculo dos problemas com os quais minha consciência de senso comum pode tratar. Tratará da questão, mas *como* problema, e não procurando simplesmente reintegrá-la no setor não problemático da vida cotidiana. Se, entretanto, chegar à conclusão de que meus colegas enlouqueceram coletivamente o problema que se apresenta é então de outra espécie. Acho-me agora em face de um problema que ultrapassa os limites da realidade da vida cotidiana e indica uma realidade inteiramente diferente. Com efeito, a conclusão de que meus colegas enlouqueceram implica *ipso facto* que entraram num mundo que não é mais o mundo comum da vida cotidiana.

Comparadas à realidade da vida cotidiana, as outras realidades aparecem como campos finitos de significação, enclaves dentro da realidade dominante marcada por significados e modos de experiência delimitados. A realidade dominante envolve-as por todos os lados, por assim dizer, e a consciência sempre retorna à realidade dominante como se voltasse de uma excursão. Isto é evidente, conforme se vê pelas ilustrações já dadas, como na realidade dos sonhos e na do pensamento teórico. "Comutações" semelhantes ocorrem entre o mundo da vida cotidiana e o mundo do jogo, quer seja o brinquedo das crianças quer, ainda mais nitidamente, o jogo dos adultos. O teatro fornece uma excelente ilustração desta atividade lúdica por parte dos adultos. A transição entre as realidades é marcada pelo levantamento e pela descida do pano. Quando o pano se levanta, o espectador é "transportado para um outro mundo", com seus próprios significados e uma ordem que pode ter relação, ou não, com a ordem da vida cotidiana. Quando o pano desce, o espectador "retorna à realidade", isto é, à realidade predominante da vida cotidiana, em comparação com a qual a realidade apresentada no palco aparece agora tênue e efêmera, por mais vívida que tenha sido a representação alguns poucos momentos antes. A experiência estética e religiosa é rica em produzir transições desta espécie, na medida em que a arte e a religião são produtores endêmicos de campos de significação.

Todos os campos finitos de significação caracterizam-se por desviar a atenção da realidade da vida contemporânea. Embora haja, está claro, deslocamentos de atenção *dentro* da vida cotidiana, o deslocamento para um campo finito de significação é de natureza muito mais radical. Produz-se uma radical transformação na tensão da consciência. No contexto da experiência religiosa isto já foi adequadamente chamado "transes". É importante, porém, acentuar que a realidade da vida cotidiana conserva sua situação dominante mesmo quando estes "transes" ocorrem. Se nada mais houvesse, a linguagem seria suficiente para nos assegurar sobre este ponto. A linguagem comum de que disponho para a objetivação de minhas experiências funda-se na vida cotidiana e conserva-se sempre apontando para ela mesmo quando a emprego para interpretar experiências em campos delimitados de significação. Por conseguinte, "destorço" tipicamente a realidade destes últimos logo assim que começo a usar a linguagem comum para interpretá-los, isto é, "traduzo" as experiências não pertencentes à vida cotidiana na realidade suprema da vida diária. Isto pode ser facilmente visto em termos de sonhos, mas é também típico das pessoas que procuram relatar os mundos de significação teóricos, estéticos ou religiosos. O físico teórico diz-nos que seu conceito do espaço não pode ser transmitido por meios linguísticos, tal como o artista com relação ao significado de suas criações e o místico com relação a seus encontros com a divindade. Entretanto, todos estes – o sonhador, o físico, o artista e o místico – *também* vivem na realidade da vida cotidiana. Na verdade um de seus importantes problemas é interpretar a coexistência desta realidade com os enclaves de realidade em que se aventuram.

O mundo da vida cotidiana é estruturado espacial e temporalmente. A estrutura espacial tem pouca importância em nossas atuais considerações. Basta indicar que tem também uma dimensão social em virtude do fato da minha zona de manipulação entrar em contacto com a dos outros. Mais importante para nossos propósitos atuais é a estrutura temporal da vida cotidiana.

A temporalidade é uma propriedade intrínseca da consciência. A corrente de consciência é sempre ordenada temporalmente. É possível estabelecer diferenças entre níveis distintos desta temporalidade, uma vez que nos é acessível intrassubjetivamente.

Todo indivíduo tem consciência do fluxo interior do tempo, que por sua vez se funda nos ritmos fisiológicos do organismo, embora não se identifique com estes. Excederia de muito o âmbito destes prolegômenos entrar na análise detalhada desses níveis da temporalidade intrassubjetiva. Conforme indicamos, porém, a intersubjetividade na vida cotidiana tem também uma dimensão temporal. O mundo da vida cotidiana tem seu próprio padrão do tempo, que é acessível intersubjetivamente. O tempo padrão pode ser compreendido como a intersecção entre o tempo cósmico e seu calendário socialmente estabelecido, baseado nas sequências temporais da natureza, por um lado, e o tempo interior por outro lado, em suas diferenciações acima mencionadas. Nunca pode haver completa simultaneidade entre estes vários níveis de temporalidade, conforme nos indica claramente a experiência da espera. Tanto meu organismo quanto minha sociedade impõem a mim e a meu tempo interior certas sequências de acontecimentos que incluem a espera. Posso desejar tomar parte num acontecimento esportivo, mas tenho de esperar até que meu joelho machucado se cure. Ou então devo esperar até que certos papéis sejam tramitados, para que minha inscrição no acontecimento possa ser oficialmente estabelecida. Vê-se facilmente que a estrutura temporal da vida cotidiana é extremamente complexa, porque os diferentes níveis da temporalidade empiricamente presente devem ser continuamente correlacionados.

A estrutura temporal da vida cotidiana coloca-se em face de uma facticidade que tenho de levar em conta, isto é, com a qual tenho de sincronizar meus próprios projetos. O tempo que encontro na realidade diária é contínuo e finito. Toda minha existência neste mundo é continuamente ordenada pelo tempo dela, está de fato envolvida por esse tempo. Minha própria vida é um episódio na corrente do tempo externamente convencional. O tempo já existia antes de meu nascimento e continuará a existir depois que morrer. O conhecimento de minha morte inevitável torna este tempo finito *para mim*. Só disponho de certa quantidade de tempo para a realização de meus projetos e o conhecimento deste fato afeta minha atitude com relação a estes projetos. Também, como não desejo morrer, este conhecimento injeta em meus projetos uma ansiedade subjacente. Assim, não posso repetir indefinidamente minha participação em acontecimentos esportivos. Sei que vou ficando velho. Pode mesmo acontecer que esta seja a última oportunidade que tenho de participar desses acontecimentos. Minha espera tornar-se-á ansiosa conforme o grau em que a finitude do tempo incidir sobre meu projeto.

A mesma estrutura temporal, como já foi indicado, é coercitiva. Não posso inverter à vontade as sequências impostas por ela, "primeiro as primeiras coisas" é um elemento essencial de meu conhecimento da vida cotidiana. Assim, não posso prestar determinado exame antes de ter cumprido certo programa educativo, não posso exercer minha profissão antes de prestar esse exame, e assim por diante. Também a mesma estrutura temporal fornece a historicidade que determina minha situação no mundo da vida cotidiana. Nasci em certa data, entrei para a escola em outra data, comecei a trabalhar como profissional em outra, etc. Estas datas, contudo, estão todas "localizadas" em uma história muito mais ampla e esta "localização" configura decisivamente minha situação. Assim, nasci no ano da grande bancarrota bancária em que meu pai perdeu a fortuna, entrei para a escola pouco antes da revolução, comecei a trabalhar pouco depois de irromper a Grande Guerra, etc. A estrutura temporal da vida cotidiana não somente impõe sequências predeterminantes à minha "agenda" de um único dia mas impõe-se também à minha biografia em totalidade. Dentro das coordenadas estabelecidas por esta estrutura temporal apreendo tanto a "agenda" diária quanto minha completa biografia. O relógio e a folhinha asseguram de fato que sou um "homem do meu tempo". Só nesta estrutura temporal é que a vida cotidiana conserva para mim seu sinal de realidade. Assim, em casos em que posso ficar "desorientado" por qualquer motivo (por exemplo, sofri um acidente de automóvel em que fiquei inconsciente) sinto uma necessidade quase instintiva de me "reorientar" dentro da estrutura temporal da vida cotidiana. Olho para o relógio e procuro lembrar-me que dia é. Só por esses atos retorno à realidade da vida cotidiana.

2. A interação social na vida cotidiana

A realidade da vida cotidiana é partilhada com outros. Mas, de que modo experimento esses outros na vida cotidiana? Ainda aqui é possível estabelecer diferenças entre vários modos desta experiência.

A mais importante experiência dos outros ocorre na situação de estar face à face com o outro, que é o caso prototípico da interação social. Todos os demais casos derivam deste.

Na situação face a face, o outro é apreendido por mim num vívido presente partilhado por nós dois. Sei que no mesmo vívido presente sou apreendido por ele. Meu "aqui e agora" e o dele colidem continuamente um com o outro enquanto dura a situação face a face. Como resultado, há um intercâmbio contínuo entre minha expressividade e a dele. Vejo-o sorrir e logo a seguir reagindo ao meu ato de fechar a cara parando de sorrir, depois sorrindo de novo quando também eu sorrio, etc. Todas as minhas expressões orientam-se na direção dele e vice-versa e esta contínua reciprocidade de atos expressivos é simultaneamente acessível a nós ambos. Isto significa que na situação face a face a subjetividade do outro me é acessível mediante o máximo de sintomas. Certamente, posso interpretar erroneamente alguns desses sintomas. Posso pensar que o outro está sorrindo quando de fato está sorrindo afetadamente. Contudo, nenhuma outra forma de relacionamento social pode reproduzir a plenitude de sintomas da subjetividade presentes na situação face a face. Somente aqui a subjetividade do outro é expressivamente "próxima". Todas as outras formas de relacionamento com o outro são, em graus variáveis, "remotas".

Na situação face a face o outro é plenamente real. Esta realidade é parte da realidade global da vida cotidiana, e como tal maciça e irresistível. Sem dúvida, o outro pode ser real para mim sem que eu o tenha encontrado face a face, por exemplo, de nome ou por me corresponder com ele. Entretanto, só se torna real para mim no pleno sentido da palavra quando o encontro pessoalmente. De fato, pode-se afirmar que o outro na situação face a face é mais real para mim que eu próprio. Evidentemente "conheço-me melhor" do que posso jamais conhecê-lo. Minha subjetividade é acessível a mim de um modo em que a dele nunca poderá ser, por mais "próxima" que seja nossa relação. Meu passado me é acessível na memória com uma plenitude em que nunca poderei reconstruir o passado dele, por mais que ele o relate a mim. Mas este "melhor conhecimento" de mim mesmo exige reflexão. Não é imediatamente apresentado a mim. O outro, porém, é apresentado assim na situação face a face. Por conseguinte, "aquilo que ele é" me é continuamente acessível. Esta acessibilidade é ininterrupta e precede a reflexão. Por outro lado, "aquilo que sou" *não* é acessível assim. Para torná-lo acessível é preciso que eu pare, detenha a contínua espontaneidade de minha experiência e deliberadamente volte a minha atenção sobre mim mesmo. Ainda mais, esta reflexão sobre mim mesmo é tipicamente ocasionada pela atitude com relação a mim que o *outro* manifesta. É tipicamente uma resposta "de espelho" às atitudes do outro.

Segue-se que as relações com os outros na situação face a face são altamente flexíveis. Dito de maneira negativa, é relativamente difícil impor padrões rígidos à interação face a face. Sejam quais forem os padrões que se introduza terão de ser continuamente modificados devido ao intercâmbio extremamente variado e sutil de significados subjetivos que têm lugar. Por exemplo, posso olhar o outro como alguém inerentemente hostil a mim e agir para com ele de acordo com um padrão de "relações hostis" tal como é entendido por mim. Na situação face a face, porém, o outro pode enfrentar-me com atitudes e atos que contradizem esse padrão, chegando talvez a um ponto tal que me veja obrigado a abandonar o padrão por ser inaplicável e considerar o outro amigavelmente. Em outras palavras, o padrão não pode resistir à maciça demonstração da subjetividade alheia de que tomo conhecimento na situação face a face. Em contraposição, é muito mais fácil para mim ignorar essa demonstração desde que não encontre o outro face a face. Mesmo numa relação de certo modo "próxima", como a mantida por correspondência, posso com mais sucesso rejeitar os protestos de amizade do outro acreditando não representarem realmente a atitude subjetiva dele com relação a mim, simplesmente porque na correspondência não disponho da presença imediata, contínua e maciçamente real de sua expressividade. Sem dúvida, é possível que interprete mal as intenções do outro mesmo na situação face a face, assim como é possível que ele "hipocritamente" esconda suas intenções. De qualquer modo, a interpretação errônea e a "hipocrisia" são mais difíceis de manter na interação face a face do que em formas menos "próximas" de relações sociais.

Por outro lado, apreendo o outro por meio de esquemas tipificadores mesmo na situação face a face, embora estes esquemas sejam mais "vulneráveis" à interferência dele do que em formas "mais remotas" de interação. Noutras palavras, embora seja relativamente difícil impor padrões rígidos à interação face a face, desde o início esta já é padronizada se ocorre dentro da rotina da vida cotidiana. (Podemos deixar de parte para exame posterior os casos de interação entre pessoas completamente estranhas que não têm uma base comum na vida cotidiana.) A realidade da vida cotidiana contém esquemas tipificadores em termos dos quais os outros são apreendidos, sendo estabelecidos os modos como "lidamos" com eles nos encontros face a face. Assim, apreendo o outro como "homem", "europeu", "comprador", "tipo jovial", etc. Todas estas tipificações afetam continuamente minha interação com o outro, por exemplo quando decido divertir-me com ele na cidade antes de tentar vender-lhe meu produto. Nossa interação face a face será modelada por estas tipificações, pelo menos enquanto não se tornam problemáticas por alguma interferência da parte dele. Assim, ele pode dar provas de que, apesar de ser um homem", "europeu" e "comprador", é também um farisaico moralista e que aquilo que a princípio parecia jovialidade é realmente uma expressão de desprezo pelos americanos em geral e pelos vendedores americanos em particular. Neste ponto, evidentemente, meu esquema tipificador terá que ser modificado e o programa da noite planejado diferentemente de acordo com esta modificação. Mas a não ser que haja esta objeção, as tipificações serão mantidas até nova ordem e determinarão minhas ações na situação.

Os esquemas tipificadores que entram nas situações face a face são naturalmente recíprocos. O outro também me apreende de uma maneira tipificada, como "homem", "americano", "vendedor", um "camarada insinuante", etc. As tipificações do outro são tão suscetíveis de sofrerem interferências de minha parte como as minhas são da parte dele. Em outras palavras, os dois esquemas tipificadores entram em contínua "negociação" na situação face a face. Na vida diária esta "negociação" provavelmente estará predeterminada de uma maneira típica, como no característico processo de barganha entre compradores e vendedores. Assim, na maior parte do tempo, meus encontros com os outros na vida cotidiana são típicos em duplo sentido, apreendo o outro *como* um tipo, e interatuo com ele numa situação que é por si mesma típica.

As tipificações da interação social tornam-se progressivamente anônimas à medida que se afastam da situação face a face. Toda tipificação naturalmente acarreta uma anonimidade inicial. Se tipificar meu amigo Henry como membro da categoria X (por exemplo, como inglês), interpreto *ipso facto* pelo menos certos aspectos de sua conduta como resultantes desta tipificação, assim, seus gostos em matéria de comida são típicos dos ingleses, bem como suas maneiras, algumas de suas reações emocionais, etc. Isto implica, contudo, que tais características e ações de meu amigo Henry são atributos de *qualquer pessoa* da categoria dos ingleses, isto é, apreendo estes aspectos de seu ser em termos anônimos. Entretanto, logo assim que meu amigo Henry se torna acessível a mim na plenitude da expressividade da situação face a face, ele romperá constantemente meu tipo de inglês anônimo e se manifestará como um indivíduo único e portanto atípico, como seu amigo Henry. O anonimato do tipo é evidentemente menos susceptível a esta espécie de individualização quando a interação face a face é um assunto do passado (meu amigo Henry, *o inglês*, que conheci quando eu era estudante no colégio) ou é de caráter superficial e transitório (o inglês com quem conversei pouco tempo num trem), ou nunca teve lugar (meus competidores comerciais na Inglaterra).

Um importante aspecto da experiência dos outros na vida cotidiana é, pois, o caráter direto ou indireto dessa experiência. Em qualquer tempo é possível distinguir entre companheiros com os quais tive uma atuação comum em situações face a face e outros que são meros contemporâneos, dos quais tenho lembranças mais ou menos detalhadas, ou que conheço simplesmente de oitiva. Nas situações face a face tenho a evidência direta de meu companheiro, de suas ações, atributos, etc. Já o mesmo não acontece no caso de contemporâneos, dos quais tenho um conhecimento mais ou menos digno de confiança. Além disso, tenho de levar em conta meus semelhantes nas situações face a face, enquanto posso voltar meus pensamentos para simples contemporâneos, mas não estou obrigado a isso. O anonimato cresce à medida que passo dos primeiros para os últimos, porque o anonimato das tipificações por meio das quais apreendo os semelhantes nas situações face a face é constantemente "preenchido" pela multiplicidade de vívidos sintomas referentes a um ser humano concreto.

Entretanto, isto não é tudo. Há evidentes diferenças em minhas experiências dos simples contemporâneos. Alguns deles são pessoas de quem tenho repetidas experiências em situações face a face e que espero encontrar novamente de modo regular (meu amigo Henry); outros são pessoas de que me *lembro* como seres humanos concretos que encontrei no passado (a loira ao lado de quem passei na rua), mas o encontro foi rápido e, muito provavelmente, não se repetirá. De outros ainda *sei* que são seres humanos concretos, mas só posso apreendê-los por meio de tipificações cruzadas mais ou menos anônimas (meus competidores comerciais ingleses, a rainha da Inglaterra). Entre estes últimos é possível ainda distinguir entre prováveis conhecidos em situações face a face (meus competidores comerciais ingleses) e conhecidos potenciais mas improváveis (a rainha da Inglaterra).

O grau de anonimato que caracteriza a experiência dos outros, na vida cotidiana, depende contudo de outro fator também. Vejo o jornaleiro da esquina tão regularmente quanto vejo minha mulher. Mas ele é menos importante para mim e não tenho relações íntimas com ele. Pode ser relativamente anônimo para mim. O grau de interesse e o grau de intimidade podem combinar-se para aumentar ou diminuir o anonimato da experiência. Podem também influenciá-la independentemente. Posso ter relações bastante íntimas com vários membros de meu clube de tênis e relações muito formais com meu patrão. Contudo, os primeiros, embora de modo algum inteiramente anônimos, podem fundir-se naquele "grupo da quadra" enquanto o primeiro destaca-se como indivíduo único. E finalmente o anonimato pode tornar-se quase total com certas tipificações que não pretendem jamais tornarem-se tipificações, tais como o "típico leitor do *Times* de Londres". Finalmente, o "raio de ação" da tipificação – e com isso seu anonimato – pode ser ainda mais aumentado falando-se da "opinião pública inglesa".

A realidade social da vida cotidiana é, portanto, apreendida num contínuo de tipificações, que se vão tornando progressivamente anônimas à medida que se distanciam do "aqui e agora" da situação face a face. Em um polo do contínuo estão aqueles outros com os quais frequente e intensamente entro em ação recíproca em situações face a face, meu "círculo interior", por assim dizer. No outro polo estão abstrações inteiramente anônimas, que por sua própria natureza não podem nunca ser achadas em uma interação face a face. A estrutura social é a soma dessas tipificações e dos padrões recorrentes de interação estabelecidos por meio delas. Assim sendo, a estrutura social é um elemento essencial da realidade da vida cotidiana.

Um ponto ainda deve ser indicado aqui, embora não possamos desenvolvê-lo. Minhas relações com os outros não se limitam aos conhecidos e contemporâneos. Relaciono-me também com os predecessores e sucessores, aqueles outros que me precederam e se seguirão a mim na história geral de minha sociedade. Exceto aqueles que são companheiros passados (meu falecido amigo Henry), relaciono-me com meus predecessores mediante tipificações de todo anônimas, "meus antepassados emigrantes" e ainda mais os "Pais Fundadores". Meus sucessores, por motivos compreensíveis, são tipificados de maneira ainda mais anônima – os "filhos de meus filhos" ou "as gerações futuras". Estas tipificações são projeções substancialmente vazias, quase completamente destituídas de conteúdo individualizado, ao passo que as tipificações dos predecessores têm ao menos algum conteúdo, embora de natureza grandemente mítica. O anonimato de ambos estes conjuntos de tipificações não os impede, porém, de entrarem como elementos na realidade da vida cotidiana, às vezes de maneira muito decisiva. Afinal, posso sacrificar minha vida por lealdade aos Pais Fundadores ou, no mesmo sentido, em favor das gerações futuras.

3. A linguagem e o conhecimento na vida cotidiana

A expressividade humana é capaz de objetivações, isto é, manifesta-se em produtos da atividade humana que estão ao dispor tanto dos produtores quanto dos outros homens, como elementos que são de um mundo comum. Estas objetivações servem de índices mais ou menos duradouros dos processos subjetivos de seus produtores, permitindo que se estendam além da situação face a face em que podem ser diretamente apreendidas. Por exemplo, uma atitude subjetiva de cólera é diretamente expressa na situação face a face por um certo número de índices corpóreos, fisionomia, postura geral do corpo, movimentos específicos dos braços e dos pés, etc.

Estes índices estão continuamente ao alcance da vista na situação face a face, e esta é precisamente a razão pela qual me oferecem a situação ótima para ter acesso à subjetividade do outro. Os mesmos índices são incapazes de sobreviver ao presente nítido da situação face a face. A cólera, porém, pode ser objetivada por meio de uma arma. Suponhamos que tenha tido uma alteração com outro homem, que me deu amplas provas expressivas de raiva contra mim. Esta noite acordo com uma faca enterrada na parede em cima de minha cama. A faca enquanto objeto exprime a ira do meu adversário. Permite-me ter acesso à subjetividade dele, embora eu estivesse dormindo quando ele lançou a faca e nunca o tenha visto porque fugiu depois de quase ter-me atingido. Com efeito, se deixar o objeto onde está, posso vê-lo de novo na manhã seguinte e novamente exprime para mim a cólera do homem que a lançou. Mais ainda, outras pessoas podem vir e olhar a faca, chegando à mesma conclusão. Noutras palavras, a faca em minha parede tornou-se um constituinte objetivamente acessível da realidade que partilho com meu adversário e com outros homens. Presumivelmente esta faca não foi produzida com o propósito exclusivo de ser lançada *em mim*. Mas exprime uma intenção subjetiva de violência, quer motivada pela cólera quer por considerações utilitárias, como matar um animal para comê-lo. A faca, enquanto objeto do mundo real, continua a exprimir uma intenção geral de cometer violência, o que é reconhecível por qualquer pessoa conhecedora do que é uma arma. Por conseguinte, a arma é ao mesmo tempo um produto humano e uma objetivação da subjetivação humana.

A realidade da vida cotidiana não é cheia unicamente de objetivações; é somente possível por causa delas. Estou constantemente envolvido por objetos que "proclamam" as intenções subjetivas de meus semelhantes, embora possa às vezes ter dificuldade de saber ao certo o que um objeto particular está "proclamando", especialmente se foi produzido por homens que não conheci bem, ou mesmo não conheci de todo, em situação face a face. Qualquer etnólogo ou arqueólogo pode facilmente dar testemunho destas dificuldades, mas o próprio fato de *poder* superá-las e reconstruir, partindo de um artefato, as intenções subjetivas de homens cuja sociedade pode ter sido extinta a milênios, é uma eloquente prova do duradouro poder das objetivações humanas.

Um caso especial mas decisivamente importante de objetivação é a significação, isto é, a produção humana de sinais. Um sinal pode distinguir-se de outras objetivações por sua intenção explícita de servir de índice de significados subjetivos. Sem dúvida, todas as objetivações são susceptíveis de utilização como sinais, mesmo quando não foram primitivamente produzidas com esta intenção. Por exemplo, uma arma pode ter sido originariamente produzida para o fim de caçar animais, mas pode em seguida (por exemplo, num uso cerimonial) tornar-se sinal de agressividade e violência em geral. Mas há certas objetivações originárias e expressamente destinadas a servir como sinais. Por exemplo, em vez de lançar a faca contra mim (ato que presumivelmente tinha por intenção matar-me, mas que concebivelmente pode ter tido por intenção apenas significar (essa possibilidade), meu adversário poderia ter pintado um X negro em minha porta, sinal, admitamos, de estarmos agora oficialmente em estado de inimizade. Este sinal, cuja finalidade não vai além de indicar a intenção subjetiva de quem o fez, é também objetivamente exequível na realidade comum de que tal pessoa e eu partilhamos juntamente com outros homens. Reconheço a intenção que indica, e o mesmo acontece com os outros homens, e com efeito é acessível ao seu produtor como "lembrete" objetivo de sua intenção original ao fazê-lo. Pelo que acabamos de dizer fica claro que há grande imprecisão entre o uso instrumental e o uso significativo de certas objetivações. O caso especial da magia, em que há uma fusão muito interessante desses dois usos, não precisa ser objeto de nosso interesse neste momento.

Os sinais agrupam-se em um certo número de sistemas. Assim, há sistemas de sinais gesticulatórios, de movimentos corporais padronizados, de vários conjuntos de artefatos materiais, etc. Os sinais e os sistemas de sinais são objetivações, no sentido de serem objetivamente acessíveis além da expressão de intenções subjetivas "aqui e agora". Esta "capacidade de se destacar" das expressões imediatas da subjetividade também pertence aos sinais que requerem a presença mediatizante do corpo. Assim, executar uma dança que significa intenção agressiva é coisa completamente diferente de dar berros ou cerrar os punhos num acesso de cólera. Estes últimos atos exprimem minha subjetividade "aqui e agora", enquanto os primeiros podem ser inteiramente destacados desta subjetividade, posso não estar de todo zangado ou agressivo até este ponto, mas simplesmente tomando parte na dança porque me pagam para fazer isso por conta de uma outra pessoa que *está* encolerizada. Em outras palavras, a dança pode ser destacada da subjetividade do dançarino, ao passo que os berros do indivíduo *não podem*. Tanto a dança como o tom desabrido da voz são manifestações de expressividade corporal, mas somente a primeira tem caráter de sinal objetivamente acessível. Os sinais e os sistemas de sinais são todos caracterizados pelo "desprendimento", mas não podem ser diferenciados em termos do grau em que se podem desprender das situações face a face. Assim, uma dança é evidentemente menos destacada do que um artefato material que signifique a mesma intenção subjetiva.

A linguagem, que pode ser aqui definida como sistema de sinais vocais, é o mais importante sistema de sinais da sociedade humana. Seu fundamento, naturalmente, encontra-se na capacidade intrínseca do organismo humano de expressividade vocal, mas só podemos começar a falar de linguagem quando as expressões vocais tornaram-se capazes de se destacarem dos estados subjetivos imediatos "aqui e agora". Não é ainda linguagem se rosno, grunho, uivo ou assobio, embora estas expressões vocais sejam capazes de se tornarem linguísticas, na medida em que se integram em um sistema de sinais objetivamente praticável. As objetivações comuns da vida cotidiana são mantidas primordialmente pela significação linguística. A vida cotidiana é, sobretudo, a vida com a linguagem, e por meio dela, de que participo com meus semelhantes. A compreensão da linguagem é por isso essencial para minha compreensão da realidade da vida cotidiana.

A linguagem tem origem na situação face a face, mas pode ser facilmente destacada desta. Isto não é somente porque posso gritar no escuro ou à distância, falar pelo telefone ou pelo rádio ou transmitir um significado linguístico por meio da escrita (esta constitui, por assim dizer, um sistema de sinais de segundo grau). O destacamento da linguagem consiste muito mais fundamentalmente em sua capacidade de comunicar significados que não são expressões diretas da subjetividade "aqui e agora". Participa desta capacidade justamente com outros sistemas de sinais, mas sua imensa variedade e complexidade tornam-no muito mais facilmente destacável da situação face a face do que qualquer outro (por exemplo, um sistema de gestos). Posso falar de inumeráveis assuntos que não estão de modo algum presentes na situação face a face, inclusive assuntos dos quais nunca tive, nem terei, experiência direta. Deste modo, a linguagem é capaz de se tornar o repositório objetivo de vastas acumulações de significados e experiências, que pode então preservar no tempo e transmitir às gerações seguintes.

Na situação face a face, a linguagem possui uma qualidade inerente de reciprocidade que a distingue de qualquer outro sistema de sinais. A contínua produção de sinais vocais na conversa pode ser sincronizada de modo sensível com as intenções subjetivas em curso dos participantes da conversa. Falo como penso e o mesmo faz meu interlocutor na conversa. Ambos ouvimos o que cada qual diz virtualmente no mesmo instante, o que torna possível o contínuo, sincronizado e recíproco acesso às nossas duas subjetividades, uma aproximação intersubjetiva na situação face a face que nenhum outro sistema de sinais pode reproduzir. Mais ainda, ouço *a mim mesmo* à medida que falo. Meus próprios significados subjetivos tornam-se objetiva e continuamente alcançáveis por mim e *ipso facto* passam a ser "mais reais" para mim. Outra maneira de dizer a mesma coisa é lembrar o que foi dito antes sobre meu "melhor conhecimento" do outro, em comparação com o conhecimento de mim mesmo na situação face a face. Este fato aparentemente paradoxal foi anteriormente explicado pela acessibilidade maciça, contínua e pré-reflexiva do ser do outro na situação face a face, comparada com a exigência de reflexão para alcançar meu próprio ser. Ora, ao objetivar meu próprio ser por meio da linguagem, meu próprio ser torna-se maciça e continuamente acessível a mim, ao mesmo tempo que se torna assim alcançável pelo outro, e posso espontaneamente responder a esse ser sem a "interrupção" da reflexão deliberada. Pode dizer-se, por conseguinte, que a linguagem faz "mais real" minha subjetividade não somente para meu interlocutor, mas também para mim mesmo. Esta capacidade da linguagem de cristalizar e estabilizar para mim minha própria subjetividade é conservada (embora com modificações) quando a linguagem se destaca da situação face a face. Esta característica muito importante da linguagem é bem retratada no ditado que diz deverem os homens falar de si mesmos até se conhecerem a si mesmos.

A linguagem tem origem e encontra sua referência primária na vida cotidiana, referindo-se sobretudo à realidade que experimento na consciência em estado de vigília, que é dominada por motivos pragmáticos (isto é, o aglomerado de significados diretamente referentes a ações presentes ou futuras) e que partilho com outros de uma maneira suposta evidente. Embora a linguagem possa também ser empregada para se referir a outras realidades, o que será discutido a seguir dentro em breve, conserva mesmo assim seu arraigamento na realidade do senso comum da vida diária. Sendo um sistema de sinais, a linguagem tem a qualidade da objetividade. Encontro a linguagem como uma facticidade externa a mim, exercendo efeitos coercitivos sobre mim. A linguagem força-me a entrar em seus padrões. Não posso usar as regras da sintaxe alemã quando falo inglês. Não posso usar palavras inventadas por meu filho de três anos de idade se quiser me comunicar com pessoas de fora da família. Tenho de levar em consideração os padrões dominantes da fala correta nas várias ocasiões, mesmo se preferisse meus padrões "impróprios" privados. A linguagem me fornece a imediata possibilidade de contínua objetivação de minha experiência em desenvolvimento. Em outras palavras, a linguagem é flexivelmente expansiva, de modo que me permite objetivar um grande número de experiências que encontro em meu caminho no curso da vida. A linguagem também tipifica as experiências, permitindo-me agrupá-las em amplas categorias, em termos das quais tem sentido não somente para mim, mas também para meus semelhantes. Ao mesmo tempo em que tipifica, também torna anônimas as experiências, pois as experiências tipificadas podem em princípio ser repetidas por qualquer pessoa incluída na categoria em questão. Por exemplo, tenho um briga com minha sogra. Esta experiência concreta e subjetivamente única tipifica-se linguisticamente sob a categoria de "aborrecimento com minha sogra". Nesta tipificação tem sentido para mim, para os outros e presumivelmente para minha sogra. A mesma tipificação, porém, acarreta o anonimato. Não apenas eu, mas *qualquer* um (mais exatamente, qualquer um na categoria dos genros) pode ter "aborrecimentos com a sogra". Desta maneira, minhas experiências biográficas estão sendo continuamente reunidas em ordens gerais de significados, objetiva e subjetivamente reais.

Devido a esta capacidade de transcender o "aqui e agora", a linguagem estabelece pontes entre diferentes zonas dentro da realidade da vida cotidiana e as integra em uma totalidade dotada de sentido. As transcendências têm dimensões espaciais, temporais e sociais. Por meio da linguagem posso transcender o hiato entre minha área de atuação e a do outro, posso sincronizar minha sequência biográfica temporal com a dele, e posso conversar com ele a respeito de indivíduos e coletividades com os quais não estamos agora em interação face a face. Como resultado destas transcendências, a linguagem é capaz de "tornar presente" uma grande variedade de objetos que estão espacial, temporal e socialmente ausentes do "aqui e agora". *Ipso facto* uma vasta acumulação de experiências e significações podem ser objetivadas no "aqui e agora". Dito de maneira simples, por meio da linguagem um mundo inteiro pode ser atualizado em qualquer momento. Este poder que a linguagem tem de transcender e integrar conserva-se mesmo quando não estou realmente conversando com outra pessoa. Mediante a objetivação linguística, mesmo quando estou "falando comigo mesmo" no pensamento solitário, um mundo inteiro pode apresentar-se a mim a qualquer momento. No que diz respeito às relações sociais, a linguagem "torna presente" a mim não somente os semelhantes que estão fisicamente ausentes no momento, mas indivíduos no passado relembrado ou reconstituído, assim como outros projetados como figuras imaginárias no futuro. Todas estas "presenças" podem ser altamente dotadas de sentido, evidentemente, na contínua realidade da vida cotidiana.

Ainda mais, a linguagem é capaz de transcender completamente a realidade da vida cotidiana. Pode referir-se a experiências pertencentes a áreas limitadas de significação e abarcar esferas da realidade separadas. Por exemplo, posso interpretar "o significado" de um sonho integrando-o linguisticamente na ordem da vida cotidiana. Esta integração transpõe a distinta realidade do sonho para a realidade da vida cotidiana, tornando-a um enclave dentro desta última. O sonho fica agora dotado de sentido em termos da realidade da vida cotidiana em vez de ser entendido em termos de sua própria realidade particular. Os enclaves produzidos por esta transposição pertencem em certo sentido a ambas as esferas da realidade. Estão "localizados" em uma realidade, mas "referem-se" a outra.

Qualquer tema significativo que abrange assim esferas da realidade pode ser definido como um símbolo, e a maneira linguística pela qual se realiza esta transcendência pode ser chamada de linguagem simbólica. Ao nível do simbolismo, por conseguinte, a significação linguística alcança o máximo desprendimento do "aqui e agora" da vida cotidiana e a linguagem eleva-se a regiões que são inacessíveis, não somente *de facto*, mas também *a priori*, à experiência cotidiana. A linguagem constrói, então, imensos edifícios de representação simbólica que parecem elevar-se sobre a realidade da vida cotidiana como gigantescas presenças de um outro mundo. A religião, a filosofia, a arte e a ciência são os sistemas de símbolos historicamente mais importantes deste gênero. A simples menção destes temas já representa dizer que, apesar do máximo desprendimento da experiência cotidiana que a construção desses sistemas requer, podem ter na verdade grande importância para a realidade da vida cotidiana. A linguagem é capaz não somente de construir símbolos altamente abstraídos da experiência diária, mas também de "fazer retornar" estes símbolos, apresentando-os como elementos objetivamente reais na vida cotidiana. Desta maneira, o simbolismo e a linguagem simbólica tornam-se componentes essenciais da realidade da vida cotidiana e da apreensão pelo senso comum desta realidade. Vivo em um mundo de sinais *e* símbolos todos os dias.

A linguagem constrói campos semânticos ou zonas de significação linguisticamente circunscritas. O vocabulário, a gramática e a sintaxe estão engrenadas na organização desses campos semânticos. Assim, a linguagem constrói esquemas de classificação para diferenciar os objetos em "gênero" (coisa muito diferente do sexo, está claro) ou em número; formas para realizar enunciados da ação por oposição a enunciados do ser; modos de indicar graus de intimidade social, etc. Por exemplo, nas línguas que distinguem o discurso íntimo do formal por meio de pronomes (tais como *tu* e *vous* em francês, ou *du* e *Sie* em alemão) esta distinção marca as coordenadas de um campo semântico que poderia chamar-se zona de intimidade. Situa-se aqui o mundo do *tutoiement* ou da *Bruderschaft*, com uma rica coleção de significados que me são continuamente aproveitáveis para a ordenação de minha experiência social. Um campo semântico desta espécie também existe, está claro, para o falante do inglês, embora seja mais circunscrito linguisticamente. Ou, para dar outro exemplo, a soma das objetivações linguísticas referentes à minha ocupação constitui outro campo semântico que ordena de maneira significativa todos os acontecimentos de rotina que encontro em meu trabalho diário. Nos campos semânticos assim construídos a experiência, tanto biográfica quanto histórica, pode ser objetivada, conservada e acumulada. A acumulação, está claro, é seletiva, pois os campos semânticos determinam aquilo que será retido e o que será "esquecido", como partes da experiência total do indivíduo e da sociedade. Em virtude desta acumulação constitui-se um acervo social de conhecimento que é transmitido de uma geração a outra e utilizável pelo indivíduo na vida cotidiana. Vivo no mundo do senso comum da vida cotidiana equipado com corpos específicos de conhecimento. Mais ainda, sei que outros partilham, ao menos em parte, deste conhecimento, e eles sabem que eu sei disso. Minha interação com os outros na vida cotidiana é, por conseguinte, constantemente afetada por nossa participação comum no acervo social disponível do conhecimento.

O acervo social do conhecimento inclui o conhecimento de minha situação e de seus limites. Por exemplo, sei que sou pobre, que por conseguinte não posso esperar viver num bairro elegante. Este conhecimento, está claro, é partilhado tanto por aqueles que são também pobres quanto por aqueles que se acham em situação mais privilegiada. A participação no acervo social do conhecimento permite assim a "localização" dos indivíduos na sociedade e o "manejo" deles de maneira apropriada. Isto não é possível para quem não participa deste conhecimento, tal como o estrangeiro, que não pode absolutamente me reconhecer como pobre talvez porque os critérios de pobreza em sua sociedade sejam inteiramente diferentes. Como posso ser pobre se uso sapatos e não pareço estar passando fome?

Sendo a vida cotidiana dominada por motivos pragmáticos, o conhecimento receitado, isto é, o conhecimento limitado à competência pragmática em desempenhos de rotina, ocupa lugar eminente no acervo social do conhecimento. Por exemplo, uso o telefone todos os dias para meus propósitos pragmáticos específicos. Sei como fazer isso. Também sei o que fazer se meu telefone não funciona, mas isto não significa que saiba consertá-lo, e sim que sei para quem devo apelar pedindo assistência. Meu conhecimento do telefone inclui também uma informação mais ampla sobre o sistema de comunicação telefônica; por exemplo, sei que algumas pessoas têm números que não constam do catálogo, que em certas circunstâncias especiais posso obter uma ligação simultânea com duas pessoas na rede interurbana, que devo contar com a diferença de tempo se quero falar com alguém em Hong-Kong, e assim por diante. Todo este conhecimento telefônico é um conhecimento receitado, uma vez que não se refere a nada mais senão àquilo que tenho de saber para meus propósitos pragmáticos presentes e possíveis no futuro. Não me interessa saber *por que* o telefone opera dessa maneira, no enorme corpo de conhecimento científico e de engenharia que torna possível a construção dos telefones. Tampouco me interessa os usos do telefone que estão fora de meus propósitos, por exemplo, a combinação com as ondas curtas do rádio para fins de comunicação marítima. Igualmente, tenho um conhecimento de receita do funcionamento das relações humanas. Por exemplo, sei o que devo fazer para requerer um passaporte. Só me interessa obter o passaporte ao final de um certo período de espera. Não me interessa nem sei como meu requerimento é processado nas repartições do governo, por quem e depois de que trâmites é dada a aprovação que põe o carimbo no documento. Não estou fazendo um estudo da burocracia governamental, apenas desejo passar um período de férias no estrangeiro. Meu interesse nos trabalhos ocultos do processo de obtenção do passaporte só será despertado se deixar de conseguir meu passaporte no final. Nesse ponto, do mesmo modo como chamo a telefonista de auxílio quando meu telefone está com defeito, chamo um perito em obtenção de passaportes, digamos um advogado, ou a pessoa que me representa no Congresso, ou a União Americana das Liberdades Civis. *Mutatis mutandis* uma grande parte do acervo cultural do conhecimento consiste em receitas para atender a problemas de rotina. Tipicamente tenho pouco interesse em ir além deste conhecimento pragmaticamente necessário, desde que os problemas possam na verdade ser dominados por este meio.

O cabedal social de conhecimento diferencia a realidade por graus de familiaridade. Fornece informação complexa e detalhada referente àqueles setores da vida diária com que tenho frequentemente de tratar. Fornece uma informação muito mais geral e imprecisa sobre setores mais remotos. Assim, meu conhecimento de minha própria ocupação e seu mundo é muito rico e específico, enquanto tenho somente um conhecimento muito incompleto dos mundos do trabalho dos outros. O estoque social do conhecimento fornece-me além disso os esquemas tipificadores exigidos para as principais rotinas da vida cotidiana, não somente as tipificações dos outros, que foram anteriormente discutidas, mas também tipificações de todas as espécies de acontecimentos e experiências, tanto sociais quanto naturais. Assim, vivo em um mundo de parentes, colegas de trabalho e funcionários públicos identificáveis. Neste mundo, por conseguinte, experimento reuniões familiares, encontros profissionais e relações com a polícia de trânsito. O "pano de fundo" natural desses acontecimentos é também tipificado no acervo de conhecimentos. Meu mundo é estruturado em termos de rotina que se aplicam no bom ou no mau tempo, na estação da febre do feno e em situações nas quais um cisco entra debaixo de minha pálpebra. "Sei que fazer" com relação a todos estes outros e a todos esses acontecimentos de minha vida cotidiana. Apresentando-se a mim como um todo integrado, o capital social do conhecimento fornece-me também os meios de integrar elementos descontínuos de meu próprio conhecimento. Em outras palavras, "aquilo que todo mundo sabe" tem sua própria lógica e a mesma lógica pode ser aplicada para ordenar várias coisas que eu sei. Por exemplo, sei que meu amigo Henry é inglês e que é sempre muito pontual em chegar aos encontros marcados. Como "todo mundo sabe" que a pontualidade é uma característica inglesa, posso agora integrar estes dois elementos de meu conhecimento de Henry em uma tipificação dotada de sentido em termos do cabedal social do conhecimento.

A validade de meu conhecimento da vida cotidiana é suposta certa por mim e pelos outros até nova ordem, isto é, até surgir um problema que não pode ser resolvido nos termos por ela oferecidos. Enquanto meu conhecimento funciona satisfatoriamente em geral estou disposto a suspender qualquer dúvida a respeito dele. Em certas atitudes destacadas da realidade cotidiana – contar uma piada no teatro ou na igreja ou empenhar-me numa especulação filosófica – posso talvez pôr em dúvida alguns elementos dela. Mas estas dúvidas "não são para ser levadas a sério". Por exemplo, como homem de negócios sei que vale a pena ser indelicado com os outros. Posso rir de uma pilhéria na qual esta máxima leva à falência, posso ser movido por um ator ou um pregador exaltando as virtudes da consideração, e posso reconhecer, em um estado de espírito filosófico, que todas as relações sociais deveriam ser governadas pela Regra de Ouro. Tendo rido, tendo sido movido e filosofado, retorno ao mundo "sério" dos negócios, reconheço uma vez mais a lógica das máximas que lhe dizem respeito e atuo de acordo com elas. Somente quando minhas máximas falham em "cumprir o prometido" no mundo em que são destinadas a serem aplicadas, podem provavelmente tornarem-se problemáticas para mim "a sério".

Embora o estoque social do conhecimento represente o mundo cotidiano de maneira integrada, diferenciado de acordo com zonas de familiaridade e afastamento, deixa opaca a totalidade desse mundo. Noutras palavras, a realidade da vida cotidiana sempre aparece como uma zona clara atrás da qual há um fundo de obscuridade. Assim como certas zonas da realidade são iluminadas, outras permanecem na sombra. Não posso conhecer tudo que há para conhecer a respeito desta realidade. Mesmo se, por exemplo, sou aparentemente um déspota onipotente em minha família, e sei disso, não posso conhecer todos os fatores que entram no contínuo sucesso de meu despotismo. Sei que minhas ordens são sempre obedecidas, mas não posso ter certeza de todas as fases e de todos os motivos situados entre a expedição e a execução de minhas ordens. Há sempre coisas que se passam "por trás de mim". Isto é verdade *a fortiori* quando se trata de relações sociais mais complexas que as da família, e explica, diga-se de passagem, por que os déspotas são endemicamente nervosos. Meu conhecimento da vida cotidiana tem a qualidade de um instrumento que abre caminho através de uma floresta e enquanto faz isso projeta um estreito cone de luz sobre aquilo que está situado logo adiante e imediatamente ao redor, enquanto em todos os lados do caminho continua a haver escuridão. Esta imagem é ainda mais adequada, evidentemente, às múltiplas realidades nas quais a vida cotidiana é continuamente transcendida. Esta última afirmação pode ser parafraseada, poeticamente mesmo quando não exaustivamente, dizendo que a realidade da vida cotidiana é toldada pela penumbra de nossos sonhos.

Meu conhecimento da vida cotidiana estrutura-se em termos de conveniências. Meus interesses pragmáticos imediatos determinam algumas destas, enquanto outras são determinadas por minha situação geral na sociedade. É coisa que não tem importância para mim saber como minha mulher se arranja para cozinhar meu ensopado preferido, enquanto este for feito da maneira que me agrada. Não tem importância para mim o fato das ações de uma companhia estarem caindo se não possuo tais ações, ou de que os católicos estão modernizando sua doutrina se sou ateu, ou que é possível agora voar sem escalas até a África se não desejo ir lá. Contudo, minhas estruturas de conveniências cruzam as estruturas de conveniências dos outros em muitos pontos, dando em resultado termos coisas "interessantes" a dizermos uns aos outros. Um elemento importante de meu conhecimento da vida cotidiana é o conhecimento das estruturas que têm importância para os outros. Assim, "sei o que tenho de melhor a fazer" do que falar ao meu médico sobre meus problemas de investimentos, ao meu advogado sobre minhas dores causadas por uma úlcera, ou ao meu contabilista a respeito de minha procura da verdade religiosa. As estruturas que têm importância básica referentes à vida cotidiana são apresentadas a mim já prontas pelo estoque social do próprio conhecimento. Sei que a "conversa das mulheres" não tem importância para mim como homem, que a "especulação ociosa" é irrelevante para mim como homem de ação, etc. Finalmente, o acervo social do conhecimento em totalidade tem sua própria estrutura de importância. Assim, em termos do estoque de conhecimento objetivado na sociedade americana não tem importância estudar o movimento das estrelas para predizer o movimento da bolsa de valores, mas tem importância estudar os *lapsus linguae* de um indivíduo para descobrir coisas sobre sua vida sexual, e assim por diante. Inversamente, em outras sociedades a astrologia pode ter considerável importância para a economia, enquanto a análise da linguagem é de todo sem significação para a curiosidade erótica, etc.

Seria conveniente assinalar aqui uma questão final a respeito da distribuição social do conhecimento. Encontro o conhecimento na vida cotidiana socialmente distribuído, isto é, possuído diferentemente por diversos indivíduos e tipos de indivíduos. Não partilho meu conhecimento igualmente com todos os meus semelhantes e pode haver algum conhecimento que não partilho com ninguém. Compartilho minha capacidade profissional com os colegas, mas não com minha família, e não posso partilhar com ninguém meu conhecimento do modo de trapacear no jogo. A distribuição social do conhecimento de certos elementos da realidade cotidiana pode tornar-se altamente complexa e mesmo confusa para os estranhos. Não somente não possuo o conhecimento supostamente exigido para me curar de uma enfermidade física, mas posso mesmo não ter o conhecimento de qual seja, dentre a estonteante variedade de especialidades médicas, aquela que pretende ter o direito sobre o que me deve curar. Em tais casos não apenas peço o conselho de especialistas, mas o conselho anterior de especialistas em especialistas. A distribuição social do conhecimento começa assim com o simples fato de não conhecer tudo que é conhecido por meus semelhantes, e vice-versa, e culmina em sistemas de perícia extraordinariamente complexos e esotéricos. O conhecimento do modo *como* o estoque disponível do conhecimento é distribuído, pelo menos em suas linhas gerais, é um importante elemento deste próprio estoque de conhecimento. Na vida cotidiana sei, ao menos grosseiramente, o que posso esconder de cada pessoa, a quem posso recorrer para pedir informações sobre aquilo que não conheço e geralmente quais os tipos de conhecimento que se supõe serem possuídos por determinados indivíduos.

II
A sociedade como realidade objetiva

I. Institucionalização

a) Organismo e atividade

O homem ocupa uma posição peculiar no reino animal[1]. Ao contrário dos outros mamíferos superiores não possui um ambiente[2] específico da espécie, um ambiente firmemente estruturado por sua própria organização instintiva. Não existe um mundo do homem no sentido em que se pode falar de um mundo do cachorro ou de um mundo do cavalo. Apesar de uma área de aprendizagem e acumulação individuais, o cachorro ou o cavalo individuais têm uma relação em grande parte fixa com seu ambiente, do qual participa com todos os outros membros da respectiva espécie. Uma consequência óbvia deste fato é que os cachorros e os cavalos, em comparação com o homem, são muito mais restritos a uma distribuição geográfica específica. A especificidade do ambiente desses animais,

---

1. Sobre o recente trabalho biológico concernente à posição peculiar do homem no reino animal, cf. VON UEXKÜLL, J. *Bedeutungslehre*. Hamburgo: Rowohlt, 1958). • BUYTENDIJK, F.J.J. *Mensch und Tier*. Hamburgo: Rowohlt, 1958. • PORTMANN, A. *Zoologie und das neue Bild vom Menschen*. Hamburgo: Rowohlt, 1956. As mais importantes avaliações destas perspectivas biológicas segundo uma antropologia filosófica são as de Helmuth Plessner (*Die Stufen des Organischen und der Mensch*, 1928 e 1965) e Arnold Gehlen (*Der Mensch, seine Natur und seine Stellung in der Welt*, 1940 e 1950). Foi Gehlen que levou adiante estas perspectivas em termos de uma teoria sociológica das Instituições (especialmente em seu *Urmensch und Spätkultur*, 1956). Para uma introdução a este último, cf. BERGER, P.L. & KELLNER, H. "Arnold Gehlen and the Theory of Institutions". *Social Research* 32: 1, 110ss. (1965).

2. O termo "ambiente específico da espécie" foi tirado de Von Uexküll.

porém, é muito mais do que uma delimitação geográfica. Refere-se ao caráter biologicamente fixo de sua relação com o ambiente, mesmo se for introduzida uma variação geográfica. Neste sentido, todos os animais não humanos, enquanto espécies e enquanto indivíduos, vivem em mundos fechados, cujas estruturas são predeterminadas pelo equipamento biológico das diversas espécies animais.

Em contraste, a relação do homem com seu ambiente caracteriza-se pela abertura para o mundo[3]. O homem não somente conseguiu estabelecer-se na maior parte da superfície da Terra, mas sua relação com o ambiente circunstante é em toda a parte muito imperfeitamente estruturada por sua própria constituição biológica. Esta última, sem dúvida, permite que o homem se empenhe em diferentes atividades. Mas o fato de continuar a viver uma existência nômade em um lugar e voltar-se para a agricultura em outro lugar não pode ser explicado em termos de processos biológicos. Isto não significa, está claro, que não haja limitações biologicamente determinadas para as relações do homem com seu ambiente. Seu equipamento sensorial e motor específico da espécie impõe limitações evidentes à sua gama de possibilidades. A peculiaridade da constituição biológica do homem repousa antes em sua componente instintiva.

A organização instintiva do homem pode ser descrita como subdesenvolvida, comparada com a de outros mamíferos superiores. O homem, está claro, tem impulsos, mas estes são consideravelmente desprovidos de especialização e direção. Isto significa que o organismo humano é capaz de aplicar o equipamento que possui por constituição a uma ampla escala de atividades e, além disso, constantemente variável e em variação. Esta peculiaridade do organismo humano funda-se em seu desenvolvimento ontogenético[4]. Com efeito, se examinarmos a questão em termos de desenvolvimento orgânico é possível dizer que o período fetal no ser

---

3. As implicações antropológicas do termo "abertura para o mundo" foram desenvolvidas por Plessner e Gehlen.

4. A peculiaridade do organismo humano como sendo ontogeneticamente fundada foi mostrada particularmente nas investigações de Portmann.

humano estende-se por todo o primeiro ano após o nascimento[5]. Importantes desenvolvimentos orgânicos que no animal se completam no corpo da mãe efetuam-se no lactente humano depois que se separa do útero. Nessa ocasião, porém, a criança humana não somente está *no* mundo exterior, mas se inter-relaciona com este por muitos modos complexos.

O organismo humano, por conseguinte, está ainda desenvolvendo-se biologicamente quando já se acha em relação com seu ambiente. Em outras palavras, o processo de tornar-se homem efetua-se na correlação com o ambiente. Esta afirmativa adquire significação se refletirmos no fato de que este ambiente é ao mesmo tempo um ambiente natural e humano. Isto é, o ser humano em desenvolvimento não somente se correlaciona com um ambiente natural particular, mas também com uma ordem cultural e social específica, que é mediatizada para ele pelos outros significativos que o têm a seu cargo[6]. Não apenas a sobrevivência da criança humana depende de certos dispositivos sociais, mas a direção de seu desenvolvimento orgânico é socialmente determinada. Desde o momento do nascimento, o desenvolvimento orgânico do homem, e na verdade uma grande parte de seu ser biológico enquanto tal, está submetido a uma contínua interferência socialmente determinada.

Apesar dos evidentes limites fisiológicos estabelecidos para a gama de possíveis e diferentes maneiras de tornar-se homem nesta dupla correlação com o ambiente, o organismo humano manifesta uma imensa plasticidade em suas respostas às forças ambientais que atuam sobre ele. Isto é particularmente claro quando se observa a flexibilidade da constituição biológica do homem ao ser submetida a uma multiplicidade de determinações socioculturais. É

---

5. A sugestão de que o período fetal no homem se estende durante o primeiro ano de vida foi feita por Portmann, que chamou este ano o "extra-uterine Frühjahr".

6. O termo "outros significativos" foi tomado de Mead. Sobre a teoria da ontogênese do eu, enunciada por Mead, cf. a obra do autor *Mind, Self and Society* (Chicago: University of Chicago Press, 1934). Um compêndio útil sobre os trabalhos de Mead é o de STRAUSS, A. (ed.). *George Herbert Mead on Social Psychology*. Chicago: University of Chicago Press, 1964. Para um sugestivo debate secundário, cf. NATANSON, M. *The Social Dynamics of George H. Mead*. Washington: Public Affairs Press, 1956.

um lugar comum etnológico dizer que as maneiras de tornar-se e ser humano são tão numerosas quanto as culturas humanas. A humanização é variável em sentido sociocultural. Em outras palavras, não existe natureza humana no sentido de um substrato biologicamente fixo, que determine a variabilidade das formações socioculturais. Há somente a natureza humana, no sentido de constantes antropológicas (por exemplo, abertura para o mundo e plasticidade da estrutura dos instintos) que delimita e permite as formações socioculturais do homem. Mas a forma específica em que esta humanização se molda é determinada por essas formações socioculturais, sendo relativa às suas numerosas variações. Embora seja possível dizer que o homem tem uma natureza, é mais significativo dizer que o homem constrói sua própria natureza, ou, mais simplesmente, que o homem se produz a si mesmo[7].

A plasticidade do organismo humano e sua susceptibilidade às influências socialmente determinadas são melhor ilustradas pela documentação etnológica referente à sexualidade[8]. Embora o homem possua impulsos sexuais comparáveis aos de outros mamíferos superiores, a sexualidade humana caracteriza-se por um grau muito alto de flexibilidade. Não só é relativamente independente dos ritmos temporais, mas é flexível tanto no que diz respeito aos objetos a que se dirige quanto em suas modalidades de expressão. As provas etnológicas mostram que em questões sexuais o homem é capaz de quase tudo. O indivíduo pode estimular sua própria

---

7. Há uma dicotomia fundamental entre a concepção do homem como um ser que se produz a si mesmo e a concepção da "natureza humana". Isto constitui uma decisiva diferença antropológica entre Marx e qualquer perspectiva adequadamente sociológica, de um lado (especialmente a que é fundada na psicologia social de Mead), e, de outro, Freud e a maioria das perspectivas psicológicas não freudianas. O esclarecimento desta diferença é muito importante se quisermos que haja um debate significativo entre os campos da sociologia e da psicologia hoje em dia. Na própria teoria sociológica é possível distinguir várias posições conforme se aproximem mais do polo "sociológico" ou do polo "psicológico". Vilfredo Pareto provavelmente representa a mais requintada abordagem do polo "psicológico" na própria sociologia. Diga-se de passagem que a aceitação ou a rejeição do pressuposto da "natureza humana" também tem interessantes implicações no que respeita às ideologias políticas, mas esta questão não pode ser tratada aqui.

8. As obras de Bronislaw Malinowskl, Ruth Benedict, Margaret Mead, Clyde Kluckhohn e George Murdock podem ser citadas a este respeito

imaginação sexual até o ponto da sensualidade febril, mas é improvável que possa evocar alguma imagem que não corresponda àquilo que em outra cultura é uma norma estabelecida ou pelo menos uma ocorrência calmamente aceita. Se o termo "normalidade" tem de referir-se ou ao que é antropologicamente fundamental ou ao que é culturalmente universal, então nem esse termo nem o antônimo dele pode ser aplicado com sentido às formas variáveis da sexualidade humana. Ao mesmo tempo, é claro, a sexualidade humana é dirigida, às vezes de maneira rigidamente estruturada, em cada cultura particular. Toda cultura tem uma configuração sexual distintiva, com seus próprios padrões especializados de conduta sexual e seus pressupostos "antropológicos" na área sexual. A relatividade empírica dessas configurações, sua imensa variedade e exuberante inventividade indicam que são produtos das formações socioculturais próprias do homem e não de uma natureza humana biologicamente fixa[9].

O período durante o qual o organismo humano se desenvolve até completar-se na correlação com o ambiente é também o período durante o qual o eu humano se forma. Por conseguinte, a formação do eu deve também ser compreendida em relação com o contínuo desenvolvimento orgânico e com o processo social, no qual o ambiente natural e o ambiente humano são mediatizados pelos outros significativos[10]. Os pressupostos genéticos do eu são, está claro, dados no nascimento. Mas o eu tal como é experimentado mais tarde como uma identidade subjetiva e objetivamente reconhecível, não é. Os mesmos processos sociais que determinam a constituição do organismo produzem o eu em sua forma particular, culturalmente relativa. O caráter do eu como produto social não se limita à configuração particular que o indivíduo identifica como sendo ele mesmo (por exemplo, como "um homem", de maneira particular em que esta identidade é definida e formada na cultura em questão), mas com o equipamento psicológico amplo

---

9. A concepção aqui apresentada sobre a plasticidade sexual do homem tem afinidade com a concepção de Freud sobre o caráter primitivamente informe da libido.

10. Este ponto é explicado na teoria de Mead sobre a gênese social do eu.

que serve de complemento a essa particular configuração (por exemplo, emoções "viris", atitudes e mesmo reações somáticas). Não é preciso dizer, portanto, que o organismo e, ainda mais, o eu não podem ser devidamente compreendidos fora do particular contexto social em que foram formados.

O desenvolvimento comum do organismo humano e do eu humano em um ambiente socialmente determinado refere-se à relação particularmente humana entre organismo e eu. Esta relação é de caráter fora do comum[11]. Por um lado, o homem é um corpo, no mesmo sentido em que isto pode ser dito de qualquer outro organismo animal. Por outro lado, o homem *tem* um corpo. Isto é, o homem experimenta-se a si próprio como uma entidade que não é idêntica a seu corpo, mas que, pelo contrário, tem esse corpo ao seu dispor. Em outras palavras, a experiência que o homem tem de si mesmo oscila sempre num equilíbrio entre ser um corpo e ter um corpo, equilíbrio que tem de ser corrigido de vez em quando. Esta originalidade da experiência que o homem tem de seu próprio corpo leva a certas consequências no que se refere à análise da atividade humana como conduta no ambiente material e como exteriorização de significados subjetivos. A compreensão adequada de qualquer fenômeno humano terá de levar em consideração estes dois aspectos, por motivos fundados em fatos antropológicos essenciais.

É preciso deixar claro, tendo-se em vista o que já foi dito, que a afirmação segundo a qual o homem se produz a si mesmo de modo algum implica uma espécie de visão prometeica do indivíduo solitário[12]. A autoprodução do homem é sempre e necessariamente

---

11. O termo "excentricidade" foi tomado de Plessner. É possível encontrar perspectivas semelhantes na última obra de Scheler sobre antropologia filosófica. Cf. SCHELER, M. *Die Stellung des Menschen im Kosmos*. Munique: Nymphenburger Verlagshandlung, 1947.

12. O caráter social da autoprodução do homem foi formulado de maneira mais nítida por Marx na crítica a Stirner em *A ideologia alemã*. A evolução de Jean-Paul Sartre de seu primitivo existencialismo à sua posterior modificação marxista, isto é, do *L'etre et le nèant* a *Critique de la raison dialectique*, é o mais impressionante exemplo na antropologia filosófica contemporânea da realização desta compreensão sociologicamente decisiva. O particular interesse de Sartre nas "mediações" entre os processos macroscópicos socio-históricos e a biografia individual seria grandemente beneficiado, ainda uma vez, pela consideração da psicologia social de Mead.

um empreendimento social. Os homens *em conjunto* produzem um ambiente humano, com a totalidade de suas formações socioculturais e psicológicas. Nenhuma dessas formações pode ser entendida como produto da constituição biológica do homem, a qual, conforme indicamos, fornece somente os limites externos da atividade produtiva humana. Assim como é impossível que o homem se desenvolva como homem no isolamento, igualmente é impossível que o homem isolado produza um ambiente humano. O ser humano solitário é um ser no nível animal (que, está claro, o homem partilha com outros animais). Logo que observamos fenômenos especificamente humanos entramos no reino do social. A humanidade específica do homem e sua socialidade estão inextrincavelmente entrelaçadas. O *Homo sapiens* é sempre, e na mesma medida, *homo socius*[13].

O organismo humano não possui os meios biológicos necessários para dar estabilidade à conduta humana. A existência humana, se retornasse a seus recursos orgânicos exclusivamente, seria a existência numa espécie de caos. Este caos, contudo, é empiricamente inexequível, embora se possa concebê-lo teoricamente. Empiricamente a existência humana decorre em um contexto de ordem, direção e estabilidade. Surge, então, a seguinte questão: de que deriva a estabilidade da ordem humana empiricamente existente? A resposta pode ser dada em dois níveis. É possível indicar primeiramente o fato evidente de que uma dada ordem social precede qualquer desenvolvimento individual orgânico. Isto é, a ordem social apropria-se previamente sempre da abertura para o mundo, embora esta seja intrínseca à constituição biológica do homem. É possível dizer que a abertura para o mundo, biologicamente intrínseca, da existência humana é sempre, e na verdade deve ser, transformada pela ordem social em um relativo fechamento ao mundo. Embora este enclausuramento nunca possa aproximar-se do fechamento da existência animal, quando mais não seja por causa de seu caráter humanamente produzido e por

---

13. A inextricável conexão entre a humanidade do homem e sua socialidade foi formulada de maneira mais nítida por Durkheim, especialmente na parte final das *Formes élémentaires de la vie religieuse*.

conseguinte "artificial", é capaz, contudo, na maioria das vezes, de assegurar a direção e a estabilidade para a maior parte da conduta humana. A questão pode, então, ser transferida para outro nível. É possível perguntar de que maneira surge a própria ordem social.

A resposta mais geral a esta pergunta é a que indica ser a ordem social um produto humano, ou, mais precisamente, uma progressiva produção humana. É produzida pelo homem no curso de sua contínua exteriorização. A ordem social não é dada biologicamente nem derivada de quaisquer *elementos* biológicos em suas manifestações empíricas. Não é preciso acrescentar que a ordem social também não é dada no ambiente natural do homem, embora certos aspectos particulares deste ambiente possam ser fatores que determinem aspectos de uma ordem social (por exemplo, sua estrutura econômica ou tecnológica). A ordem social não faz parte da "natureza das coisas" e não pode ser derivada das "leis da natureza"[14]. A ordem social existe *unicamente* como produto da atividade humana. Não é possível atribuir-lhe qualquer outro *status* ontológico sem ofuscar irremissivelmente suas manifestações empíricas. Tanto em sua gênese (ordem social resultante da atividade humana passada) quanto em sua existência em qualquer instante do tempo (a ordem social só existe na medida em que a atividade humana continua a produzi-la) ela é um produto humano.

Embora os produtos sociais da exteriorização humana tenham um caráter *sui generis*, por oposição a seu contexto orgânico e ambiental, é importante acentuar que a exteriorização enquanto tal é uma necessidade antropológica[15]. O ser humano é impossível em uma esfera fechada de interioridade quiescente. O ser humano tem de estar continuamente se exteriorizando na atividade. Esta necessida-

---

14. Ao insistir na afirmação de que a ordem social não se baseia em quaisquer "leis da natureza" não estamos *ipso facto* tomando posição quanto a uma concepção metafísica da "lei natural". Nosso enunciado limita-se aos fatos da natureza empiricamente acessíveis.

15. Foi Durkheim quem insistiu mais fortemente sobre o caráter *sui generis* da ordem social, especialmente em suas *Règles de la méthode sociologique*. A necessidade antropológica da exteriorização foi desenvolvida tanto por Hegel quanto por Marx.

de antropológica funda-se no equipamento biológico do homem[16]. A inerente instabilidade do organismo humano obriga o homem a fornecer a si mesmo um ambiente estável para sua conduta. O próprio homem tem de especializar e dirigir seus impulsos. Estes fatos biológicos servem de premissas necessárias para a produção da ordem social. Em outras palavras, embora nenhuma ordem social existente possa ser derivada de *dados* biológicos, a necessidade da ordem social enquanto tal provém do equipamento biológico do homem.

A fim de entender as causas, além das que são estabelecidas pelas constantes biológicas, que conduzem à emergência, manutenção e transmissão de uma ordem social é preciso empreender uma análise que resulta em uma teoria da institucionalização.

b) As origens da institucionalização

Toda atividade humana está sujeita ao hábito. Qualquer ação frequentemente repetida torna-se moldada em um padrão, que pode em seguida ser reproduzido com economia de esforço e que, *ipso facto*, é apreendido pelo executante *como* tal padrão. O hábito implica além disso que a ação em questão pode ser novamente executada no futuro da mesma maneira e com o mesmo esforço econômico. Isto é verdade na atividade não social assim como na atividade social. Mesmo o indivíduo solitário na proverbial ilha deserta torna habitual sua atividade. Quando acorda de manhã e retoma suas tentativas de construir uma canoa com paus ajustados, pode murmurar consigo mesmo "lá vou eu de novo", ao começar mais uma etapa de um procedimento operatório que consiste, digamos, em dez etapas. Em outras palavras, mesmo o homem solitário tem no mínimo a companhia de seus procedimentos operatórios.

As ações tornadas habituais, está claro, conservam seu caráter plenamente significativo para o indivíduo, embora o significado em questão se torne incluído como rotina em seu acervo geral de

---

16. O fundamento biológico da exteriorização e de sua relação com a emergência das instituições foi desenvolvido por Gehlen.

conhecimentos, admitido como certos por ele e sempre à mão para os projetos futuros[17]. A formação do hábito acarreta o importante ganho psicológico de fazer estreitarem-se as opções. Embora em teoria haja uma centena de maneiras de realizar o projeto de construir uma canoa de paus ajustados, o hábito reduz estas maneiras a uma única. Isto liberta o indivíduo da carga de "todas estas decisões", dando-lhe um alívio psicológico que tem por base a estrutura instintiva não dirigida do homem. O hábito fornece a direção e a especialização da atividade que faltam no equipamento biológico do homem, aliviando assim o acúmulo de tensões resultantes dos impulsos não dirigidos[18]. E oferecendo um fundamento estável no qual a atividade humana pode prosseguir com o mínimo de tomada de decisões durante a maior parte do tempo, liberta energia para decisões que podem ser necessárias em certas ocasiões. Em outras palavras, o fundamento da atividade tornada habitual abre o primeiro plano para a deliberação e a inovação[19].

No que se refere aos significados atribuídos pelo homem à sua atividade, o hábito torna desnecessário que cada situação seja definida de novo, etapa por etapa[20]. Uma grande multiplicidade de situações podem reunir-se sob suas predefinições. A atividade a ser empreendida nessas situações pode então ser antecipada. É possível mesmo atribuir pesos padrões às alternativas da conduta.

Estes processos de formação de hábitos precedem toda institucionalização, na verdade podem ser aplicados a um hipotético indivíduo solitário, destacado de qualquer interação social. O fato de mesmo esse indivíduo solitário, admitindo que tenha sido formado como um ego (como teríamos de admitir no caso de nosso construtor de uma canoa de paus encaixados), terá de tornar habitual sua atividade de acordo com a experiência biográfica de um mundo de instituições sociais que precede seu estado de solidão, não nos inte-

---

17. O termo "estoque de conhecimento" foi tirado de Schutz.

18. Gehlen refere-se a este ponto em seus conceitos de *Triebüberschuss* e *Entlastung*.

19. Gehlen refere-se a este ponto em seu conceito de *Hintergrundserfüllung*.

20. O conceito da definição da situação foi formado por W.I. Thomas e desenvolvido ao longo de todo o seu trabalho sociológico.

ressa no momento. Empiricamente, a parte mais importante da formação do hábito da atividade humana é coextensiva com a institucionalização desta última. A questão passa a ser então saber como se originam as instituições.

A institucionalização ocorre sempre que há uma tipificação recíproca de ações habituais por tipos de atores. Dito de maneira diferente, qualquer uma dessas tipificações é uma instituição[21]. O que deve ser acentuado é a reciprocidade das tipificações institucionais e o caráter típico não somente das ações mas também dos atores nas instituições. As tipificações das ações habituais que constituem as instituições são sempre partilhadas. São *acessíveis* a todos os membros do grupo social particular em questão, e a própria instituição tipifica os atores individuais assim como as ações individuais. A instituição pressupõe que ações do tipo X serão executadas por atores do tipo X. Por exemplo, a instituição da lei postula que as cabeças serão decepadas de maneiras específicas em circunstâncias específicas, e que tipos determinados de indivíduos terão de fazer a decapitação (carrascos, ou membros de uma casta impura, ou virgens de menos de certa idade ou aqueles que foram designados por um oráculo).

As instituições implicam, além disso, a historicidade e o controle. As tipificações recíprocas das ações são construídas no curso de uma história compartilhada. Não podem ser criadas instantaneamente. As instituições têm sempre uma história, da qual são produtos. É impossível compreender adequadamente uma instituição sem entender o processo histórico em que foi produzida. As instituições, também, pelo simples fato de existirem, controlam a conduta humana estabelecendo padrões previamente definidos de conduta, que a canalizam em uma direção por oposição às muitas outras direções que seriam teoricamente possíveis. É importante acentuar que este caráter controlador é inerente à institucionaliza-

---

21. Temos consciência de que este conceito de instituição é mais amplo do que o prevalecente na sociologia contemporânea. Achamos que este conceito mais vasto é útil para uma análise global dos processos sociais básicos. Sobre controle social, cf. TENBRUCK, F. "Soziale Kontrolle". *Staatslexikon der Goerres-Gesellschaft* (1962) e POPITZ, H. "Soziale Normen". *European Journal of Sociology*.

ção enquanto tal, anterior a quaisquer mecanismos de sanções especificamente estabelecidos para apoiar uma instituição ou independentes desses mecanismos. Tais mecanismos (cuja soma constitui o que geralmente se chama sistema de controle social) existem evidentemente em muitas instituições e em todas as aglomerações de instituições que chamamos sociedades. Sua eficiência controladora, porém, é de tipo secundário ou suplementar. Conforme veremos de novo mais tarde, o controle social primário é dado pela existência de uma instituição enquanto tal. Dizer que um segmento da atividade humana foi institucionalizado já é dizer que este segmento da atividade humana foi submetido ao controle social. Novos mecanismos de controle só são exigidos se os processos de institucionalização não forem completamente bem-sucedidos. Assim, por exemplo, a lei pode determinar que todo aquele que violar o tabu do incesto terá a cabeça decepada. Esta cláusula pode ser necessária porque houve casos em que indivíduos ofenderam o tabu. É improvável que esta sanção tenha de ser invocada continuamente (a menos que a instituição delineada pelo tabu do incesto esteja em curso de desintegração, caso especial que não precisamos examinar aqui). Não tem sentido, portanto, dizer que a sexualidade humana é socialmente controlada pela decapitação de certos indivíduos. Ao contrário, a sexualidade humana é socialmente controlada por sua institucionalização no curso da história particular em questão. Pode-se acrescentar, sem dúvida, que o tabu do incesto em si mesmo não é outra coisa senão o lado negativo de um conjunto de tipificações que define em primeiro lugar qual a conduta sexual julgada incestuosa e qual a que não é assim considerada.

Na experiência real as instituições geralmente se manifestam em coletividades que contêm um número considerável de pessoas. É portanto teoricamente significativo acentuar que o processo de institucionalização da tipificação recíproca ocorreria mesmo se dois indivíduos começassem a atuar um sobre o outro *de novo*. A institucionalização é incipiente em toda situação social que prossegue no tempo. Suponhamos que duas pessoas provenientes de mundos sociais inteiramente diferentes comecem a atuar uma sobre a outra. Ao dizer "pessoas", supomos que os dois indivíduos tenham personalidades formadas, coisa que evidentemente só poderia ter acontecido em um processo social. Por conseguinte, excluímos momentaneamente os casos de Adão e Eva, ou das duas crianças "selvagens" encontradas numa clareira de uma floresta primitiva. Mas estamos admitindo que os dois indivíduos chegam ao local do encontro provindos de mundos sociais que foram historicamente produzidos separadamente um do outro e que, por conseguinte, a interação realiza-se numa situação que não foi institucionalmente definida por nenhum dos dois participantes. É possível imaginar um Sexta-feira encontrando nosso construtor da canoa em sua ilha deserta e imaginar o primeiro como sendo um papua e o segundo um americano. Neste caso então é provável que o americano tenha lido ou pelo menos ouvido falar da história de Robinson Crusoé, o que introduzirá uma certa predefinição da situação, ao menos para ele. Chamemos, portanto, nossas duas pessoas simplesmente A e B.

Logo que A e B entram em ação comum, qualquer que seja a maneira, produzir-se-ão rapidamente tipificações. A observa B executar. Atribui motivos às ações de B e, ao ver repetirem-se as ações, tipifica os motivos como recorrentes. À medida que B continua operando, A pode logo ser capaz de dizer para si mesmo "Ah! lá vai ele de novo". Ao mesmo tempo, A pode admitir que B está fazendo a mesma coisa com relação a ele. Desde o início tanto A quanto B admitem esta reciprocidade da tipificação. No curso de sua interação estas tipificações serão expressas em padrões específicos de condutas. Isto é, A e B começarão a desempenhar papéis *vis-à-vis* um do outro. Isto acontecerá mesmo se cada qual continuar a realizar ações diferentes das do outro. A possibilidade de tomar o papel do outro aparecerá com relação às mesmas ações executadas por ambos. Isto é, A apropriar-se-á interiormente dos reiterados papéis de B, fazendo deles os modelos de seu próprio desempenho. Por exemplo, o papel de B na atividade de preparar o alimento não é somente tipificado como tal por A, mas entra como elemento constitutivo no próprio papel de preparação do alimento por A. Assim, surge uma coleção de ações reciprocamente tipificadas, tornadas habituais para cada qual em papéis, alguns dos quais se realizarão separadamente e outros em comum[22]. Embora esta tipificação recíproca não seja ainda institucionalização (visto que, havendo somente dois indivíduos, não existe possibilidade de uma tipologia dos atores), é claro que a institucionalização já está presente *in nucleo*.

Nesta etapa é possível perguntar que vantagens esse desenvolvimento traz para os dois indivíduos. A vantagem mais importante é que cada qual será capaz de predizer as ações do outro. Concomitantemente, a interação de ambos torna-se predizível. O "Lá vai ele de novo" torna-se um "Lá vamos *nós* de novo". Isto liberta ambos os indivíduos de uma considerável quantidade de tensão. Poupam tempo e esforço não apenas em qualquer tarefa externa em que estejam empenhados separada ou conjuntamente, mas em termos de suas respectivas economias psicológicas. Sua vida conjunta define-se agora por uma esfera ampliada de rotinas supostas naturais e certas. Muitas ações são possíveis num nível baixo de atenção. Cada ação de um deles não é mais uma fonte de espanto e perigo potencial para o outro. Em vez disso, grande parte do que está sendo feito reveste-se da trivialidade daquilo que para ambos será a vida cotidiana. Isto significa que os dois indivíduos estão construindo um fundamento no sentido acima exposto, que servirá para estabilizar suas ações separadas e sua interação. A construção deste terreno de rotina por sua vez torna possível a divisão do trabalho entre eles, abrindo o caminho para inovações que exigem um nível mais alto de atenção. A divisão do trabalho e as inovações conduzirão à formação de novos hábitos, maior expansão do terreno comum a ambos os indivíduos. Em outras palavras, um mundo social estará em processo de construção, contendo nele as raízes de uma ordem institucional em expansão.

Geralmente as ações repetidas uma vez, ou mais, tendem a se tornarem habituais até certo ponto, assim como todas as ações ob-

---

22. O termo "tomar o papel do outro" foi tirado de Mead. Tomamos aqui o paradigma da socialização, exposto por Mead, aplicando-o ao problema mais amplo da institucionalização. A argumentação combina aspectos fundamentais dos enfoques de Mead e de Gehlen.

servadas por outro necessariamente envolvem alguma tipificação por parte deste outro. Contudo, para que se realize a espécie de tipificação recíproca que acabamos de descrever é preciso que haja uma situação social duradoura, na qual as ações habituais dos dois, ou mais, indivíduos se entrelacem. Que ações têm probabilidade de serem reciprocamente tipificadas desta maneira?

A resposta geral é a seguinte: são aquelas ações importantes para A e para B em sua situação comum. As áreas que têm probabilidade de serem importantes neste sentido variarão evidentemente com as diversas situações. Algumas serão as que se referem a A e a B em termos de suas biografias prévias, outras resultarão das circunstâncias naturais, pré-sociais da situação. O que em todos os casos terá de ser tornado habitual é o processo de comunicação entre A e B. O trabalho, a sexualidade e a territorialidade têm probabilidades de serem outros tantos focos de tipificações e hábitos. Nessas várias áreas a situação de A e de B é paradigmática da institucionalização que ocorre em sociedades maiores.

Levemos nosso paradigma um pouco mais adiante e imaginemos que A e B têm filhos. Neste ponto a situação muda qualitativamente. O aparecimento de um terceiro participante altera o caráter da interação social em curso entre A e B, e alterará ainda mais se novos indivíduos continuarem a ser acrescentados[23]. O mundo institucional que existia *in statu nascendi* na situação original de A e B comunica-se agora a outros. Neste processo a institucionalização aperfeiçoa-se. Os hábitos e tipificações empreendidos na vida comum de A e B, formações que até esse ponto ainda tinham a qualidade de concepções *ad hoc* de dois indivíduos, tornam-se agora instituições históricas. Com a aquisição da historicidade estas formações adquirem também outra qualidade decisiva, ou, mais exatamente, aperfeiçoa uma qualidade que era incipiente desde que A e B começaram a tipificação recíproca de sua conduta. Esta qualidade é a objetividade. Isto significa que as instituições que estão ago-

---

23. A análise, feita por Simmel, da expansão da díada à tríada é importante a este respeito. O argumento seguinte combina as concepções de Simmel e de Durkheim sobre a objetividade da realidade social.

ra cristalizadas (por exemplo, a instituição da paternidade tal como é encontrada pelos filhos) são experimentadas como existindo por cima e além dos indivíduos que "acontece" corporificá-las no momento. Em outras palavras, experimentam-se as instituições como se possuíssem realidade própria, realidade com a qual os indivíduos se defrontam na condição de fato exterior e coercitivo[24].

Enquanto as instituições nascentes são construídas e mantidas somente pela interação de A e B, sua objetividade conserva-se tênue, facilmente variável, quase lúdica, mesmo quando alcançam certo grau de objetividade, pelo simples fato de sua formação. Dito de maneira ligeiramente diferente, o terreno rotinizado da atividade de A e de B conserva-se grandemente acessível à deliberada intervenção de A e de B. Embora as rotinas, uma vez estabelecidas, transportem a tendência a persistir, a possibilidade de mudá-las ou mesmo aboli-las permanece ao alcance da consciência. Somente A e B são responsáveis por terem construído esse mundo. A e B conservam-se capazes de modificá-lo ou aboli-lo. Mais ainda, como foram eles que configuraram esse mundo no curso de uma biografia compartilhada, de que podem lembrar-se, o mundo assim formado aparece-lhes completamente transparente. Compreendem o mundo que fizeram. Tudo isto muda no processo de transmissão à nova geração. A objetividade do mundo institucional "espessa-se" e "endurece" não apenas para os filhos mas (por um efeito de espelho) para os pais também. O "Lá vamos nós de novo" torna-se agora "É assim que estas coisas são feitas". Um mundo assim considerado alcança a firmeza na consciência. Torna-se real de maneira ainda mais maciça e não pode mais ser mudado com tanta facilidade. Para os filhos, especialmente na fase inicial de sua socialização, este mundo torna-se o mundo. Para os pais perde sua qualidade jocosa e passa a ser "sério". Para os filhos, o mundo transmitido pelos pais não é completamente transparente. Como não participaram da formação dele, aparece-lhes como uma realidade que é dada, a qual, tal como a natureza, é opaca, pelo menos em certos lugares.

---

24. Em termos de Durkheim isto significa que, com a expansão da díada à tríada e além, as formações originais tornam-se genuínos "fatos sociais", isto é, alcançam a *choséité*.

Só nesse ponto é possível falar realmente de um mundo social, no sentido de uma realidade ampla e dada, com a qual o indivíduo se defronta de maneira análoga à realidade do mundo natural. Só desta maneira, *como* mundo objetivo, as formações sociais podem ser transmitidas a uma nova geração. Nas fases iniciais da socialização a criança é completamente incapaz de distinguir entre a objetividade dos fenômenos naturais e a objetividade das formações sociais[25]. Tomando o aspecto mais importante da socialização, a linguagem aparece à criança como inerente à natureza das coisas, não podendo perceber a noção do caráter convencional dela. Uma coisa é aquilo que é chamada, e não poderia ser chamada por um nome diferente. Todas as instituições aparecem da mesma maneira como dadas, inalteráveis e evidentes. Mesmo em nosso exemplo, empiricamente improvável, dos pais terem construído um mundo institucional *de novo*, a objetividade desse mundo aumentaria para eles pela socialização de seus filhos, porque a objetivação experimentada pelos filhos se refletiria de volta sobre sua própria experiência desse mundo. Empiricamente, está claro, o mundo institucional transmitido pela maioria dos pais já tem o caráter de realidade histórica e objetiva. O processo de transmissão simplesmente reforça o sentido que os pais têm da realidade, quanto mais não seja porque, falando cruamente, ao dizer "É assim que estas coisas são feitas", frequentemente o próprio indivíduo acredita que é isso mesmo[26].

Um mundo institucional, por conseguinte, é experimentado como realidade objetiva. Tem uma história que antecede o nascimento do indivíduo e não é acessível à sua lembrança biográfica. Já existia antes de ter nascido e continuará a existir depois de morrer. Esta própria história, tal como a tradição das instituições existentes, tem caráter de objetividade. A biografia do indivíduo é apren-

---

25. O conceito de "realismo" infantil de Jean Piaget pode ser comparado a este propósito.

26. Para uma análise deste processo na família contemporânea, cf. BERGER, P.L. & KELLNER, Hansfrield. "Marriage and the Construction of Reality". *Diógenes* 46 1964, 1ss.

dida como um episódio localizado na história objetiva da sociedade. As instituições, como facticidades históricas e objetivas, defrontam-se com o indivíduo na qualidade de fatos inegáveis. As instituições estão *aí*, exteriores a ele, persistentes em sua realidade, queira ou não. Não pode desejar que não existam. Resistem a suas tentativas de alterá-las ou de evadir-se delas. Têm um poder coercitivo sobre ele, tanto por si mesmas, pela pura força de sua facticidade, quanto pelos mecanismos de controle geralmente ligados às mais importantes delas. A realidade objetiva das instituições não fica diminuída se o indivíduo não compreende sua finalidade ou seu mundo de operação. Pode achar incompreensíveis grandes setores do mundo social, talvez opressivos em sua opacidade, mas não pode deixar de considerá-los reais. Existindo as instituições como realidade exterior, o indivíduo não as pode entender por introspeção. Tem de "sair de si" e apreender o que elas são, assim como tem de apreender o que diz respeito à natureza. Isto é verdade, mesmo se o mundo social, como realidade produzida pelos homens, é potencialmente compreensível de um modo que não é possível no caso do mundo natural[27].

É importante ter em mente que a objetividade do mundo institucional, por mais maciça que apareça ao indivíduo, é uma objetividade produzida e construída pelo homem. O processo pelo qual os produtos exteriorizados da atividade humana adquirem o caráter de objetividade é a objetivação[28]. O mundo institucional é a atividade humana objetivada, e isso em cada instituição particular. Noutras palavras, apesar da objetividade que marca o mundo social na experiência humana ele não adquire por isso um *status* ontológico à parte da atividade humana que o introduziu. O paradoxo que consiste no fato do homem ser capaz de produzir um mun-

---

27. A descrição precedente acompanha de perto a análise da realidade social feita por Durkheim. Isto *não* contradiz a concepção de Weber do caráter significativo da sociedade. Como a realidade social sempre se origina em ações humanas dotadas de sentido, continua a transportar um sentido mesmo se este for opaco para o indivíduo em determinado momento. O original pode ser *reconstruído*, precisamente por meio daquilo que Weber chamava *Verstehen*.

28. O termo "objetivação" é derivado da *Versachlichung* de Hegel e Marx.

do que em seguida experimenta como algo diferente de um produto humano, será por nós tratado mais tarde. De momento, é importante acentuar que a relação entre o homem, o produtor, e o mundo social, produto dele, é e permanece sendo uma relação dialética, isto é, o homem (evidentemente não o homem isolado, mas em coletividade) e seu mundo social atuam reciprocamente um sobre o outro. O produto reage sobre o produtor. A exteriorização e a objetivação são momentos de um processo dialético contínuo. O terceiro momento deste processo, que é a interiorização (pela qual o mundo social objetivado é reintroduzido na consciência no curso da socialização), irá ocupar-nos mais tarde com abundância de detalhes. Já é possível, contudo, ver a relação fundamental desses três momentos dialéticos na realidade social. Cada um deles corresponde a uma caracterização essencial do mundo social. *A sociedade é um produto humano. A sociedade é uma realidade objetiva. O homem é um produto social.* Torna-se desde já evidente que qualquer análise do mundo social que deixe de lado algum destes três momentos será uma análise destorcida[29]. Pode-se acrescentar além disso que somente com a transmissão do mundo social a uma nova geração (isto é, a interiorização efetuada na socialização), a dialética social fundamental aparece em sua totalidade. Repetindo, somente com o aparecimento de uma nova geração é possível falar-se propriamente de um mundo social.

No mesmo tempo, o mundo institucional exige legitimação, isto é, modos pelos quais pode ser "explicado" e justificado. Isto não acontece porque apareça como menos real. Conforme vimos, a realidade do mundo social torna-se cada vez mais maciça no curso de sua transmissão. Esta realidade, porém, é histórica, o que faz chegar à nova geração como tradição e não como memória biográ-

---

29. A sociologia contemporânea americana tende a abandonar o primeiro elemento. Sua perspectiva da sociedade tende assim a ser aquilo que Marx chamou reificação (*Verdinglichung*), isto é, uma distorção não dialética da realidade social que obscurece o caráter desta última como continua produção humana, visualizando-a em vez disto em categorias de coisas, apropriadas somente para o mundo da natureza. O fato da desumanização implícito nesse processo ser mitigado por valores derivados da tradição mais ampla da sociedade é, presumivelmente, uma felicidade do ponto de vista moral, mas teoricamente é irrelevante.

fica. No exemplo que tomamos por paradigma, A e B, os criadores originais do mundo social, podem sempre reconstruir as circunstâncias em que seu mundo, e qualquer parte dele, foi estabelecido. Isto é, podem chegar ao significado de uma instituição pelo exercício de sua capacidade de lembrança. Os filhos de A e de B acham-se em situação inteiramente diferente. O conhecimento que têm da história institucional foi recebido por "ouvir dizer". O significado original das instituições é inacessível a eles em termos de memória. Torna-se, por conseguinte, necessário interpretar para eles este significado em várias fórmulas legitimadoras. Estas terão de ser consistentes e amplas no que se refere à ordem institucional, a fim de levarem a convicção à nova geração. A mesma história, por assim dizer, tem de ser contada a todas as crianças. Segue-se que a ordem institucional em expansão cria um correspondente manto de legitimações, que estende sobre si uma cobertura protetora de interpretações cognoscitivas e normativas. Estas legitimações são aprendidas pelas novas gerações durante o mesmo processo que as socializa na ordem institucional. Iremos ocuparnos deste assunto com mais detalhes a seguir.

O desenvolvimento de mecanismos específicos de controles sociais torna-se também necessário com a historicização e objetivação das instituições. É provável que haja desvios dos cursos de ação institucionalmente "programados", uma vez que as instituições passam a ser realidades divorciadas de sua importância original nos processos sociais concretos dos quais surgiram. Dito de maneira mais simples, é mais provável que o indivíduo se desvie de programas estabelecidos para ele pelos outros do que de programas que ele próprio ajudou a estabelecer. A nova geração engendra o problema da transigência e sua socialização na ordem institucional exige o estabelecimento de sanções. As instituições devem pretender, e de fato pretendem ter autoridade sobre o indivíduo, independentemente das significações subjetivas que este possa atribuir a qualquer situação particular. A prioridade das definições institucionais das situações deve ser coerentemente preservada das tentações individuais de redefinição. As crianças devem "aprender a comportar-se" e, uma vez que tenham aprendido, precisam ser "mantidas na linha". O mesmo se dá naturalmente com os adultos. Quanto mais a conduta é institucionalizada tanto mais se torna predizível e controlada. Se a socialização das instituições foi eficiente, é possível aplicar completas medidas coercitivas econômica e seletivamente. Na maioria das vezes a conduta se processará "espontaneamente" nos canais estabelecidos de modo institucional. Ao nível das significações, quanto mais a conduta é julgada certa e natural, tanto mais se restringirão as possíveis alternativas dos "programas" institucionais, sendo cada vez mais predizível e controlada a conduta.

Em princípio, a institucionalização pode ocorrer em qualquer área da conduta coletivamente importante. Na ordem real dos fatos, os conjuntos de processos de institucionalização produzem-se concorrentemente. Não há razão, *a priori*, para admitir que esses processos tenham necessariamente de "permanecer unidos" em suas funções, e muito menos como sistema logicamente consistente. Voltando, ainda uma vez, ao exemplo que demos como paradigma e variando ligeiramente a situação imaginária, suponhamos desta vez não uma família em crescimento, constituída por pais e filhos, mas um picante triângulo de um macho A, uma fêmea bissexual B e uma lésbica C. Não é preciso insistir na questão de que as relações sexuais destes três indivíduos não coincidirão. A relação A-B não é partilhada por C. Os hábitos engendrados como resultado das conveniências de A e B precisam relacionar-se com os engendrados pelas conveniências de B-C e C-A. Afinal de contas não há razão para que dois processos de formação de hábitos eróticos, um heterossexual e outro lésbico, não possam ocorrer lado a lado sem que se integrem funcionalmente um com o outro ou com uma terceira formação de hábito, baseada, digamos, em um interesse comum no cultivo de flores (ou qualquer outro empreendimento que possa ser simultaneamente relevante para um macho heterossexual ativo e uma lésbica ativa). Em outras palavras, três processos de formação de hábitos ou de incipiente institucionalização podem ocorrer sem serem funcional ou logicamente integrados enquanto fenômenos sociais. O mesmo raciocínio é válido se supusermos que A, B e C são coletividades e não indivíduos, quaisquer que sejam os conteúdos de seus interesses. Igualmente a integração funcional ou lógica não pode ser admitida *a priori* quando os processos de formação de hábitos ou de institucionalização limitam-se aos mesmos indivíduos ou coletividades e não aos elementos separados imaginados em nosso exemplo.

Contudo, continua sendo um fato empírico que as instituições tendem a "permanecer juntas". Se não supusermos como dado este fenômeno é preciso explicá-lo. Como é possível fazer isso? Em primeiro lugar é possível argumentar que *certos* interesses serão comuns a todos os membros de uma coletividade. Por outro lado, muitas áreas de conduta só terão importância para alguns tipos. Estes últimos implicam uma incipiente diferenciação, pelo menos no sentido em que se atribui a esses tipos um significado relativamente estável. Esta atribuição pode basear-se em diferenças présociais, tais como o sexo, ou em diferenças produzidas no curso da interação social, por exemplo, as que são engendradas pela divisão do trabalho. Para citar um caso, pode acontecer que somente as mulheres se relacionem com a magia da fertilidade e só os caçadores se empenhem na pintura das cavernas, ou somente os velhos podem executar o cerimonial da chuva e apenas os fabricantes de armas podem dormir com suas primas maternas. Em termos de sua funcionalidade social externa estas diversas áreas de conduta não precisam ser integradas em *um único* sistema coerente. Podem continuar a coexistir com base em desempenhos separados. Mas, enquanto esses desempenhos podem ser separados, os significados tendem para uma consistência pelo menos mínima. Quando o indivíduo reflete sobre os momentos sucessivos de sua experiência, procura ajustar os significados deles em uma estrutura biográfica consistente. Esta tendência aumenta à medida que o indivíduo compartilha com outros seus significados e a integração biográfica comum. É possível que esta tendência a integrar significações se baseie em uma necessidade psicológica, a qual por sua vez pode fundar-se numa base fisiológica (isto é, pode haver uma "necessidade" imanente de coesão na constituição psicofisiológica do homem). Nossa argumentação, porém, não repousa nessas premissas antropológicas, mas antes na análise da reciprocidade dotada de sentido nos processos de institucionalização.

Segue-se que é preciso grande cuidado ao fazer afirmações sobre a "lógica" das instituições. A lógica não reside nas instituições e em suas funções externas, mas na maneira em que estas são tratadas na reflexão que delas se ocupa. Dito de outra maneira, a consciência reflexiva impõe a qualidade de lógica à ordem institucional[30].

A linguagem assegura a superposição fundamental da lógica sobre o mundo social objetivado. O edifício das legitimações é construído sobre a linguagem e usa-a como seu principal instrumento. Assim, a "lógica" atribuída à ordem institucional faz parte do acervo socialmente disponível do conhecimento, tomado como natural e certo. Uma vez que o indivíduo bem socializado "conhece" que seu mundo social é uma totalidade consistente, será forçado a explicar seu funcionamento e defeitos de funcionamento em termos deste "conhecimento". É muito fácil, como resultado, que o observador de qualquer sociedade admita que suas instituições efetivamente funcionam e se integram tal como se "supõe" que devem ser[31].

De facto, pois, as instituições *são* integradas, mas sua integração não é um imperativo funcional do processo social que as produz, e sim é antes realizado de maneira derivada. Os indivíduos executam ações separadas institucionalizadas no contexto de sua biografia. Esta biografia forma um todo sobre o qual é feita posteriormente uma reflexão na qual as ações discretas não são pensadas como acontecimentos isolados, mas como partes relacionadas de um universo subjetivamente dotado de sentido, cujos significados não são particulares ao indivíduo, mas socialmente articulados e compartilhados. Somente mediante este rodeio dos universos de significação socialmente compartilhados chegamos à necessidade da integração institucional.

---

30. A análise, feita por Pareto, da "lógica" das instituições tem importância neste momento. Uma afirmativa semelhante à nossa foi enunciada por Friedrich Tenbruck, op. cit. Também ele insiste em que o "esforço no sentido da coerência" tem raízes no caráter significativo da ação humana.

31. Esta evidência é a fraqueza fundamental de qualquer sociologia orientada no sentido funcional. Para uma excelente crítica da questão cf. a discussão da sociedade bororo em LÉVI-STRAUSS, C. *Tristes tropiques*. Nova York, Atheneum, 1964, p. 183ss.

Isto tem extensas implicações para qualquer análise dos fenômenos sociais. Se a integração de uma ordem institucional só pode ser entendida em termos do "conhecimento" que seus membros têm dela, segue-se que a análise de tal "conhecimento" será essencial para a análise da ordem institucional em questão. É importante acentuar que isto não implica, exclusiva ou mesmo primordialmente, qualquer preocupação com sistemas teóricos complexos que sirvam para a legitimação da ordem institucional. Está claro que as teorias também têm de ser levadas em consideração. Mas o conhecimento teórico é apenas uma pequena parte, e de modo algum a parte mais importante, do que uma sociedade considera como conhecimento. Em determinados momentos de uma história institucional aparecem legitimações teoricamente complicadas. O conhecimento primário relativo à ordem institucional é o conhecimento situado no nível pré-teórico. É a soma de tudo aquilo que "todos sabem", a respeito do mundo social, um conjunto de máximas, princípios morais, frases proverbiais de sabedoria, valores e crenças, mitos, etc., cuja integração teórica exige considerável força intelectual, conforme comprova a longa linha de heroicos integradores, de Homero aos últimos construtores de sistemas sociológicos. No nível pré-teórico, porém, toda instituição tem um corpo de conhecimento transmitido como receita, isto é, conhecimento que fornece as regras de conduta institucionalmente adequadas[32].

Este conhecimento constitui a dinâmica motivadora da conduta institucionalizada. Define as áreas institucionalizadas da conduta e designa todas as situações que se localizam dentro destas áreas. Define e constrói os papéis que devem ser desempenhados no contexto das instituições em questão. *Ipso facto*, controla e prediz todas estas condutas. Sendo este conhecimento socialmente objetivado *como* conhecimento, isto é, como um corpo de verdades universalmente válidas sobre a realidade, qualquer desvio radical da ordem institucional toma caráter de um afastamento da realidade. Este desvio pode ser designado como depravação moral, doença men-

---

32. O termo "conhecimento de receita" foi tomado de Schutz.

tal ou simplesmente ignorância crassa. Embora estas delicadas distinções tenham consequências óbvias para o tratamento do indivíduo que se desviou, todas elas participam de um *status* cognoscitivo inferior no particular mundo social. Deste modo, o particular mundo social torna-se o mundo *tout court*. O que a sociedade admite como conhecimento vem a ser coextensivo com o cognoscível, ou de qualquer modo fornece a estrutura dentro da qual tudo aquilo que ainda não é conhecido chegará a ser conhecido no futuro. Este é o conhecimento aprendido no curso da socialização e que serve de mediação na interiorização pela consciência individual das estruturas objetivadas do mundo social. Neste sentido, o conhecimento situa-se no coração da dialética fundamental da sociedade. "Programa" os canais pelos quais a exteriorização produz um mundo objetivo. Objetiva este mundo por meio da linguagem e do aparelho cognoscitivo baseado na linguagem, isto é, ordena-o em objetos que serão apreendidos como realidade[33]. É em seguida interiorizado *como* verdade objetivamente válida no curso da socialização. Desta maneira, o conhecimento relativo à sociedade é uma *realização* no duplo sentido da palavra, no sentido de apreender a realidade social objetivada e no sentido de produzir continuamente esta realidade.

Por exemplo, no curso da divisão do trabalho desenvolve-se um corpo de conhecimento que se refere às particulares atividades em questão. Em sua base linguística este conhecimento já é indispensável para a "programação" institucional destas atividades econômicas. Haverá, digamos, um vocabulário que designa os vários modos de caçar, as armas a serem empregadas, os animais que servem como presas, etc. Haverá, além disso, uma coleção de receitas que o indivíduo terá de aprender para caçar corretamente. Este conhecimento funciona como força canalizadora, controladora em si mesma, um indispensável ingrediente da institucionalização desta área de conduta. Uma vez que a instituição da caça se cristaliza e perdura no tempo, o mesmo corpo de conhecimento serve de

---

33. O termo "objetivação" derivou da *Vergegenständlichung* de Hegel.

descrição objetiva dela (e, diga-se de passagem, empiricamente verificável). Um segmento inteiro do mundo social é objetivado por este conhecimento. Haverá uma "ciência" objetiva da caça, correspondente à realidade objetiva da economia da caça. Não é preciso insistir em que aqui "verificação empírica" e "ciência" não são entendidas no sentido dos modernos cânones científicos, mas no sentido de conhecimento que pode ser confirmado na experiência, tornando-se em seguida sistematicamente organizado como corpo de conhecimento.

Além disso, o mesmo corpo de conhecimento é transmitido à geração seguinte. É aprendido como verdade objetiva no curso da socialização, interiorizando-se assim como realidade subjetiva. Esta realidade por sua vez tem o poder de configurar o indivíduo. Produzirá um tipo específico de pessoa, a saber, o caçador, cuja identidade e biografia *enquanto* caçador têm significação somente num universo constituído pelo mencionado corpo de conhecimento em totalidade (por exemplo, em uma sociedade de caçadores) ou em parte (digamos em nossa própria sociedade, na qual os caçadores se reúnem em um subuniverso próprio). Em outras palavras, nenhuma parte da instituição da caça pode existir sem o particular conhecimento que foi socialmente produzido e objetivado com referência a esta atividade. Caçar e ser caçador implicam a existência em um mundo social definido e controlado por este corpo de conhecimento. *Mutatis mutandis*, o mesmo se aplica a qualquer área de conduta institucionalizada.

c) Sedimentação e tradição

Somente uma pequena parte das experiências humanas são retidas na consciência. As experiências que ficam assim retidas são sedimentadas, isto é, consolidam-se na lembrança como entidades reconhecíveis e capazes de serem lembradas[34]. Se não houvesse

---

34. O termo "sedimentação" derivado de Edmund Husserl. Foi usado pela primeira vez por Schutz em um contexto sociológico.

esta sedimentação o indivíduo não poderia dar sentido à sua biografia. A sedimentação intersubjetiva também ocorre quando vários indivíduos participam de uma biografia comum, cujas experiências se incorporam em um acervo comum de conhecimento. A sedimentação intersubjetiva só pode ser verdadeiramente chamada social quando se objetivou em um sistema de sinais desta ou daquela espécie, isto é, quando surge a possibilidade de repetir-se a objetivação das experiências compartilhadas. Só então provavelmente estas experiências serão transmitidas de uma geração à seguinte e de uma coletividade à outra. Teoricamente, a atividade comum, sem um sistema de sinais, poderia ser a base para transmissão. Empiricamente, isto é improvável. Um sistema de sinais objetivamente praticável confere uma condição de incipiente anonimato às experiências sedimentadas, destacando-as de seu contexto original de biografias individuais concretas e tornando-as geralmente acessíveis a todos quantos participam, ou podem participar no futuro, do sistema de sinais em questão. As experiências tornam-se assim facilmente transmissíveis.

Em princípio, qualquer sistema de sinais serviria. Normalmente, está claro, o sistema de sinais decisivo é linguístico. A linguagem objetiva as experiências partilhadas e torna-as acessíveis a todos dentro da comunidade linguística, passando a ser assim a base e o instrumento do acervo coletivo do conhecimento. Ainda mais, a linguagem fornece os meios para a objetivação de novas experiências, permitindo que sejam incorporadas ao estoque já existente do conhecimento, e é o meio mais importante pelo qual as sedimentações objetivadas são transmitidas na tradição da coletividade em questão.

Por exemplo, só alguns membros de uma sociedade de caçadores têm a experiência de perder suas armas, sendo obrigados a combater um animal selvagem unicamente com as mãos. Esta assustadora experiência, quaisquer que sejam as lições de bravura, astúcia e habilidade que produza, fica firmemente sedimentada na consciência dos indivíduos que a sofreram. Se vários indivíduos participam da experiência ficará sedimentada intersubjetivamente, podendo até talvez formar um profundo laço entre esses indivíduos. Sendo, porém, esta experiência designada e transmitida linguisticamente, torna-se acessível e talvez fortemente significativa para indivíduos que nunca passaram por ela. A designação linguística (que, numa sociedade de caçadores, podemos imaginar ser muito precisa e completa – digamos, "sozinho grande matar, com uma mão, rinoceronte macho", "sozinho grande matar, com duas mãos, rinoceronte fêmea", etc.) abstrai a experiência de suas ocorrências individuais biográficas. Torna-se uma possibilidade objetiva para todos, ou pelo menos para todos os indivíduos de certo tipo (digamos, os caçadores plenamente iniciados), isto é, torna-se anônima em princípio, mesmo quando ainda associada a feitos relativos a indivíduos particulares. Mesmo para aqueles que não se prevê venham a ter a experiência em sua própria biografia futura (assim, as mulheres proibidas, de caçar) esse fato pode ter importância de maneira derivada (digamos, em termos do desejo de um futuro marido). Em todo caso, faz parte do acervo comum do conhecimento. A objetivação da experiência na linguagem (isto é, sua transformação em um objeto de conhecimento por todos aproveitável) permite então incorporá-la a um conjunto mais amplo de tradições por via da instrução moral, da poesia inspiradora, da alegoria religiosa e outras coisas mais. Tanto a experiência em sentido estrito quanto seus apêndices de significações mais amplas podem, portanto, ser ensinadas a todas as novas gerações, ou mesmo difundidas a uma coletividade inteiramente diferente (digamos, uma sociedade agrícola que pode dar significações completamente diferentes ao assunto em totalidade).

A linguagem torna-se o depósito de um grande conjunto de sedimentações coletivas, que podem ser adquiridas monoteticamente, isto é, como totalidades coerentes e sem reconstruir seu processo original de formação[35]. Tendo a origem real das sedimentações perdido importância, a tradição pode inventar uma origem completamente diferente, sem com isso ameaçar o que foi objetivado. Em outras palavras, as legitimações podem seguir-se umas às outras, de vez em quando outorgando novos significados às expe-

---

35. Isto é significado pelo termo "aquisição monotética" de Husserl. Foi também extensamente usado por Schutz.

riências sedimentais da coletividade em questão. A história passada da sociedade pode ser reinterpretada sem necessariamente ter como resultado subverter a ordem das instituições. Assim é que no exemplo acima o "grande matar" pode ser legitimado como uma façanha de figuras divinas e qualquer repetição humana dela como uma imitação do protótipo mitológico.

Este processo acha-se subjacente a todas as sedimentações objetivadas, e não somente às ações institucionalizadas. Pode referir-se, por exemplo, à transmissão de tipificações de outros, não diretamente significativas para particulares instituições. Por exemplo, os outros são tipificados com "altos" ou "baixos", "gordos" ou "magros", brilhantes" ou "obtusos", sem quaisquer particulares implicações institucionais ligadas a estas tipificações. Este processo, naturalmente, também se aplica à transmissão de significados sedimentados que satisfazem a especificação, previamente dada, das instituições. A transmissão do significado de uma instituição baseia-se no reconhecimento social dessa instituição como solução "permanente" de um problema "permanente" da coletividade dada. Por conseguinte, os atores potenciais de ações institucionalizadas devem tomar conhecimento *sistematicamente* desses significados. Isto exige alguma forma de processo "educacional". Os significados institucionais devem ser impressos poderosa e inesquecivelmente na consciência do indivíduo. Como os seres humanos são frequentemente preguiçosos e esquecidos, deve também haver procedimentos mediante os quais estes significados possam ser reimpressos e rememorizados, se necessário por meios coercitivos geralmente desagradáveis. Além disso, como os seres humanos são frequentemente estúpidos, os significados institucionais tendem a ser simplificados no processo da transmissão, de modo que uma determinada coleção de "fórmulas" institucionais possa ser facilmente aprendida e guardada na memória pelas gerações sucessivas. O caráter de "fórmula" dos significados institucionais assegura sua possibilidade de memorização. Temos aqui, ao nível dos significados sedimentados, os mesmos processos de rotinização e trivialização que já notamos ao discutir a institucionalização. Além do mais, a firma estilizada na qual os feitos heroicos entram para a tradição é uma ilustração útil.

Os significados objetivados da atividade institucional são concebidos com "conhecimento" e transmitidos como tais. Uma parte deste "conhecimento" é julgada para todos, enquanto outra parte só interessa a certos tipos. Toda a transmissão exige alguma espécie de aparelho social. Isto é, alguns tipos são designados como transmissores, outros como receptores do "conhecimento" tradicional. O caráter particular deste aparelho variará naturalmente de uma sociedade para outra. Haverá também procedimentos para a passagem da tradição dos conhecedores aos não conhecedores. Por exemplo, o conhecimento técnico, mágico e moral da caça pode ser transmitido pelos tios maternos aos sobrinhos de certa idade, mediante determinados procedimentos de iniciação. A tipologia dos conhecedores e não conhecedores, assim como o "conhecimento" que se admite passar de uns aos outros é questão de definição social. Tanto o "conhecimento" quanto o "não conhecimento" referem-se ao que é socialmente definido como realidade e não a critérios extrassociais de validade cognoscitiva. Dito de maneira mais crua, os tios maternos não transmitem este particular acervo de conhecimento porque o conhecem, mas conhecem-no (isto é, são definidos como conhecedores) *porque* são tios maternos. Se um tio materno institucionalmente designado, por motivos particulares, revela-se incapaz de transmitir o conhecimento em questão, deixa de ser um tio materno no pleno sentido da palavra e na verdade o reconhecimento institucional deste estado pode lhe ser retirado.

Dependendo do alcance social da conveniência de certo tipo de "conhecimento" e de sua complexidade e importância em uma particular coletividade, o "conhecimento" pode ter de ser reafirmado mediante objetos simbólicos (tais como fetiches e emblemas militares), e ações simbólicas (tais como o ritual religioso ou militar). Em outras palavras, os objetos e as ações físicas podem ser invocados como auxílios mnemotécnicos. Toda transmissão de significados institucionais implica obviamente procedimentos de controle e legitimação. Estes ligam-se às próprias instituições e são ministrados pelo pessoal transmissor. Deve-se acentuar aqui, mais uma vez, que não se pode presumir *a priori* a coerência, e muito menos a funcionalidade, entre as diferentes instituições e as formas da transmissão do conhecimento próprias de cada uma delas. O problema da coerência lógica surge primeiramente no nível da legitimação (onde pode haver conflito ou competição entre diferentes legitimações e seu pessoal administrativo), e secundariamente ao nível da socialização (onde pode haver dificuldades práticas na interiorização de significados institucionais sucessivos ou concomitantes). Voltando a um exemplo anterior, não há razão *a priori* pela qual significados institucionais que se originam em uma sociedade de caçadores não possam difundir-se em uma sociedade agrícola. Ainda mais, estes significados, para um observador externo, podem parecer ter duvidosa "funcionalidade" na primeira sociedade na época da difusão e absolutamente nenhuma "funcionalidade" na segunda. As dificuldades que podem surgir aqui relacionam-se com as atividades teóricas dos legitimadores e as dificuldades práticas dos "educadores" na nova sociedade. Os teóricos têm de satisfazer-se em saber que uma deusa da caça é um habitante plausível de um panteon agrário e os pedagogos têm como problema explicar as atividades mitológicas dessa deusa a crianças que nunca viram uma caçada. Os teóricos legitimadores tendem a cultivar aspirações lógicas e as crianças tendem a ser recalcitrantes. Isto, porém, não é um problema de lógica abstrata ou de funcionalidade técnica, mas de engenhosidade de um lado, e credulidade, do outro, o que representa uma proposição bastante diferente.

d) Papéis

Conforme vimos, as origens de qualquer ordem institucional consistem na tipificação dos desempenhos de um indivíduo e dos outros. Isto implica que o primeiro tem em comum com os outros finalidades específicas e fases entrelaçadas de desempenho e, ainda mais, que são tipificadas não apenas ações específicas, mas formas de ação. Isto é, haverá o reconhecimento não somente de um particular ator que executa uma ação do tipo X, mas da ação tipo X como sendo executável por *qualquer* ator a quem possa ser plausivelmente imputada a estrutura de conveniências em questão. Por exemplo, é possível que um homem veja seu filho insolente surrado pelo cunhado e compreenda que esta particular ação é apenas uma instância de uma forma de ação apropriada a outros pares de tios e sobrinhos, na verdade é um padrão geralmente praticável em uma sociedade matrilocal. Somente prevalecendo esta última tipificação é que este incidente seguirá um curso socialmente aceito, retirando-se o pai discretamente da cena a fim de não perturbar o legítimo exercício da autoridade avuncular.

A tipificação das formas de ação requer haver nestas um sentido objetivo, que por sua vez exige uma objetivação linguística. Isto é, haverá um vocabulário que se refere a estas formas de ação (tal como "sobrinho apanhando", que pertencerá a uma estrutura linguística de parentesco muito mais ampla, com seus vários direitos e obrigações). Em princípio, portanto, uma ação e seu sentido podem ser apreendidos à parte dos desempenhos individuais dela e dos variáveis processos subjetivos que a eles se associam. O indivíduo e o outro podem ser compreendidos como executantes de ações objetivas, geralmente conhecidas, que são recorrentes e repetíveis por *qualquer* ator do tipo adequado.

Isto tem consequências muito importantes para a autoexperiência. No curso da ação há uma identificação da personalidade com o sentido objetivo das ações. A ação que está sendo executada determina, nesse momento, a autocompreensão do ator e isto no sentido objetivo que foi socialmente atribuído à ação. Embora continue a haver uma consciência marginal do corpo e de outros aspectos do eu não diretamente implicados na ação, o ator, nesse momento, apreende-se a si mesmo como essencialmente identificado com a ação socialmente objetivada ("estou agora batendo em meu sobrinho", episódio natural na rotina da vida cotidiana). Depois de ocorrer a ação há ainda uma outra importante consequência, quando o ator reflete sobre sua ação. Agora uma *parte* do eu é objetivado *como* o executante desta ação, sendo ainda uma vez o eu total relativamente não identificado com a ação executada. Isto é, torna-se possível conceber o eu como estando somente parcialmente implicado na ação (afinal de contas o homem em nosso exemplo é outras coisas além de ser um espancador do sobrinho). Não é difícil ver que quando estas objetivações se acumulam ("espancador do sobrinho", "sustentador da irmã", "guerreiro iniciado", "virtuose da dança da chuva", etc.), um setor inteiro da autoconsciência estrutura-se em termos destas objetivações. Em outras palavras, um segmento da personalidade objetiva-se em termos de tipificações socialmente válidas. Este segmento é o verdadeiro "eu social", que é subjetivamente experimentado como distinto do eu em sua totalidade, chegando mesmo a defrontar-se com este[36]. Este importante fenômeno, que permite uma "conversa" interna entre os diferentes segmentos da personalidade, será retomado novamente mais tarde quando examinarmos o processo pelo qual o mundo socialmente construído se interioriza na consciência individual. Por ora, o que tem importância é a relação do fenômeno com as tipificações da conduta objetivamente praticáveis.

Em suma, o ator identifica-se com as tipificações da conduta *in actu* socialmente objetivada, mas restabelece a distância com relação a elas quando reflete posteriormente sobre sua conduta. Esta distância entre o ator e sua ação pode ser conservada na consciência e projetada em futuras repetições das ações. Desta maneira tanto o eu atuante quanto os outros atuantes são apreendidos não como indivíduos únicos, mas como *tipos*. Por definição estes tipos são intercambiáveis.

Podemos começar propriamente a falar de papéis quando esta espécie de tipificação ocorre no contexto de um acervo objetivado de conhecimentos comum a uma coletividade de atores. Os papéis são tipos de atores neste contexto[37]. Pode ver-se facilmente que a construção de tipologias dos papéis é um correlato necessário da institucionalização da conduta. As instituições incorporam-se à experiência do indivíduo por meio dos papéis. Estes, linguisticamen-

---

36. Sobre o "eu social" confrontado com o eu em sua totalidade, cf. o conceito de Mead do "mim" [me] com o conceito, enunciado por Durkheim, de *homo duplex*.

37. Embora nossa argumentação use termos estranhos a Mead, nossa concepção do papel é muito próxima à dele e pretende ser uma extensão da teoria do papel de Mead em um quadro de referência mais amplo, a saber, aquele que inclui uma teoria das instituições.

te objetivados, são um ingrediente essencial do mundo objetivamente acessível de qualquer sociedade. Ao desempenhar papéis, o indivíduo participa de um mundo social. Ao interiorizar estes papéis, o mesmo mundo torna-se subjetivamente real para ele.

No cabedal comum do conhecimento há padrões de desempenho de papéis que são acessíveis a todos os membros de uma sociedade, ou pelo menos àqueles que são executantes potenciais dos papéis em questão. Esta acessibilidade geral é parte do mesmo cabedal do conhecimento, pois não somente os padrões do papel X são universalmente conhecidos, mas sabe-se *que* estes padrões são conhecidos. Por conseguinte, todo suposto ator do papel X pode ser considerado responsável por conformar-se com os padrões, que podem ser julgados parte da tradição institucional e usados para verificar as credenciais de todos os executantes, e além disso servir como controles.

As origens dos papéis encontram-se no mesmo processo fundamental de formação de hábitos e objetivação que as origens das instituições. Logo que um estoque comum de conhecimento, contendo tipificações recíprocas de conduta, está em processo de formação aparecem os papéis, e esse processo, conforme vimos, é endêmico na interação social e precede a institucionalização propriamente dita. A questão de saber quais são os papéis que se institucionalizam é idêntica à questão de definir quais as áreas de conduta afetadas pela institucionalização, e pode ser respondida da mesma maneira. *Toda* conduta institucionalizada envolve um certo número de papéis. Assim, os papéis participam do caráter controlador da institucionalização. Logo que os atores são tipificados como executantes de papéis, sua conduta é *ipso facto* susceptível de reforço. A concordância e a não concordância com os papéis padrões socialmente definidos deixa de ser ótima, embora evidentemente a severidade das ações possa variar de um caso para outro.

Os papéis *representam* a ordem institucional[38]. Esta representação realiza-se em dois níveis. Primeiramente a execução do papel re-

---

38. O termo "representação" relaciona-se aqui estreitamente com o uso feito por Durkheim, tendo porém alcance mais largo.

presenta a si mesma. Por exemplo, empenhar-se em julgar é representar o papel de juiz. O indivíduo julgador não está atuando "por sua própria conta", mas *qua* juiz. Em segundo lugar, o papel representa uma completa necessidade institucional de conduta. O papel de juiz relaciona-se com outros papéis, cuja totalidade compreende a instituição da lei. O juiz atua como representante desta instituição. Somente mediante esta representação em papéis desempenhados é que a instituição pode manifestar-se na experiência real. A instituição, com seu conjunto de ações "programadas", assemelha-se ao libreto não escrito de um drama. A realização do drama depende do repetido desempenho dos papéis prescritos por parte de atores vivos. Os atores corporificam papéis e efetivam o drama ao representá-lo em um determinado palco. Nem o drama nem a instituição existem empiricamente separados desta realização repetida. Dizer, por conseguinte, que os papéis representam as instituições é dizer que os papéis tornam possível a existência das instituições continuamente, como presença real na experiência de indivíduos vivos.

As instituições também são representadas de outras maneiras. Suas objetivações linguísticas, das simples designações verbais até a incorporação em simbolizações da realidade altamente complexas, também as representam (isto é, tornam-nas presentes) na experiência. E podem ser simbolicamente representadas por objetos físicos naturais e artificiais. Todas estas representações, porém, tornam-se "mortas" (isto é, destituídas de realidade subjetiva) a não ser que sejam continuamente "vivificadas" na conduta humana real. A representação de uma instituição em papéis, e por meio destes, é assim a representação por excelência, de que dependem todas as outras representações. Por exemplo, a instituição da lei é evidentemente também representada pela linguagem legal, pelos códigos da lei, teorias da jurisprudência e finalmente pelas legitimações últimas da instituição e suas normas em sistemas éticos, religiosos e mitológicos de pensamento. Estes fenômenos produzidos pelo homem, como a impressionante parafernália que frequentemente acompanha a administração da lei, e fenômenos naturais tais como o estrondo do trovão, que podem ser tomados como veredicto divino em um julgamento por ordálio e mesmo tornar-se finalmente símbolo da justiça última, representam ainda mais a instituição. Todas estas representações, porém, derivam sua permanente significação e mesmo sua inteligibilidade da utilização na conduta humana, que neste caso é evidentemente a conduta tipificada nos papéis institucionais da lei.

Quando os indivíduos começam a refletir sobre estes assuntos enfrentam o problema de reunir as várias representações em um todo coerente que tenha sentido[39]. Qualquer execução concreta de um papel refere-se ao sentido objetivo da instituição e assim aos outros desempenhos complementares do papel e ao sentido da instituição em totalidade. Embora o problema de integrar as várias representações em questão seja resolvido primordialmente ao nível da legitimação, é também tratado em termos de certos papéis. *Todos* os papéis representam a ordem institucional no sentido acima mencionado. *Alguns* papéis, contudo, representam simbolicamente esta ordem em sua totalidade mais do que outros. Tais papéis têm grande importância estratégica numa sociedade, uma vez que representam não somente esta ou aquela instituição, mas a integração de todas as instituições em um mundo dotado de sentido. *Ipso facto*, naturalmente, estes papéis ajudam a manter esta integração na consciência e na conduta dos membros da sociedade, isto é, têm uma relação especial com o aparelho legitimador da sociedade. Alguns papéis não têm outras funções *senão* esta representação simbólica da ordem institucional como totalidade integrada, enquanto outros assumem esta função de vez em quando, acrescentando-as às funções menos enaltecidas que desempenham rotineiramente. O juiz, por exemplo, pode em certas ocasiões, em algum caso particularmente importante, representar desta maneira a integração total da sociedade. O monarca tem este papel durante todo o tempo e, de fato, em uma monarquia constitucional pode não ter outra função senão a de "símbolo vivo" para todos os níveis da sociedade, até o homem da rua. Historicamente, os papéis que representam

---

39. Este processo de "ligação conjunta" é um dos objetos centrais da sociologia de Durkheim, a integração da sociedade mediante o incentivo da solidariedade.

simbolicamente a ordem institucional total estiveram na maioria das vezes localizados em instituições políticas e religiosas[40].

Para nossas imediatas considerações, mais importante é o caráter dos papéis como mediadores de particulares setores do acervo comum do conhecimento. Em virtude dos papéis que desempenha, o indivíduo é introduzido em áreas específicas do conhecimento socialmente objetivado, não somente no sentido cognoscitivo estreito, mas também no sentido do "conhecimento" de normas, valores e mesmo emoções. Ser juiz evidentemente implica conhecimento da lei e provavelmente também conhecimento de uma gama muito mais ampla de negócios humanos de repercussões jurídicas. Implica também, contudo, o "conhecimento" dos valores e atitudes julgados adequados a um juiz, estendendo-se até os que são proverbialmente considerados convenientes para a esposa de um juiz. O juiz deve também ter um "conhecimento" adequado no domínio das emoções. Deverá saber, por exemplo, quando tem de refrear seu sentimento de compaixão, para mencionar um requisito psicológico importante deste papel. De tal maneira, cada papel abre uma entrada para um setor específico do acervo total do conhecimento possuído pela sociedade. Aprender um papel não é simplesmente adquirir as rotinas que são imediatamente necessárias para o desempenho "exterior". É preciso que seja também iniciado nas várias camadas cognoscitivas, e mesmo afetivas, do corpo de conhecimento que é diretamente *e* indiretamente adequado a este papel.

Isto implica uma distribuição social do conhecimento[41]. O acervo do conhecimento social acha-se estruturado em termos do que é geralmente relevante e do que é somente relevante para papéis particulares. Isto é verdade mesmo para situações sociais muito simples, tais como nosso exemplo anterior de uma situação social produzida pela contínua interação de um homem, uma mulher bissexual e uma lésbica. Neste caso um certo conhecimento tem importância para todos os três indivíduos (por exemplo, o conhecimento

---

40. As representações simbólicas da integração constituem o que Durkheim chamou "religião".

41. O conceito de distribuição social do conhecimento deriva de Schutz.

dos procedimentos necessários para manter à tona economicamente esta companhia), enquanto outro conhecimento só tem importância para dois dos indivíduos (o *savoir faire* da lésbica ou, no outro caso, da sedução heterossexual). Em outras palavras, a distribuição social do conhecimento acarreta uma dicotomização no que se refere à importância geral e à importância para papéis específicos.

Dado o acúmulo histórico do conhecimento em uma sociedade, podemos admitir que, devido à divisão do trabalho, o conhecimento de papéis específicos crescerá em proporção mais rápida do que o conhecimento geralmente relevante e acessível. A multiplicação das tarefas específicas produzida pela divisão do trabalho requer soluções padronizadas que possam ser facilmente aprendidas e transmitidas. Estas, por sua vez, requerem o conhecimento especializado de certas situações e das relações entre meios e fins em termos das quais as situações são socialmente definidas. Em outras palavras, surgirão especialistas cada um dos quais terá de conhecer tudo aquilo que é considerado necessário para a realização de sua particular tarefa.

Para acumular o conhecimento de papéis específicos uma sociedade deve ser organizada de tal maneira que certos indivíduos possam concentrar-se em suas especialidades. Se numa sociedade de caçadores certos indivíduos devem tornar-se especialistas como ferreiros fabricantes de espadas, terá de haver provisões que os liberem das atividades da caça, incumbência que recai sobre todos os outros adultos masculinos. O conhecimento especializado de tipo mais indefinível, tal como o conhecimento dos mistagogos e outros intelectuais, requer uma organização social semelhante. Em todos esses casos os especialistas tornam-se administradores dos setores do cabedal do conhecimento que lhes foi socialmente atribuído.

Ao mesmo tempo, uma importante parte do conhecimento geralmente significativo é a tipologia dos especialistas. Enquanto os especialistas são definidos como indivíduos que conhecem suas especialidades, qualquer pessoa deve saber quem são os especialistas no caso de precisarem das especialidades deles. O homem da rua não tem obrigação de saber as complicações da magia da produção da fertilidade ou das bruxarias lançadas contra alguém. O que *deve* saber, porém, é a que feiticeiros deve recorrer se tem necessidade de algum desses serviços. Uma tipologia dos peritos (aquilo que os cientistas sociais contemporâneos chamam um guia de referências profissionais) é assim parte do estoque de conhecimento importante e acessível geralmente, ao passo que o conhecimento que constitui a especialidade não é. As dificuldades práticas que podem surgir em certas sociedades (por exemplo, quando existem grupos de especialistas em competição ou quando a especialização tornou-se tão complicada que o leigo fica desorientado) não devem no momento nos preocupar.

É possível, assim, analisar a relação entre os papéis e o conhecimento partindo de dois pontos de vista. Considerados na perspectiva da ordem institucional, os papéis aparecem como representações institucionais e mediações de conjuntos de conhecimento institucionalmente objetivados. Visto na perspectiva dos vários papéis, cada um destes transporta consigo um apêndice socialmente definido de conhecimentos. As duas perspectivas, está claro, apontam para o mesmo fenômeno global, que é a dialética essencial da sociedade. A primeira perspectiva pode ser resumida na proposição segundo a qual a sociedade só existe quando os indivíduos têm consciência dela, a segunda perspectiva resume-se na proposição de que a consciência individual é socialmente determinada. Estreitando a questão para tratar apenas do assunto dos papéis, podemos dizer que, por um lado, a ordem institucional é real apenas na medida em que é *realizada* em papéis executados e que, por outro lado, os papéis são representativos de uma ordem institucional que define seu caráter (incluindo seus apêndices de conhecimentos) e da qual derivam o sentido objetivo que possuem.

A análise dos papéis tem particular importância para a sociologia do conhecimento porque revela as mediações existentes entre os universos macroscópicos de significação, objetivados por uma sociedade, e os modos pelos quais estes universos são subjetivamente reais para os indivíduos. Assim, é possível, por exemplo, analisar as raízes sociais macroscópicas de uma concepção religiosa do mundo em certas coletividades (digamos, classes, grupos étnicos ou rodas intelectuais), e também analisar a maneira em que esta concepção do mundo manifesta-se na consciência de um indivíduo. As duas análises só podem ser efetuadas juntas somente se indagarmos dos modos pelos quais o indivíduo, em sua atividade social total, se relaciona com a coletividade em questão. Esta pesquisa será necessariamente um exercício de análise dos papéis[42].

e) Extensão e modos de institucionalização

Até aqui temos discutido a institucionalização em termos dos aspectos essenciais que podem ser considerados constantes sociológicas. Evidentemente não podemos neste tratado dar mesmo uma visão de conjunto das incontáveis variações das manifestações e combinações históricas destas constantes, tarefa que só poderia ser realizada escrevendo-se uma história universal do ponto de vista da teoria sociológica. Há, contudo, muitas variações históricas no caráter das instituições que são tão importantes para a análise sociológica concreta que precisam ser pelo menos resumidamente discutidas. Continuaremos, naturalmente, focalizando a relação entre as instituições e o conhecimento.

Ao investigar qualquer ordem institucional concreta, pode-se fazer a seguinte pergunta: Qual é a extensão da institucionalização na totalidade das ações sociais em uma dada coletividade? Em outras palavras, de que tamanho é o setor da atividade institucionalizada comparado com o setor não institucionalizado?[43] É claro que há uma variação histórica neste assunto, uma vez que as diversas sociedades deixam maior ou menor espaço para as ações não institucionalizadas. Uma consideração geral importante é o esclarecimento dos fatores que determinam um campo de institucionalização mais vasto por oposição a um campo mais estreito.

Dito de modo muito formal, a extensão da institucionalização depende da generalidade das estruturas importantes. Se muitas,

---

42. O termo "mediação" foi usado por Sartre, mas sem o significado concreto que a teoria dos papéis é capaz de lhe dar. O termo serve bem para indicar o nexo geral entre a teoria dos papéis e a sociologia do conhecimento.

43. Esta questão poderia ser designada como se referindo à "densidade" da ordem institucional. Contudo, procuramos evitar introduzir novos termos e decidimos não usar este termo apesar de ser sugestivo.

ou a maioria, das estruturas importantes de uma sociedade são geralmente compartilhadas, a esfera da institucionalização será ampla. Se são poucas as estruturas relevantes geralmente compartilhadas, a esfera da institucionalização será estreita. Neste último caso, há ainda mais a possibilidade da ordem institucional ser consideravelmente fragmentada, quando certas estruturas importantes são partilhadas por grupos no interior da sociedade, mas não pela sociedade em totalidade.

Pode ser útil do ponto de vista heurístico pensar, neste caso, em termos de extremos ideais típicos. É possível conceber uma sociedade na qual a institucionalização seja total. Nessa sociedade *todos* os problemas são comuns, todas as soluções desses problemas são sociologicamente objetivadas e *todas* as ações sociais são institucionalizadas. A ordem institucional abrange a totalidade da vida social, que se assemelha à execução contínua de uma complexa e altamente estilizada liturgia. Não há a distribuição do conhecimento em papéis específicos, ou quase não há, visto que todos os papéis são executados em situações de igual importância para todos os atores. Este modelo heurístico de uma sociedade totalmente institucionalizada (tema adequado para pesadelos, diga-se de passagem) pode ser ligeiramente modificado, concebendo-se que todas as ações sociais são institucionalizadas, *mas* não somente em torno de problemas comuns. Embora o estilo de vida que uma sociedade deste tipo imporia a seus membros fosse por igual rígido, haveria um grau maior de distribuição do conhecimento em papéis específicos. Várias liturgias estariam sendo executadas ao mesmo tempo, por assim dizer. Não é preciso dizer que nem o modelo da totalidade institucional nem sua forma modificada podem ser encontradas na história. As sociedades reais, porém, podem ser consideradas segundo o modo como se aproximam deste tipo extremo. É então possível dizer que as sociedades primitivas aproximam-se desse tipo em grau muito mais elevado do que as civilizadas[44]. É possível mesmo dizer que no desenvolvimento das civili-

---

44. É a isto que Durkheim se referia com o nome de "solidariedade orgânica". Lucien Lévy-Bruhl dá maior conteúdo psicológico a este conceito de Durkheim quando fala de "participação mística" nas sociedades primitivas.

zações arcaicas há um progressivo movimento que as faz afastarem-se deste tipo[45].

O extremo oposto seria uma sociedade na qual houvesse apenas *um único* problema comum e só existisse institucionalização com respeito a ações referentes a este problema. Nessa sociedade quase não haverá um acervo comum do conhecimento. Quase todo o conhecimento seria de papéis específicos. Em termos de sociedades macroscópicas, mesmo as aproximações a este tipo são historicamente impraticáveis. Mas certas aproximações podem ser encontradas em formações sociais menores, por exemplo, em colônias de libertários, onde os interesses *comuns* limitam-se às disposições econômicas, ou em expedições militares constituídas por um certo número de unidades tribais ou étnicas, cujo único problema *comum* é empreender a guerra.

Deixando de lado o estímulo às fantasias sociológicas, estas ficções heurísticas são úteis unicamente na medida em que ajudam a esclarecer as condições que favorecem as aproximações a elas. A condição mais geral é o grau de divisão do trabalho, com a concomitante diferenciação das instituições[46]. Toda sociedade na qual existe crescente divisão do trabalho está se afastando do primeiro tipo extremo acima descrito. Outra condição geral, estreitamente relacionada com a anterior, é o acesso a um excedente econômico que torna possível a certos indivíduos ou grupos empenharem-se em atividades especializadas não diretamente relacionadas com a subsistência[47]. Estas atividades especializadas, conforme vimos, conduzem à especialização e à segmentação do estoque comum do conhecimento. E estas tornam possível o conhecimento subjetivamente destacado de *qualquer* importância social, isto é, a "teoria

---

45. É possível comparar aqui os conceitos de "compacidade" e de "diferenciação" de Eric Voegelin. Veja-se seu livro *Order and History*, Vol. I (Baton Rouge, La.: Louisiana University Press, 1956). Talcot Parsons falou de diferenciação institucional em várias partes de sua obra.

46. A relação entre a divisão do trabalho e a diferenciação institucional foi analisada por Marx, Durkheim, Weber, Ferdinand Tönnies e Talcott Parsons.

47. Pode dizer-se que, apesar de diferentes interpretações de detalhes, há um alto grau de consenso sobre esta questão em toda a história da teoria sociológica.

pura"[48]. Isto significa que certos indivíduos são (voltando a um exemplo anterior) liberados da caça não apenas para forjar armas, mas também para fabricar mitos. Temos assim a "vida teórica", com sua luxuriante proliferação de corpos especializados de conhecimento, ministrados por especialistas cujo prestígio social pode realmente depender de sua incapacidade de fazer qualquer outra coisa a não ser teorizar, o que conduz a vários problemas analíticos a que voltaremos mais tarde.

A institucionalização não é contudo um processo irreversível, a despeito do fato das instituições, uma vez formadas, terem a tendência a perdurar[49]. Por uma multiplicidade de razões históricas, a extensão das ações institucionalizadas pode diminuir. Pode haver desinstitucionalização em certas áreas da vida social[50]. Por exemplo, a esfera privada que surgiu na moderna sociedade industrial é consideravelmente desinstitucionalizada, se comparada com a esfera pública[51].

Uma outra questão a respeito da qual as ordens institucionalizadas variarão historicamente é a seguinte: Qual é a relação das diversas instituições umas com as outras nos níveis de desempenho e significação?[52] No primeiro tipo extremo acima indicado há uni-

---

48. A relação entre "teoria pura" e excedente econômico foi pela primeira vez indicada por Marx.

49. A tendência das instituições a persistirem foi analisada por Georg Simmel em seu conceito de "fidelidade". Cf. sua *Soziologie* (Berlim: Duncker und Humblot, 1958), p. 438ss.

50. Este conceito de desinstitucionalização foi derivado de Gehlen.

51. A análise da desinstitucionalização na esfera privada é um problema central da psicologia social de Gehlen da sociedade moderna. Cf. sua obra *Die Seele im technischen Zeitalter* (Hamburgo: Rowohlt, 1957).

52. Se estivéssemos dispostos a nos acomodar a novos neologismos, poderíamos chamar isto a questão do grau de "fusão" ou "segmentação" da ordem institucional. À vista disto, esta questão pareceria ser idêntica ao interesse estrutural-funcional relativo à "integração funcional" das sociedades. Este último termo, porém, supõe que a "integração" de uma sociedade pode ser determinada por um observador externo, que examina o funcionamento exterior das instituições da sociedade. Poderíamos afirmar, ao contrário, que tanto as "funções" quanto as "disfunções" só podem ser analisadas por meio dos níveis de significação. Por conseguinte, "integração funcional", se quisermos usar este termo, significa a integração da ordem institucional mediante vários processos legitimadores. Em outras palavras, *a integração não se encontra nas instituições mas em sua legitimação*. Isto implica, ao contrário do que julgam os funcionalistas estruturais, que uma ordem institucional não pode ser devidamente compreendida como "sistema".

dade de desempenhos e significações institucionais em cada biografia subjetiva. O acervo inteiro do conhecimento social acha-se atualizado em cada biografia individual. Todos *fazem* tudo e *sabem* tudo. O problema da integração dos significados (isto é, da relação, dotada de sentido, entre as diversas instituições) é um problema exclusivamente subjetivo. O sentido objetivo da ordem institucional apresenta-se a cada indivíduo como dado universalmente conhecido, socialmente admitido como natural e certo enquanto tal. Se há algum problema, deve-se a dificuldades subjetivas que o indivíduo pode ter na interiorização de significados a respeito dos quais existe acordo social.

O crescente desvio com relação a este modelo heurístico (isto é, evidentemente, em todas as sociedades reais, embora não em grau semelhante) determinará importantes modificações no caráter de serem dadas que se encontra nas significações institucionais. As duas primeiras já foram indicadas: a segmentação da ordem institucional, havendo somente certos tipos de indivíduos que executam certas ações, e, seguindo-se a esta, uma distribuição social do conhecimento, sendo reservados a certos tipos o conhecimento de papéis específicos. Com estes desenvolvimentos, porém, aparece uma nova configuração no nível da significação. Haverá agora um problema *objetivo* referente à integração envolvente das significações dentro da sociedade inteira. Este é um problema completamente diferente do problema puramente subjetivo que consiste na necessidade que o indivíduo tem de harmonizar o sentido que dá à sua biografia com o sentido que lhe é atribuído pela sociedade. A diferença é tão grande quanto a existente entre produzir propaganda para convencer os outros e produzir memórias para se convencer a si mesmo.

Em nosso exemplo do triângulo homem-mulher-lésbica estendemo-nos um pouco para mostrar ser impossível admitir *a priori* que diferentes processos de institucionalização "serão coerentes". A estrutura relevante partilhada pelo homem e a mulher (A-B) não tem de ser integrada com aquela de que participam a mulher e a lésbica (B-C) ou a de que participam a lésbica e o homem (C-A). Processos institucionais distintos podem continuar a coexistir sem integração total. Afirmamos então que o fato empírico de instituições *conservarem-se unidas*, a despeito da impossibilidade de admitir isto *a priori*, só pode ser explicado com referência à consciência reflexiva de indivíduos que impõem certa lógica à sua experiência das diversas instituições. Podemos agora levar esta afirmação um passo adiante, admitindo que um dos três indivíduos (suponhamos que seja o homem, A) fica insatisfeito com a falta de simetria da situação. Isto não implica que as relações de que participa (A-B e C-A) tenham mudado para ele. Ao contrário, é a relação de que não participava anteriormente (B-C) que agora o aborrece. Isto pode acontecer porque interfere em seus próprios interesses (C perde muito tempo fazendo amor com B e negligencia suas atividades de arranjo de flores com ele), ou pode ser que tenha ambições teóricas. Em qualquer caso, deseja unir as três relações distintas e seus concomitantes processos de formação de hábitos em uma totalidade coerente, dotada de sentido, A-B-C. Como pode fazer isto?

Imaginemos que seja um gênio religioso. Um dia apresenta aos outros dois uma nova mitologia. O mundo foi criado em duas etapas, a terra seca pelo deus criador copulando com sua irmã, o mar foi criado em um ato de mútua masturbação entre os dois e uma deusa gêmea. E quando o mundo foi assim feito, o deus criador juntou-se à deusa gêmea na grande dança das flores, e desta maneira surgiram a flora e a fauna na face da terra seca. O triângulo existente, constituído pela heterossexualidade, o lesbianismo e o cultivo das flores não é outra coisa senão uma imitação humana das ações arquetípicas dos deuses. Muito satisfatório? O leitor que possua alguma cultura em mitologia comparada não terá dificuldade em achar paralelos históricos para esta vinheta cosmogônica. Nosso homem pode ter mais dificuldade em conseguir que os outros aceitem sua teoria. Terá um problema de propaganda. Se admitirmos no entanto que B e C também tiveram dificuldades práticas em fazer andarem seus vários projetos ou (menos provavelmente) que são inspirados pela concepção do universo de A, há muitas probabilidades de nosso homem ser capaz de levar a cabo com êxito seu esquema. Uma vez que tenha sucesso e todos os três indivíduos "saibam" que suas diversas ações trabalham juntas em favor da grande sociedade (que é A-B-C), este "conhecimento" influenciará o que continua havendo na situação. Por exemplo, C pode ser levada a programar seu tempo de maneira mais equitativa entre suas duas principais atividades.

Se esta extensão de nosso exemplo parecer forçada podemos torná-la mais convincente imaginando um processo de secularização na consciência de nosso homem de gênio religioso. A mitologia já não parece mais plausível. A situação tem de ser explicada pela ciência social. Isto naturalmente é muito fácil. É evidente (isto é para o nosso homem de gênio religioso transformado em cientista social) que os dois tipos de atividade sexual incluídos na situação exprimem necessidades psicológicas profundas dos participantes. "Sabe" que frustrar estas necessidades levará a tensões "disfuncionais". Por outro lado, é um fato que nosso trio vende suas flores por dólares na outra extremidade da ilha. Isso resolve. Os padrões de comportamento A-B e B-C são funcionais em termos do "sistema de personalidade", enquanto C-A é funcional em termos do setor econômico do "sistema social". A-B-C nada mais é do que o desfecho racional da integração funcional em nível intersistêmico. Ainda mais, se A tem sucesso na propaganda *desta* teoria às duas moças, o "conhecimento" possuído por elas dos imperativos funcionais implicados em sua situação terá certas consequências que influenciarão sua conduta.

Mutatis mutandis, o mesmo argumento será válido se o transportarmos do idílio face a face de nosso exemplo para o nível macrossocial. A segmentação da ordem institucional e a concomitante distribuição do conhecimento levarão ao problema de fornecer significados integradores que abranjam a sociedade e ofereçam um contexto total de sentido objetivo para a experiência e o conhecimento social fragmentado do indivíduo. Ainda mais, haverá não somente o problema da integração total dotada de sentido, mas também um problema de legitimação das atividades institucionais de um tipo de ator com relação aos outros tipos. Podemos admitir que existe um universo de significação que outorga sentido objetivo às atividades de guerreiros, fazendeiros, comerciantes e exorcistas. Isto não quer dizer que não haja conflito de interesses entre esses tipos de atores. Mesmo dentro do universo comum de significação, os exorcistas podem ter o problema de "explicar" algumas de suas atividades aos guerreiros, e assim por diante. Os métodos dessa legitimação também variam historicamente[53].

Outra consequência da segmentação institucional é a possibilidade de subuniversos de significação socialmente separados. Estes resultam de acentuações da especialização dos papéis, levadas a um ponto em que o conhecimento específico de um papel torna-se inteiramente esotérico, comparado com o acervo comum do conhecimento. Estes subuniversos de significação podem estar ocultos à visão geral, ou não. Em certos casos, não somente o conteúdo cognoscitivo do subuniverso esotérico, mas até mesmo a existência dele e da coletividade que o sustenta podem ser um segredo. Os subuniversos de significação podem ser socialmente estruturados de acordo com vários critérios, sexo, idade, ocupação, tendência religiosa, gosto estético, etc. A probabilidade de surgirem subuniversos cresce sem dúvida rapidamente com a progressiva divisão do trabalho e os excedentes econômicos. Numa sociedade com economia de subsistência pode haver segregação cognoscitiva entre homens e mulheres ou entre velhos guerreiros e jovens, tal como acontece nas "sociedades secretas" comuns na África e entre os índios americanos. Pode ainda ser capaz de custear a existência esotérica de alguns poucos sacerdotes e feiticeiros. Subuniversos de significação altamente desenvolvidos, tais como os que caracterizaram por exemplo as castas hindus, a burocracia literária chinesa ou as rodas sacerdotais do Antigo Egito, exigem soluções mais adiantadas do problema econômico.

Como todos os edifícios sociais de significação, os subuniversos devem ser "transportados" por uma coletividade particular[54], isto

---

53. Este problema relaciona-se com o da "Ideologia", que discutimos a seguir em um contexto mais estreitamente definido.

54. Weber refere-se repetidamente a várias coletividades como "portadoras" (*Träger*) daquilo que chamamos aqui subuniverso de significação, especialmente em sua sociologia comparada da religião. A análise deste fenômeno relaciona-se sem dúvida com o esquema de Marx *Unterbau/Ueberbau*.

é, pelo grupo que produz continuamente os significados em questão e dentro do qual estes significados têm realidade objetiva. Pode haver conflito ou competição entre tais grupos. No nível mais simples pode haver conflito com relação à alocação dos recursos excedentes entre os especialistas em questão, por exemplo, quanto à isenção do trabalho produtivo. Quem estará oficialmente isento, todos os feiticeiros ou somente aqueles que prestam serviços à família do chefe? Ou, quem deve receber das autoridades um pagamento fixo, aqueles que curam o doente por meio de ervas ou os que o fazem entrando em transe? Estes conflitos sociais traduzem-se facilmente em conflitos entre escolas rivais de pensamento, cada qual procurando estabelecer-se e desacreditar, quando não liquidar, o corpo de conhecimento competidor. Na sociedade contemporânea, continuamos a ter estes conflitos (tanto socioeconômicos quanto cognoscitivos) entre a medicina ortodoxa e suas rivais do tipo da quiroprática, homeopatia ou Ciência Cristã. Nas sociedades industriais avançadas, que permitem, com seu imenso excedente econômico, que grande número de indivíduos se devotem em regime de tempo integral até aos objetivos mais obscuros, a competição pluralista entre subuniversos de significação de todas as espécies concebíveis torna-se a situação normal[55].

Com o estabelecimento de subuniversos de significação emerge uma multiplicidade de perspectivas sobre a sociedade total, cada qual considerando-a do ângulo de um destes subuniversos. O quiroprático tem um ângulo de observação da sociedade diferente do possuído pelo professor de uma faculdade de medicina, o poeta vê a sociedade diferentemente do homem de negócios, o judeu do gentio, etc. Não é preciso dizer que esta multiplicação de perspectivas aumenta muito o problema de estabelecer um dossel estável simbólico para a sociedade *inteira*. Cada perspectiva,

---

55. A competição pluralista entre subuniversos de significação é um dos mais importantes problemas da sociologia empírica do conhecimento da sociedade contemporânea. Tratamos deste problema em outro lugar, em nossa obra sobre a sociologia da religião, mas não vemos razão em desenvolver a análise deste tema no presente tratado.

seja lá com que teorias anexas ou mesmo *Weltanschauungen* venha acompanhada, estará relacionada com os interesses sociais concretos do grupo que a sustenta. Isto *não* significa, porém, que as várias perspectivas, muito menos as teorias ou *Weltanschauungen*, não sejam senão reflexos mecânicos dos interesses pessoais. Especialmente no nível teórico é inteiramente possível que o conhecimento chegue a desprender-se muito dos interesses biográficos e sociais do conhecedor. Assim, pode haver razões sociais tangíveis para que os judeus se preocupem com certos empreendimentos científicos, mas é impossível predizer as posições científicas relacionando-as com o fato de serem sustentadas por judeus ou por indivíduos que não são judeus. Em outras palavras, o universo científico de significação é capaz de chegar a um alto grau de autonomia em oposição à sua própria base social. Teoricamente, embora na prática haja grande variação, isto é válido para qualquer corpo de conhecimentos, mesmo com perspectivas cognoscitivas sobre a sociedade.

Mais ainda, um corpo de conhecimentos, uma vez que tenha alcançado o nível de um subuniverso de significação relativamente autônomo, tem a capacidade de exercer uma ação de retorno sobre a coletividade que o produziu. Por exemplo, os judeus podem tornar-se cientistas sociais porque têm problemas especiais na sociedade *por serem* judeus. Mas logo que tenham sido iniciados no universo do discurso científico sociológico, podem examinar a sociedade de um ângulo que não é mais caracteristicamente judeu, mas até mesmo suas atividades sociais *como* judeus podem modificar-se em consequência das perspectivas científicas sociológicas recentemente adquiridas. O grau de separação do conhecimento com relação às suas origens existenciais depende de um considerável número de variáveis históricas (tais como a urgência dos interesses sociais em jogo, o grau de requinte teórico do conhecimento em questão, a importância ou falta de importância social deste último, e outros). O princípio importante para nossas considerações gerais consiste em que a relação entre o conhecimento e sua base social é dialética; isto é, o conhecimento é um produto social e o conhecimento é um fator na transformação social[56]. Este princípio da dialética entre a produção social e o mundo objetivado que é produto dela já foi explicado. É especialmente importante tê-lo em mente em qualquer análise dos subuniversos concretos de significação.

O crescente número de complexidade dos subuniversos fazem com que se tornem cada vez mais inacessíveis aos estranhos. Passam a ser enclaves esotéricos, "hermeticamente vedados" (no sentido classicamente ligado ao corpo hermético do conhecimento secreto) a todos, exceto àqueles que foram devidamente iniciados em seus mistérios. A crescente autonomia dos subuniversos contribui para criar problemas especiais de legitimação tanto para os estranhos quanto para os íntimos. Os estranhos têm de ser *impedidos de entrar*, e mesmo conservados na ignorância da existência do subuniverso. Se, porém, não chegam a ignorá-lo e se o subuniverso requer vários privilégios e reconhecimentos especiais da sociedade mais ampla, existe o problema de manter de fora os estranhos e ao mesmo tempo fazer com que admitam a legitimidade deste procedimento. Isto é realizado por meio de várias técnicas de intimidação, propaganda racional e irracional (apelando para os interesses dos estranhos e para suas emoções), mistificação e, em geral, a manipulação dos símbolos de prestígio. Os íntimos, por outro lado, têm de ser *mantidos dentro*. Isto exige a criação de procedimentos

---

56. Esta proposição pode ser posta em termos marxistas, dizendo-se que existe uma relação dialética entre infraestrutura (*Unterbau*) e superestrutura (*Ueberbau*), concepção marxista largamente perdida na principal linha do marxismo até muito recentemente. O problema da possibilidade do conhecimento socialmente destacado foi sem dúvida central para a sociologia do conhecimento, tal como era definida por Scheler e Mannheim. Não estamos dando-lhe um lugar central por motivos inerentes a nosso enfoque teórico geral. A questão importante para uma sociologia do conhecimento teórica é a dialética entre o conhecimento e sua base social. Questões tais como a de Mannheim referente à "inteligentsia descomprometida" são aplicações da sociologia do conhecimento a fenômenos históricos e empíricos concretos. As proposições a respeito destes terão de ser feitas em um nível de generalidade teórica muito menor do que aquele que nos interessa agora. As questões concernentes à autonomia do conhecimento social-científico, por outro lado, deveriam ser tratadas no contexto da metodologia das ciências sociais. Esta área foi por nós excluída de nossa definição do âmbito da sociologia do conhecimento, por motivos teóricos explicados em nossa introdução.

práticos e teóricos pelos quais é possível reprimir a tentação de escapar do subuniverso. Examinaremos mais adiante com alguns detalhes este duplo problema de legitimação. De momento, basta-nos dar uma ilustração. Não é suficiente instituir um subuniverso esotérico da medicina. É preciso convencer o público leigo de que isto é correto e benéfico e a fraternidade médica deve ser conservada nos padrões deste subuniverso. Assim a população geral é intimidada pelas imagens da ruína física que se segue à atitude de "opor-se aos conselhos do médico". É persuadida a *não* fazer isso pelos benefícios práticos da obediência e pelo seu próprio horror da doença e da morte. Para sublinhar sua autoridade, a profissão médica recobre-se com os velhos símbolos de poder e mistério, das vestimentas exóticas à linguagem incompreensível, tudo isso naturalmente legitimado para o público e para ela própria em termos práticos. Enquanto isso, os habitantes devidamente credenciados do mundo médico são preservados do "charlatanismo" (isto é, de pisarem fora do subuniverso médico em pensamento ou na ação) não só pelos poderosos controles externos de que a profissão dispõe, mas também por todo um corpo de conhecimento profissional que lhes oferece a "prova científica" da loucura, e até da maldade, deste desvio. Em outras palavras, entra em ação uma maquinaria inteira de legitimação, com o fim de *manter* os leigos como leigos e os médicos como médicos, e (se possível) que ambos assim procedam com satisfação.

Surgem problemas especiais como resultado das diferentes velocidades de variação das instituições e dos subuniversos[57]. Isso torna mais difícil a legitimação global da ordem institucional e as legitimações específicas de determinadas instituições e subuniversos. Uma sociedade feudal com um exército moderno, uma aristocracia agrária tendo de existir nas condições do capitalismo industrial, uma religião tradicional forçada a enfrentar a popularização de uma concepção científica do mundo, a coexistência em nossa

---

57. Este é o fenômeno comumente chamado "atraso cultural" na sociologia americana desde Ogburn. Evitamos este termo devido à sua conotação evolucionista e implicitamente valorativa.

sociedade da teoria de relatividade com a astrologia, nossa experiência contemporânea está tão cheia de exemplos desta espécie que não é necessário invectivar este assunto. Basta dizer que em tais condições o trabalho dos vários legitimadores torna-se especialmente árduo.

Uma questão final de grande interesse teórico, que surge da variabilidade histórica da institucionalização, é a que se refere à maneira pela qual a ordem institucional é objetivada: até que ponto uma ordem institucional, ou alguma parte dela, é aprendida como uma facticidade não humana? Esta é a questão de reificação da realidade social[58].

A reificação é a apreensão dos fenômenos humanos como se fossem coisas, isto é, em termos não humanos ou possivelmente super-humanos. Outra maneira de dizer a mesma coisa é que a reificação é a apreensão dos produtos da atividade humana *como se* fossem algo diferente de produtos humanos, como se fossem fatos da natureza, resultados de leis cósmicas ou manifestações da vontade divina. A reificação implica que o homem é capaz de esquecer sua própria autoria do mundo humano, e, mais, que a dialética entre o homem, o produtor, e seus produtos é perdida de vista pela consciência. O mundo reificado é por definição um mundo desumanizado. É sentido pelo homem como uma facticidade estranha, um

---

58. A reificação (*Verdinglichung*) é um importante conceito marxista, particularmente nas considerações antropológicas dos *Frühschriften*, em seguida desenvolvido em termos do "fetichismo das mercadorias" em *Das Kapital*. Para os desenvolvimentos mais recentes do conceito na teoria marxista. Cf. LUKÁCS, G. *Histoire et conscience de classe*, p. 109ss. • GOLDMANN, L. *Recherches dialectiques*. Paris: Gallimard, 1959, p. 64ss. • GABEL, J. *La fausse conscience*. Paris: Editions de Minuit, 1962, e *Formen der Entfremdung*. Frankfurt: Fischer, 1964. Para uma extensa análise da aplicabilidade do conceito em uma sociologia do conhecimento não doutrinária, cf. BERGER, P.L. & PULLBERG, S. "Reification and the Sociological Critique of Consciousness". *History and Theory* IV: 2, 188ss. (1965). No quadro de referência marxista o conceito de reificação relaciona-se estreitamente com o de alienação (*Entfremdung*). Este último conceito tem sido confundido nos recentes trabalhos sociológicos com fenômenos que vão da *anomia* à neurose, quase além do ponto de possibilidade de recuperação terminológica. De qualquer modo, julgamos que não é aqui o lugar para tentar esta recuperação e por conseguinte evitamos o uso do conceito.

opus alienum sobre o qual não tem controle, em vez de ser sentido como o *opus proprium* de sua mesma atividade produtora.

Deve ter ficado claro, por nossas anteriores considerações sobre a objetivação, que logo assim que se estabelece um mundo social objetivo a possibilidade de reificação nunca está afastada[59]. A objetividade do mundo social significa que este faz frente ao homem como algo situado fora dele. A questão decisiva consiste em saber se o homem ainda conserva a noção de que, embora objetivado, o mundo social foi feito pelos homens, e, portanto, pode ser refeito por eles. Em outras palavras, é possível dizer que a reificação constitui o grau extremo do processo de objetivação, pelo qual o mundo objetivado perde a inteligibilidade que possui como empreendimento humano e fixa-se como uma facticidade não humana, não humanizável, inerte[60]. Tipicamente, a relação real entre o homem e seu mundo é invertida na consciência. O homem, o produtor de um mundo, é apreendido como produto deste, e a atividade humana como um epifenômeno de processos não humanos. Os significados humanos não são mais entendidos como produzindo o mundo, mas como sendo, por sua vez, produtos da "natureza das coisas". Deve-se acentuar que a reificação é uma modalidade da consciência ou, mais precisamente, uma modalidade da objetivação pelo homem do mundo humano. Mesmo apreendendo o mundo em termos reificados, o homem continua a produzi-lo. Isto é, paradoxalmente o homem é capaz de produzir uma realidade que o nega[61].

---

59. Recentes críticos franceses da sociologia de Durkheim, tais como Jules Monnerot (*Les faits sociaux ne sont pas des choses*, 1946) e Armand Cuvillier ("Durkheim et Marx", *Cahiers internationaux de sociologie*, 1948) acusaram-na de ser uma concepção reificada da realidade social. Em outras palavras, afirmam que a *choséité* de Durkheim é *ipso facto* uma reificação. Seja o que for que se possa dizer a este respeito no sentido da exegese de Durkheim, é possível em princípio afirmar que "os fatos sociais são coisas" e ter em vista com esta expressão nada mais do que a objetividade dos fatos sociais *como produtos humanos*. A chave teórica da questão é a distinção entre objetivação e reificação.

60. Compare-se aqui o conceito de Sartre do "prático-inerte", na *Critique de la raison dialectique*.

61. Por esta razão Marx chamou a consciência reificadora de *falsa* consciência. Este conceito pode ser relacionado com a "má-fé" (*mauvaise foi*) de Sartre.

A reificação é possível no nível pré-teórico e no nível teórico da consciência. Os sistemas teóricos complexos podem ser descritos como reificações, embora presumivelmente tenham suas raízes em reificações pré-teóricas, estabelecidas nesta ou naquela situação social. Assim, seria um erro limitar o conceito de reificação às construções mentais dos intelectuais. A reificação existe na consciência do homem da rua, e na verdade esta última presença é praticamente mais significativa. Seria também um engano considerar a reificação como uma perversão de uma apreensão do mundo social originariamente não reificada, uma espécie de queda cognoscitiva de um estado de graça. Ao contrário, a documentação etnológica e sociológica disponível parece indicar o oposto, a saber, que a apreensão original do mundo social é consideravelmente reificada, tanto filogeneticamente quanto ontogeneticamente[62]. Isto implica que a apreensão da reificação *como* modalidade da consciência depende de uma *des*reificação, ao menos relativa, da consciência, o que é um acontecimento comparativamente tardio na história e em qualquer biografia individual.

A ordem institucional em totalidade, e segmentos dela, pode ser apreendida em termos reificados. Por exemplo, a ordem inteira da sociedade pode ser concebida como um microcosmo refletindo o macrocosmo do universo total, feito pelos deuses. Tudo quanto acontece "aqui embaixo" é apenas um pálido reflexo do que ocorre "lá em cima"[63]. Certas instituições podem ser apreendidas de modo semelhante. A "receita" fundamental para a reificação das instituições consiste em outorgar-lhes um *status* ontológico independente da atividade e da significação humanas. As reificações particulares são variações sobre este tema geral. O casamento, por exemplo, pode ser reificado como imitação de atos divinos de criatividade, como mandamento universal da lei natural, como conseqüência necessária de forças biológicas ou psicológicas ou, afinal,

---

62. A obra de Lucien Lévi-Bruhl e a de Jean Piaget podem ser consideradas básicas para a compreensão da protorreificação, filogeneticamente e ontogeneticamente. Também cf. LÉVI-STRAUSS, C. *La pensée sauvage*. Paris: Plon, 1962.

63. Sobre o paralelismo entre o "aqui embaixo" e o "lá em cima", cf. ELIADE, M. *Cosmos and History*. Nova York: Harper, 1959. Uma posição semelhante é tomada por Voegelin, op. cit., em seu estudo das "civilizações cosmológicas".

como imperativo funcional do sistema social. O que todas estas reificações têm em comum é sua ofuscação do casamento como uma contínua produção humana. Conforme se pode ver facilmente neste exemplo, a reificação pode ser tanto teórica quanto pré-teórica. Assim, o mistagogo pode maquinar uma teoria altamente complicada, indo do acontecimento humano concreto aos recantos mais longínquos do divino cosmo, mas um casal camponês analfabeto no ato do casamento pode apreender o acontecimento com um estremecimento reificador de terror metafísico. Através da reificação, o mundo das instituições parece fundir-se com o mundo da natureza. Torna-se necessidade e destino, sendo vivido como tal, feliz *ou* infelizmente, conforme o caso.

Os papéis podem ser reificados da mesma maneira que as instituições. O setor da autoconsciência que foi objetivado num papel é então também apreendido como uma fatalidade inevitável, podendo o indivíduo negar qualquer responsabilidade. A fórmula paradigmática desta espécie de reificação é a proposição "não tenho escolha neste assunto, tenho de agir desta maneira por causa de minha posição", como marido, pai, general, arcebispo, presidente da diretoria, bandido ou carrasco, tal seja o caso. Isto significa que a reificação dos papéis estreita a distância subjetiva que o indivíduo pode estabelecer entre si e o papel que desempenha. A distância implicada em toda objetivação mantém-se, evidentemente, mas a distância causada pela desidentificação vai se reduzindo até o ponto de desaparecer. Finalmente, a própria identidade (o eu total, se preferirmos) pode ser reificada, tanto a do indivíduo quanto a dos outros. Há então uma identificação total do indivíduo com as tipificações que lhe são socialmente atribuídas. É apreendido como *não sendo nada senão esse tipo*. Esta apreensão pode ser positiva ou negativamente acentuada em termos de valores ou emoções. A identificação de "judeu" pode ser igualmente reificada por um antissemita e pelo próprio judeu, apenas o último acentuando positivamente a identificação, enquanto o primeiro a acentua negativamente. Ambas as reificações outorgam um *status* ontológico e total a uma tipificação que é produzida pelo homem, e que, mesmo quando interiorizada, objetifica somente um segmento da personalidade[64]. Uma vez mais, estas reificações podem estender-se do nível pré-teórico do "aquilo que toda a gente sabe a respeito dos judeus" até as teorias mais complexas do judaísmo como manifestação da biologia ("o sangue judeu"), da psicologia ("a alma judaica") ou da metafísica ("O mistério de Israel").

A análise da reificação é importante porque serve de corretivo padrão para as tendências reificadoras do pensamento teórico em geral, e do pensamento sociológico em particular. É especialmente importante para a sociologia do conhecimento porque a impede de cair numa concepção não dialética da relação entre aquilo que os homens fazem e o que pensam. A aplicação histórica e empírica da sociologia do conhecimento deve levar muito em conta as circunstâncias sociais que favorecem a desreificação, tais como o colapso global das ordens institucionais, o conflito entre sociedades anteriormente segregadas e o importante fenômeno da marginalização social[65]. Estes problemas, porém, excedem o quadro de nossas atuais considerações.

2. Legitimação

a) As origens dos universos simbólicos

A legitimação enquanto processo é melhor definida dizendo-se que se trata de uma objetivação de sentido de "segunda ordem". A legitimação produz novos significados, que servem para integrar os significados já ligados a processos institucionais díspares. A função da legitimação consiste em tornar objetivamente acessível e subjetivamente plausível as objetivações de "primeira ordem", que foram institucionalizadas[66]. Embora definamos a legitimação por esta função, sem levar em conta os motivos específicos

---

64. Sobre a reificação da identidade, compare-se com a análise do antissemitismo, feita por Sartre.

65. Sobre as condições da desreificação, cf. Berger e Pullberg, loc. cit.

66. O termo "legitimação" deriva de Weber, onde é desenvolvido particularmente no contexto de sua sociologia política. Demos-lhe aqui um uso muito mais amplo.

que inspiram qualquer processo particular legitimador, deveríamos acrescentar que a "integração", de uma forma ou de outra, é também o propósito típico que motiva os legitimadores.

A integração e, correlativamente, a questão da plausibilidade subjetiva referem-se a dois níveis. Primeiro, a totalidade da ordem institucional deveria ter sentido simultaneamente para os participantes de diferentes processos institucionais. A questão da plausibilidade refere-se aqui ao reconhecimento subjetivo de um sentido global "por trás" dos motivos do indivíduo e de seus semelhantes, motivos predominantes no que diz respeito à situação, mas apenas parcialmente institucionalizados, tal como acontece na relação do chefe e do sacerdote, do pai e do comandante militar, ou até, no caso de um mesmo e único indivíduo, do pai, que é 'também comandante militar de seu filho, consigo próprio. Isto, pois, é um nível "horizontal" de integração e plausibilidade, correlacionando a ordem institucional total com vários indivíduos que participam dela em diferentes papéis, ou com vários processos institucionais parciais de que um único indivíduo pode participar em qualquer momento dado.

Em segundo lugar, a totalidade da vida do indivíduo, a sucessiva passagem pelas várias ordens de uma ordem institucional, deve ser tornada subjetivamente significativa. Em outras palavras, a biografia individual em suas várias fases sucessivas, institucionalmente predefinidas, deve ser dotada de sentido que torne a totalidade subjetivamente plausível. Por conseguinte, na duração da vida dos indivíduos singulares, deve acrescentar-se um nível "vertical" ao nível "horizontal" de integração e plausibilidade subjetiva da ordem institucional.

Conforme argumentamos antes, a legitimação não é necessária na primeira fase da institucionalização, quando a instituição é simplesmente um fato que não exige nenhum novo suporte, nem intersubjetivamente nem biograficamente. É evidente para todas as pessoas a quem diz respeito. O problema da legitimação surge inevitavelmente quando as objetivações da ordem institucional (agora histórica) têm de ser transmitidas a uma nova geração. Nesse ponto, como vimos, o caráter evidente das instituições não pode mais ser mantido pela memória e pelos hábitos do indivíduo. Rompeu-se a unidade de história e biografia. Para restaurá-la, tornando assim inteligíveis ambos os aspectos dessa unidade, é preciso haver "explicações" e justificações dos elementos salientes da tradição institucional. A legitimação é este processo de "explicação" e justificação[67].

A legitimação "explica "a ordem institucional outorgando validade cognoscitiva a seus significados objetivados. A legitimação justifica a ordem institucional dando dignidade normativa a seus imperativos práticos. É importante compreender que a legitimação tem um elemento cognoscitivo assim como um elemento normativo. Em outras palavras, a legitimação não é apenas uma questão de "valores". Sempre implica também "conhecimento". Por exemplo, uma estrutura de parentesco não é legitimada simplesmente pela ética de seus particulares tabus do incesto. É preciso primeiro haver "conhecimento" dos papéis que definem *tanto* as ações "certas" *quanto* as "erradas", no interior da estrutura. O indivíduo, digamos, não deve casar-se no interior do seu clã. Mas é preciso que primeiro ele "saiba" *que* é um membro deste clã. Este "conhecimento" chega até ele através de uma tradição que "explica" o que os clãs são em geral, e o que é seu clã em particular. Estas "explicações" (que tipicamente constituem uma "história" e uma "sociologia" da coletividade em questão e que no caso dos tabus do incesto provavelmente contêm também uma "antropologia") são tanto instrumentos legitimadores quanto elementos éticos da tradição. A legitimação não apenas diz ao indivíduo por que *deve* realizar uma ação e não outra; diz-lhe também *por que* as coisas são o que são. Em outras palavras, o "conhecimento" precede os "valores" na legitimação das instituições.

É possível distinguir analiticamente entre diferentes níveis de legitimação (empiricamente, está claro, estes níveis coincidem em parte). A legitimação incipiente acha-se presente logo que um sistema de objetivações linguísticas da experiência humana é trans-

---

67. Sobre as legitimações como as "explicações", compare-se com a análise das "derivações" de Pareto.

mitida. Por exemplo, a transmissão de um vocabulário de parentesco *ipso facto* legitima a estrutura de parentesco. As "explicações" legitimadoras fundamentais, por assim dizer, estão incluídas no vocabulário. Assim, uma criança aprende que outra criança *é* um "primo", informação que imediata e inerentemente legitima a conduta com relação aos "primos", que é aprendida juntamente com a designação. Pertencem a este primeiro nível de legitimação incipiente todas as afirmações tradicionais simples do tipo "É assim que se faz as coisas", as primeiras e geralmente mais eficazes respostas ao "Por quê?" das crianças. Este nível, evidentemente, é pré-teórico. Mas é o fundamento do "conhecimento" evidente, sobre o qual devem repousar todas as teorias subsequentes, e inversamente, que estas devem atingir para serem incorporadas à tradição.

O segundo nível de legitimação contém proposições teóricas em forma rudimentar. Podem ser encontrados aqui vários esquemas explicativos que relacionam conjuntos de significações objetivas. Estes esquemas são altamente pragmáticos, referindo-se diretamente a ações concretas. Os provérbios, as máximas morais e os adágios da sabedoria são comuns neste nível. A ele também pertencem as lendas e histórias populares, frequentemente transmitidas em formas poéticas. Assim, a criança aprende ditados como "Quem rouba seu primo com verrugas nas mãos" ou *"Vai* quando sua mulher grita, mas *corre* quando seu primo chamar". Ou a criança pode ser inspirada pela "Canção dos primos leais que foram caçar juntos" e ficar amedrontada a ponto de perder o juízo pela "Oração fúnebre por dois primos que fornicaram".

O terceiro nível de legitimação contém teorias explícitas pelas quais um setor institucional é legitimado em termos de um corpo diferenciado de conhecimentos. Estas legitimações oferecem quadros de referência bastante amplos para os respectivos setores de conduta institucionalizada. Devido à sua complexidade e diferenciação, são frequentemente confiadas a pessoal especializado que as transmitem por meio de procedimentos de iniciação formalizados. Assim, pode haver uma complicada teoria econômica da "relação entre primos", seus direitos, obrigações e procedimentos operatórios padrões. Este conhecimento é ministrado pelos velhos do clã, talvez sendo-lhes outorgado depois que sua própria utilidade econômica chegou ao fim. Os velhos iniciam os adolescentes nesta economia superior no curso dos ritos da puberdade e apresentam-se como peritos sempre que há problemas de aplicação. Se admitirmos que os velhos não têm outras tarefas que lhes sejam atribuídas, é provável que eles estiquem em minúcias as teorias em questão entre si, mesmo quando não há problemas de aplicação, ou, mais exatamente, inventem estes problemas no curso de sua teorização. Em outras palavras, com o desenvolvimento de teorias legitimadoras especializadas e sua transmissão por legitimadores aplicados inteiramente a esse mister, a legitimação começa a ir além da aplicação prática e a tornar-se "teoria pura". Com este passo, a esfera das legitimações começa a atingir um grau de autonomia em relação às instituições legitimadas e finalmente podem gerar seus próprios procedimentos institucionais[68]. Em nosso exemplo, a "ciência da relação de parentesco entre primos" pode começar a adquirir vida por sua própria conta, independentemente das atividades de meros primos "leigos", e o corpo de "cientistas" pode estabelecer seus próprios processos institucionais em oposição às instituições que a "ciência" tinha originariamente por função legitimar. Podemos imaginar um desfecho irônico desse desenvolvimento quando a palavra "primo" não mais se aplica a um papel de parentesco mas ao detentor de um grau na hierarquia de especialistas em "relações de parentescos entre primos".

Os universos simbólicos constituem o quarto nível da legitimação. São corpos de tradição teórica que integram diferentes áreas de significação e abrangem a ordem institucional em uma totalidade simbólica[69], usando o termo "simbólico" da maneira que foi por nós previamente definida. Repetindo, os processos simbólicos são processos de significação que se referem a realidades diferentes

---

68. Tanto Marx quanto Pareto compreenderam a possível autonomia daquilo que chamamos legitimações ("ideologia" em Marx, "derivações" em Pareto).

69. Nosso conceito de "universo simbólico" está muito próximo do conceito de religião em Durkheim. A análise das "províncias finitas de significação", de Schutz, e suas relações umas com as outras, e o conceito sartriano de "totalização" tiveram grande importância para nossa argumentação neste ponto.

das pertencentes à experiência da vida cotidiana. Pode ver-se facilmente a maneira pela qual a esfera simbólica se relaciona com o nível mais amplo de legitimação. A esfera da aplicação pragmática é suplantada de uma vez para sempre. A legitimação agora realiza-se por meio de totalidades simbólicas que não podem absolutamente ser experimentadas na vida cotidiana, exceto, está claro, na medida em que é possível falar de "experiência teórica" (estritamente falando, uma designação equivocada, que só deve ser usada em caráter heurístico, se é que deve ser usada). Este nível de legitimação distingue-se ainda do precedente pela extensão da integração dotada de sentido. Já no nível precedente é possível encontrar um alto grau de integração de particulares áreas de significado e de processos separados de conduta institucionalizada. Agora, porém, *todos* os setores da ordem institucional acham-se integrados num quadro de referência global, que constitui então um universo no sentido literal da palavra, porque *toda* a experiência humana pode agora ser concebida como se efetuando *no interior* dele.

O universo simbólico é concebido como a matriz de todos os significados socialmente objetivados e subjetivamente reais. A sociedade histórica inteira e toda a biografia do indivíduo são vistas como acontecimentos que se passam *dentro* deste universo. O que tem particular importância é que as situações marginais da vida do indivíduo (marginais no sentido de não estarem incluídas na realidade da existência cotidiana na sociedade) são também abrangidas pelo universo simbólico[70]. Tais situações são experimentadas nos sonhos e nas fantasias como áreas de significação destacadas da vida diária e dotadas de peculiar realidade própria. No interior do universo simbólico estes domínios separados da realidade integram-se em uma totalidade dotada de sentido que os "explica" e talvez também os justifica (por exemplo, os sonhos podem ser "explicados" por uma teoria psicológica, simultaneamente "explicados" *e* justificados por uma teoria da metempsicose, e ambas as teorias serão fundadas em um universo muito mais amplo, digamos um universo "científico" opos-

---

70. O termo "situação marginal" (*Grenzsituation*) foi cunhado por Karl Jaspers. Usamo-lo de maneira inteiramente diferente daquela em que foi usada por Jaspers.

to a outro "metafísico"). O universo simbólico é evidentemente construído por meio de objetivações sociais. No entanto sua capacidade de atribuição de significações excede de muito o domínio da vida social, de modo que o indivíduo pode "localizar-se" nele, mesmo em suas mais solitárias experiências.

Neste nível de legitimação a integração reflexiva de processos institucionais distintos alcança sua plena realização. Um mundo inteiro é criado. Todas as teorias legitimadoras menores são consideradas como perspectivas especiais sobre fenômenos que são aspectos deste mundo. Os papéis institucionais tornam-se modos de participação em um universo que transcende *e* inclui a ordem institucional. Em nosso exemplo anterior, a "ciência do parentesco entre primos" é apenas uma parte de um corpo de teoria muito mais extenso, que quase certamente conterá uma teoria geral do cosmo e uma teoria geral do homem. A legitimação final das ações "corretas" na estrutura do parentesco será então sua "localização" dentro de um quadro de referência cosmológico e antropológico. O incesto, por exemplo, alcançará sua sanção negativa suprema como ofensa contra a ordem divina do cosmo e contra a natureza do homem, divinamente estabelecida. O mesmo pode acontecer com uma má conduta econômica ou qualquer outro desvio das normas institucionais. Os limites dessa legitimação suprema são em princípio coextensivos com os limites da ambição teórica e da engenhosidade por parte dos legitimadores, os definidores da realidade oficialmente credenciados. Na prática, sem dúvida, haverá variações no grau de precisão em que particulares segmentos da ordem institucional são colocados em um contexto cósmico. Além disso, estas variações podem ser devidas a particulares problemas práticos a respeito dos quais os legitimadores são consultados, ou podem resultar de desenvolvimentos autônomos da fantasia teórica dos peritos cosmológicos.

A cristalização dos universos simbólicos segue os processos anteriormente descritos de objetivação, sedimentação e acumulação do conhecimento. Isto é, os universos simbólicos são produtos sociais que têm uma história. Se quisermos entender seu significado temos de entender a história de sua produção. Isto é tanto mais importante quanto estes produtos da consciência humana, por sua própria natureza, apresentam-se como plenamente desenvolvidos e inevitáveis.

Podemos agora investigar melhor a maneira pela qual os universos simbólicos operam para legitimar a biografia individual e a ordem institucional. A operação é essencialmente a mesma nos dois casos. É de caráter nômico ou ordenador[71].

O universo simbólico oferece a ordem para a apreensão subjetiva da experiência biográfica. Experiências pertencentes a diferentes esferas da realidade são integradas pela incorporação ao mesmo envolvente universo de significação. Por exemplo, o universo simbólico determina a significação dos sonhos na realidade da vida cotidiana, restabelecendo em cada caso a condição dominante desta última e mitigando o choque que acompanha a passagem de uma realidade a outra[72]. Áreas de significação que de outro modo permaneceriam como enclaves ininteligíveis dentro da realidade da vida cotidiana são assim ordenadas em termos de uma hierarquia de realidades, tornando-se *ipso facto* inteligíveis e menos aterrorizantes. Esta integração das realidades de situações marginais na realidade predominante da vida cotidiana tem grande importância porque estas situações constituem a mais aguda ameaça à existência naturalmente aceita e rotinizada na sociedade. Se concebermos esta segunda existência como o "lado diurno" da vida humana, então as situações marginais constituem o "lado noturno", que se conserva escondido agourentamente na periferia da consciência cotidiana. Justamente porque o "lado noturno" tem sua própria realidade, muitas vezes de natureza sinistra, é uma constante ameaça à realidade "sadia", natural, material da vida na sociedade. O pensamento continua a sugerir a si mesmo (o pensamento "insano" por excelência) que talvez a realidade brilhante da vida cotidiana não seja senão uma ilusão, que pode se tragada a

---

71. Nossa argumentação neste ponto é influenciada pela análise da *anomia*, feita por Durkheim. Estamos, entretanto, mais interessados nos processos *nômicos* na sociedade do que nos *anômicos*.

72. A condição dominante da realidade cotidiana foi analisada por Schutz. Cf., *especialmente o artigo "On Multiple Realities"*. *Collected Papers*, vol. 1, p. 207ss.

qualquer momento pelos uivantes pesadelos do outro lado, o lado noturno da realidade. Estes pensamentos de loucura e terror são contidos pela ordenação de todas as realidades concebíveis dentro do mesmo universo simbólico, que abrange a realidade da vida diária, a saber, ordenando-os de tal maneira que esta última realidade conserva sua dominante e definitiva qualidade (se quisermos, seu caráter "mais real").

Esta função nômica do universo simbólico para a experiência individual pode ser definida de maneira muito simples dizendo que "põe cada coisa em seu lugar certo". Mais ainda, sempre que um indivíduo extravia-se, perdendo a consciência desta ordem (isto é, quando se encontra nas situações marginais da experiência), o universo simbólico permite-lhe "retornar à realidade", isto é, à realidade da vida cotidiana. Sendo esta evidentemente a esfera a que pertencem todas as formas de conduta e papéis institucionais, o universo simbólico fornece a legitimação final da ordem institucional, outorgando a esta a primazia na hierarquia da experiência humana.

Além desta integração decisivamente importante das realidades marginais, o universo simbólico fornece o nível mais alto de integração para os significados discrepantes realizados *dentro* da vida cotidiana na sociedade. Vimos como a integração, dotada de sentido, de setores separados da conduta institucionalizada realiza-se por meio da reflexão, pré-teórica e teórica. Esta integração plenamente significativa não pressupõe o estabelecimento de um universo simbólico *ab initio*. Pode realizar-se sem recorrer a processos simbólicos, isto é, sem transcender as realidades da experiência diária. Entretanto, uma vez estabelecido o universo simbólico, os setores discrepantes da vida cotidiana podem ser integrados mediante a referência direta ao universo simbólico. Por exemplo, as discrepâncias entre o significado de desempenhar o papel de primo e desempenhar o papel de proprietário rural *podem* ser integradas sem referência a uma mitologia geral. Mas se uma *Weltanschauung* mitológica geral é operante, pode ser diretamente aplicada à discrepância na vida cotidiana. Expulsar um primo de um pedaço de terra pode então ser não somente uma incorreta medida econômica ou uma deficiência moral (sanções negativas que não precisam estender-se a dimensões cósmicas). Mas pode ser entendida como violação da ordem do universo divinamente instituída. Desta maneira, o universo simbólico ordena e por isso mesmo legitima os papéis cotidianos, as prioridades e os procedimentos operatórios, colocando-os *sub specie universi*, isto é, no contexto do quadro de referência mais geral concebível. No mesmo contexto ainda as transações mais triviais da vida cotidiana podem tornar-se imbuídas de profunda significação. É fácil ver como este procedimento fornece uma poderosa legitimação para a ordem institucional em totalidade, assim como para setores particulares dela.

O universo simbólico permite também ordenar as diferentes fases da biografia. Nas sociedades primitivas os ritos de passagem representam esta função nômica em forma primitiva. A periodização da biografia é simbolizada em cada estágio pela referência à totalidade dos significados humanos. Ser criança, ser adolescente, ser adulto, etc., cada uma dessas fases biográficas é legitimada como um modo de ser no universo simbólico (mais frequentemente, como um modo particular de relacionar-se com o mundo dos deuses). Não é preciso insistir no aspecto evidente de que esta simbolização conduz a sentimentos de segurança e participação. Seria, porém, um erro pensar aqui somente a respeito das sociedades primitivas. Uma moderna teoria psicológica do desenvolvimento da personalidade pode desempenhar a mesma função. Em ambos os casos o indivíduo, ao passar de uma fase biográfica a outra, pode julgar estar repetindo uma sequência que é dada na "natureza das coisas", ou em sua própria "natureza", isto é, adquire a segurança de estar vivendo "corretamente". A "correção" de seu programa de vida é assim legitimada no nível mais alto de generalidade. Quando o indivíduo contempla sua vida passada, sua biografia torna-se inteligível para ele nesses termos. Quando se projeta no futuro, pode conceber sua biografia desenvolvendo-se em um universo cujas coordenadas últimas são conhecidas.

A mesma função legitimadora refere-se à "exatidão" da identidade subjetiva do indivíduo. Pela própria natureza da socialização, a identidade subjetiva é uma entidade precária[73]. Depende das relações individuais com os outros significativos, que podem mudar ou desaparecer. A precariedade é ainda mais aumentada por autoexperiências nas situações acima mencionadas. A "sadia" apreensão de si mesmo como possuidor de uma identidade definida, estável e socialmente reconhecida está continuamente ameaçada pelas metamorfoses "suprarrealistas" dos sonhos e das fantasias, mesmo se permanece relativamente coerente na interação cotidiana. A identidade é fundamentalmente legitimada pela colocação dela no contexto de um universo simbólico. Mitologicamente falando, o nome "real" do indivíduo é o que lhe é dado pelo seu deus. O indivíduo pode assim "saber quem é" ancorando sua identidade em uma realidade cósmica protegida ao mesmo tempo das contingências da socialização e das malevolentes autotransformações da experiência marginal. Mesmo que seus vizinhos não saibam quem ele é e mesmo se ele próprio pode esquecer-se quem é nas angústias dos pesadelos, pode certificar-se de que seu "verdadeiro eu" é uma entidade fundamentalmente real em um universo supremamente real. Os deuses sabem, ou a ciência psiquiátrica, ou o partido. Em outras palavras, o *realissimum* da identidade não precisa ser legitimado pelo fato de ser conhecido a todo momento pelo indivíduo; basta, para fins de legitimação, que seja *conhecível*. Uma vez que a identidade conhecida ou conhecível pelos deuses, pela psiquiatria ou pelo partido é ao mesmo tempo a identidade à qual é atribuída a condição de realidade dominante, a legitimação ainda uma vez integra todas as transformações concebíveis da identidade com a identidade cuja realidade é fundada na vida cotidiana na sociedade. Uma vez mais, o universo simbólico estabelece uma hierarquia, da "mais real" até a mais fugitiva autoapreensão da identidade. Isto significa que o indivíduo pode viver em sociedade com certa segurança de que *realmente* é o que

---

73. A precariedade da identidade subjetiva está já implicada na análise de Mead da gênese do eu. Para desenvolvimentos desta análise cf. STRAUSS, A. *Mirrors and Masks*. Nova York: Free Press of Glencoe, 1959. • GOFFMAN, E. *The Presentation of Self in Everyday Life*. Garden City: N.Y./Doubleday-Anchor, 1959.

considera ser, enquanto desempenha seus papéis sociais rotineiros à luz do dia e sob o olhar dos outros significativos.

Uma função legitimadora estratégica dos universos simbólicos para a biografia individual é a "localização" da morte. A experiência da morte dos outros e, consequentemente, a antecipação da sua própria morte estabelece a situação limite por excelência para o indivíduo[74]. Não é preciso entrar em pormenores, a morte estabelece também a mais aterrorizadora ameaça às realidades asseguradas da vida cotidiana. A integração da morte na realidade dominante da existência social tem portanto a maior importância para qualquer ordem institucional. Esta legitimação da morte é por conseguinte um dos frutos mais importantes dos universos simbólicos. Não é essencial saber se isto é feito recorrendo, ou não, a interpretações mitológicas, religiosas ou metafísicas da realidade. O moderno ateu, por exemplo, que outorga um significado à morte em termos de uma *Weltanschauung* da evolução progressiva ou da história revolucionária, também assim procede integrando a morte em um universo simbólico que abrange a realidade. Todas as legitimações da morte devem realizar a mesma tarefa essencial, devem capacitar o indivíduo a continuar vivendo na sociedade depois da morte dos outros significativos e antecipar sua própria morte com o mínimo de terror, suficientemente mitigado de modo a não paralisar o desempenho contínuo das rotinas da vida cotidiana. Vê-se imediatamente que esta legitimação é difícil de realizar, a não ser integrando o fenômeno da morte em um universo simbólico. Esta legitimação, portanto, fornece ao indivíduo uma receita para uma "morte correta". No caso ótimo esta receita conservará sua plausibilidade quando a morte do indivíduo estiver iminente e lhe permitirá, de fato, "morrer corretamente".

Na legitimação da morte é que a potência transcendentalizadora dos universos simbólicos se manifesta de maneira mais clara,

---

74. Heidegger faz a mais completa análise da morte, na filosofia atual, como situação marginal por excelência. O conceito de Schutz de "ansiedade fundamental" refere-se ao mesmo fenômeno. A análise de Malinowski da função social do cerimonial funerário é também importante a este respeito.

sendo revelado o caráter fundamental atenuador do terror possuído pelas supremas legitimações da realidade dominante da vida cotidiana. O primado das objetivações sociais da vida diária só pode conservar sua plausibilidade subjetiva se for constantemente protegido contra o terror. No nível da significação a ordem institucional representa um escudo contra o terror. Ser anômico, portanto, significa privar-se deste escudo e expor-se, sozinho, aos ataques dos pesadelos. Embora o horror à solidão seja provavelmente dado já na socialidade constitucional do homem, manifesta-se no nível das significações na incapacidade que o homem tem de conservar uma existência dotada de sentido isolado das construções nômicas da sociedade. O universo simbólico defende o indivíduo do supremo terror, outorgando uma legitimação fundamental às estruturas protetoras da ordem institucional[75].

A mesma coisa pode ser dita da significação social (por oposição à individual, que acabamos de examinar) dos universos simbólicos. São dóceis protetores lançados sobre a ordem institucional, assim como sobre a biografia individual. Fornecem também a delimitação da realidade social, isto é, estabelecem os limites do que tem importância com referência à interação social. Uma possibilidade extrema deste fato, às vezes avizinhada nas sociedades primitivas, é a definição de *tudo* como realidade social, sendo até a matéria inorgânica tratada em termos sociais. Uma delimitação mais estreita, e mais comum, inclui somente os mundos orgânico ou animal. O universo simbólico atribui categorias a vários fenômenos em uma hierarquia do ser, definindo o âmbito do social dentro desta hierarquia[76]. Não é preciso dizer que estas categorias também são atribuídas a diferentes tipos de homens e frequentemente acontece que amplas categorias destes tipos (às vezes *todos*, fora da coletividade em questão) são definidos como não sendo humanos ou sendo menos do que humanos. Isto é comumente expresso na

---

75. O uso de certas perspectivas sobre a "ansiedade" (*Angst*) feito pela filosofia existencial torna possível colocar a análise da *anomia* de Durkheim em um quadro de referência antropológico mais amplo.

76. Cf. LÉVI-STRAUSS. Op. cit.

linguagem (no caso extremo o nome da coletividade é equivalente ao termo "humano"). Este fato não é demasiadamente raro, mesmo em sociedades civilizadas. Por exemplo, o universo simbólico da Índia tradicional atribuía um *status* aos sem casta que os aproximava mais dos animais de que da condição humana das castas superiores (operação essencialmente legitimada na teoria do *karma-samsara*, que abrangia *todos* os seres, humanos ou não), e mesmo na época moderna, quando os espanhóis conquistaram a América, foi-lhes possível conceber os índios como pertencentes a uma espécie diferente (sendo *esta* operação legitimada de maneira menos compreensiva por uma teoria que "provava" não poderem os índios descenderem de Adão e Eva).

O universo simbólico também ordena a história. Localiza todos os acontecimentos coletivos numa unidade coerente, que inclui o passado, o presente e o futuro. Com relação ao passado, estabelece uma "memória" que é compartilhada por todos os indivíduos socializados na coletividade[77]. Em relação ao futuro, estabelece um quadro de referência comum para a projeção das ações individuais. Assim, o universo simbólico liga os homens com seus predecessores e seus sucessores numa totalidade dotada de sentido[78], servindo para transcender a finitude da existência individual e conferindo um significado à morte individual. Todos os membros de uma sociedade podem agora conceber-se como *pertencendo* a um universo que possui um sentido, que existia antes de terem nascido e continuará a existir depois de morrerem. A comunidade empírica é transposta para um plano cósmico e tornada majestaticamente independente das vicissitudes da existência individual[79].

Conforme já observamos, o universo simbólico fornece uma integração unificadora de *todos* os processos institucionais separa-

---

77. Sobre a memória coletiva, veja-se HALBWACHS, M. *Les cadres sociaux de la mémoire*. Paris: Presses Universitaires de France, 1952. Halbwachs desenvolveu também sua teoria sociológica da memória em *La mémoire collective* (1950) e em *La topographie légendaire des Evangiles en Terre Sainte* (1941).

78. Os conceitos de "predecessores" e "sucessores" derivam de Schutz.

79. A concepção do caráter transcendente da sociedade foi especialmente desenvolvida por Durkheim.

dos. A sociedade inteira agora ganha sentido. Instituição e papéis particulares são legitimados por sua localização em um mundo compreensivelmente dotado de significação. Por exemplo, a ordem política é legitimada pela referência a uma ordem cósmica de poder e justiça e os papéis políticos são legitimados como representações desses princípios cósmicos. A instituição do parentesco divino nas civilizações arcaicas é uma excelente ilustração da maneira pela qual opera este tipo de legitimação suprema. É importante porém compreender que a ordem institucional, tal como a ordem da biografia individual, está continuamente ameaçada pela presença de realidades destituídas de sentido em termos *dessa* ordem. A legitimação da ordem institucional enfrenta também a contínua necessidade de manter encurralado o caos. *Toda* realidade social é precária. *Todas* as sociedades são construções em face do caos. A constante possibilidade do terror anômico torna-se atual sempre que as legitimações que obscurecem esta precariedade são ameaçadas ou entram em colapso. O terror que acompanha a morte de um rei, especialmente se ocorre com súbita violência, exprime este terror. Acima e além das emoções de simpatia ou de preocupações políticas práticas, a morte de um rei em tais circunstâncias traz o terror do caos a uma proximidade consciente. A reação popular ao assassínio do Presidente Kennedy é uma clara ilustração. Pode-se compreender facilmente por que estes acontecimentos têm de ser seguidos imediatamente das mais solenes reafirmações da permanente realidade dos símbolos protetores.

As origens de um universo simbólico têm raízes na constituição do homem. Se o homem em sociedade é um construtor do mundo, isto se deve a ser constitucionalmente aberto para o mundo, o que já implica um conflito entre ordem e caos. A experiência humana, *ab initio*, é uma exteriorização contínua. O homem, ao se exteriorizar, constrói o mundo *no qual* se exterioriza a si mesmo. No processo de exteriorização projeta na realidade seus próprios significados. Os universos simbólicos, que proclamam ser *toda* realidade humanamente dotada de sentido e apelam para o cosmo *inteiro* a fim de significar a validade da existência humana, constituem as extensões máximas desta projeção[80].

b) Os mecanismos conceituais da manutenção do universo

Considerado como construção cognoscitiva, o universo simbólico é teórico. Tem origem em processos de reflexão subjetiva, os quais, depois da objetivação social, conduzem ao estabelecimento de ligações explícitas entre os temas significativos que têm suas raízes nas várias instituições. Neste sentido o caráter teórico dos universos simbólicos é indubitável, por mais que um tal universo possa parecer assistemático ou ilógico a um estranho "insensível". Entretanto, temos de viver, e tipicamente vivemos, ingenuamente, em um universo simbólico. Enquanto que o estabelecimento de um universo simbólico pressupõe a reflexão teórica por parte de alguém (para quem o mundo, ou, mais especificamente, a ordem institucional assume um aspecto problemático), todos os homens podem "habitar" esse universo numa atitude natural. Para que a ordem institucional seja aceita como certa em sua totalidade na medida em que forma um todo dotado de sentido, precisa ser legitimada pela "localização" em um universo simbólico. Mas, mantendo-se iguais as demais circunstâncias, este próprio universo não exige uma nova legitimação. Para começar, foi a ordem institucional e não o universo simbólico que tomou um aspecto problemático e a ela, por conseguinte, é que a teorização se dirige. Por exemplo, voltando à anterior ilustração da legitimação do parentesco, uma vez que a instituição da relação entre primos é "localizada" em um cosmo de primos mitológicos, já não é mais uma simples questão de fato social sem qualquer significação "adicional". A própria mitologia, entretanto, pode ser ingenuamente admitida como válida sem reflexão teórica a respeito *dela*.

---

80. A concepção de "projeção" foi pela primeira vez desenvolvida por Feuerbach, e em seguida, embora em direções grandemente diferentes, por Marx, Nietzsche e Freud.

Somente depois que um universo simbólico é objetivado como "primeiro" produto do pensamento teórico surge a possibilidade da reflexão sistemática sobre a natureza desse universo. Enquanto o universo simbólico legitima a ordem institucional no mais alto nível de generalidade, a teorização relativa ao universo simbólico pode ser considerada, por assim dizer, uma legitimação de segundo grau. Todas as legitimações, das mais simples legitimações pré-teóricas de significados institucionalizados distintos até o estabelecimento cósmico de universos simbólicos, podem, por sua vez, ser consideradas como mecanismos de manutenção do universo. Estes mecanismos, conforme é fácil ver, exigem desde o início uma grande complicação conceitual.

Evidentemente há dificuldades em traçar linhas rigorosas entre casos concretos "ingênuos" e "requintados". A distinção analítica, porém, é útil mesmo nesses casos, porque chama a atenção para a questão do grau em que um universo simbólico é admitido como certo. A este respeito, está claro, o problema analítico é semelhante ao que já encontramos em nossa discussão da legitimação. Há vários níveis da legitimação dos universos simbólicos, assim como há da legitimação das instituições, exceto que dos primeiros não se pode dizer que desçam ao nível pré-teórico, pela razão evidente de que o universo simbólico é por si mesmo um fenômeno teórico e se conserva como tal mesmo quando admitido ingenuamente.

Tal como no caso das instituições, surge a questão das circunstâncias nas quais se torna necessário legitimar universos simbólicos por meio de mecanismos conceituais específicos de manutenção do universo. E ainda uma vez a resposta é semelhante à que foi dada no caso das instituições. Tornam-se necessários procedimentos específicos de manutenção do universo quando o universo simbólico tornou-se *um problema*. Enquanto isto não acontece o universo simbólico mantém-se por si mesmo, isto é, legitima-se a si mesmo pela pura facticidade de sua existência objetiva na sociedade em questão. É possível conceber uma sociedade em que isto seja possível. Esta sociedade seria um "sistema" harmonioso, fechado sobre si mesmo, em perfeito funcionamento. Na realidade, uma sociedade dessa espécie não existe. Devido às inevitáveis tensões dos processos de institucionalização e pelo próprio fato de todos os fenômenos sociais serem *construções* historicamente produzidas pela atividade humana, nenhuma sociedade é totalmente admitida como certa e assim, *a fortiori*, o mesmo se dá com o universo simbólico. Todo universo simbólico é incipientemente problemático. A questão consiste, portanto, em saber em que *grau* tornou-se problemático.

Um problema intrínseco, semelhante ao que discutimos em relação à tradição em geral, apresenta-se com o processo de transmissão do universo simbólico de uma geração a outra. A socialização nunca é completamente bem-sucedida. Alguns indivíduos "habitam" o universo transmitido de maneira mais definida do que outros. Mesmo entre os "habitantes" mais ou menos autorizados, haverá sempre variações idiossincrásicas na maneira como concebem o universo. Justamente porque o universo simbólico não pode ser experimentado como tal na vida cotidiana, mas transcende esta última por sua própria natureza, não é possível "ensinar" sua significação pela maneira direta em que se ensinam os significados da vida cotidiana. As perguntas feitas pelas crianças a respeito do universo simbólico têm de ser respondidas de maneira mais complicada do que as perguntas sobre as realidades institucionais da vida cotidiana. As perguntas dos adultos idiossincrásicos exigem mais completa elaboração conceitual. No exemplo anterior, o significado da relação de parentesco entre primos é continuamente representado por primos de carne e osso, desempenhando papéis de primos nas rotinas experimentadas da vida cotidiana. Os primos humanos são empiricamente acessíveis. Os primos divinos, infelizmente, não o são. Isto constitui um problema intrínseco para os pedagogos do divino parentesco entre primos. *Mutatis mutandis*, o mesmo é verdade quanto à transmissão de outros universos simbólicos.

Este problema intrínseco acentua-se quando versões divergentes do universo simbólico começam a ser partilhadas por grupos de "habitantes". Neste caso, por motivos evidentes dada a natureza da objetivação a versão divergente corporifica-se em uma realidade por sua própria conta, a qual, ao existir no interior da sociedade, desafia a condição de realidade do universo simbólico tal como foi originariamente constituído. O grupo que objetivou esta realidade

139

divergente torna-se portador de uma diversa definição da realidade[81]. Quase não é preciso acentuar que estes grupos heréticos constituem não somente uma ameaça teórica para o universo simbólico, mas uma ameaça prática para a ordem institucional legitimada pelo universo simbólico em questão. Os procedimentos repressivos habitualmente empregados contra tais grupos pelos guardiães das definições "oficiais" da realidade não nos dizem respeito neste contexto. O que importa para nossas considerações é a necessidade dessa repressão ser legitimada, o que naturalmente implica pôr em ação vários mecanismos conceituais destinados a manter o universo "oficial" contra o desafio herético.

Historicamente o problema da heresia foi muitas vezes o primeiro impulso para a sistemática conceitualização teórica dos universos simbólicos. O desenvolvimento teológico cristão como resultado de uma série de impugnações heréticas da tradição "oficial" oferece excelentes ilustrações históricas deste processo. Como em toda teorização, no curso desse processo aparecem novas implicações teóricas dentro da própria tradição, sendo esta impelida a novas conceitualizações, além de sua forma original. Por exemplo, as formulações cristológicas precisas dos primeiros concílios da Igreja foram exigidas não pela própria tradição, mas pelos desafios heréticos que sofreu. Ao serem elaboradas estas formulações, a tradição ao mesmo tempo mantinha-se e expandia-se. Emergiu assim, entre outras inovações, uma concepção teórica da Trindade, que não era apenas desnecessária, mas realmente não existia na primitiva comunidade cristã. Em outras palavras, o universo simbólico não é somente legitimado, mas também modificado pelos mecanismos conceituais construídos para proteção contra o ataque de grupos heréticos numa sociedade.

Uma das principais ocasiões para o desenvolvimento de uma conceitualização conservadora de um universo é o que se apresenta quando uma sociedade defronta-se com outra que tem uma his-

---

81. Compare-se ainda uma vez com o conceito de "portador" (*Träger*) de Weber.

tória muito diferente[82]. O problema estabelecido por esta confrontação é tipicamente mais agudo do que o gerado por heresias internas na sociedade, porque neste caso há uma alternativa entre universos simbólicos, tendo o outro uma tradição "oficial" cuja objetividade, suposta certa, é igual à que o primeiro universo possui. É muito menos chocante para a condição de realidade do nosso próprio universo ter de tratar com grupos minoritários de dissidentes, cuja oposição é *ipso facto* definida como loucura ou maldade, do que enfrentar uma outra sociedade que considera *as nossas próprias* definições da realidade como ignorantes, loucas ou completamente más[83]. É uma coisa ter em torno de si alguns indivíduos, mesmo quando se reúnem, formando um grupo minoritário que não pode ou não quer conformar-se com as regras institucionais da relação de parentesco entre primos. Outra coisa, inteiramente diferente, é encontrar toda uma sociedade que nunca ouviu falar dessas regras, talvez nem mesmo tenha uma palavra para designar "primos" e no entanto parece passar muito bem em plena atividade. O universo distinto apresentado pela outra sociedade tem que ser enfrentado com as melhores razões possíveis para afirmar a superioridade do nosso próprio. Esta necessidade exige um mecanismo conceitual consideravelmente requintado.

O aparecimento de um outro possível universo simbólico representa uma ameaça porque sua simples existência demonstra empiricamente que o nosso próprio não é inevitável. Como toda gente pode agora ver, é possível viver nesse mundo sem a instituição da relação de parentesco entre primos. E é possível negar os deuses da relação entre primos ou mesmo zombar deles sem fazer imediatamente o céu vir abaixo. Este fato chocante tem que ser teoricamente explicado, quanto mais não seja. Evidentemente pode também acontecer que o outro universo tenha um atrativo missionário. Indivíduos ou grupos de nossa própria sociedade podem ser tentados a

---

82. As análises de "contactos de culturas" na antropologia cultural americana contemporânea tem importância neste ponto.

83. Veja-se o conceito de "choque cultural" na antropologia cultural americana contemporânea.

"emigrar" do universo tradicional ou, perigo ainda mais sério, transformar a velha ordem à imagem da nova. É fácil imaginar, por exemplo, como o advento dos gregos patriarcais deve ter subvertido o universo das sociedades matriarcais então existentes ao longo do Mediterrâneo oriental. O universo grego deve ter exercido considerável atração sobre os indivíduos do sexo *masculino* dominados pelas mulheres destas sociedades. E sabemos que a Grande Mãe causou uma profunda impressão sobre os próprios gregos. A mitologia grega está cheia de elaborações conceituais que demonstram a necessidade de levar em consideração este problema.

É importante acentuar que os mecanismos conceituais da conservação do universo são eles próprios produtos da atividade social, assim como todas as formas de legitimação, e só raramente podem ser compreendidos separadamente das outras atividades da coletividade em questão. Especificamente, o êxito de particulares mecanismos conceituais relaciona-se com o poder possuído por aqueles que operam com eles[84]. O confronto com universos simbólicos distintos implica um problema de poder, a saber, qual das definições da realidade em conflito ficará "fixada" na sociedade. Duas sociedades que se defrontam com universos em conflito desenvolverão ambas mecanismos conceituais destinados a manter seus respectivos universos. Do ponto de vista da plausibilidade intrínseca as duas formas de conceitualização podem parecer ao observador externo oferecer pequena escolha. Qual das duas ganhará, contudo, é coisa que dependerá mais do poder do que da engenhosidade teórica dos respectivos legitimadores. É possível imaginar que mistagogos olímpicos e ctônicos igualmente requintados reúnam-se em consultas ecumênicas, discutindo os méritos de seus respectivos universos *sine ira et studio*, mas é mais provável que a questão seja decidida no nível menos rarefeito do poder militar. O desfecho histórico de todo choque entre deuses foi determinado

---

84. Marx desenvolveu detalhadamente a relação entre poder material e "êxito conceitual". Cf. as formulações bem conhecidas deste assunto em *A ideologia alemã*: "Die Gedanken der herrschenden Klasse sind in jeder Epoche die herrschenden Gedanken" (*Frühschriften*, Kröner, editor, p. 373).

por aqueles que empunhavam as melhores armas e não por aqueles que possuíam os melhores argumentos. A mesma coisa evidentemente pode dizer-se dos conflitos internos da sociedade, nesta ordem de problemas. Quem tem a vara mais comprida tem maior probabilidade de impor suas definições da realidade. Esta é uma suposição segura que se pode fazer a respeito de qualquer grande coletividade, embora haja sempre a possibilidade de teóricos politicamente desinteressados convencerem uns aos outros, sem recorrerem a meios mais brutais de persuasão.

Os mecanismos conceituais que mantêm os universos simbólicos acarretam sempre a sistematização de legitimações cognoscitivas e normativas, que já estavam presentes na sociedade de modo mais ingênuo e que cristalizam no universo simbólico em questão. Em outras palavras, o material do qual são feitas as legitimações de conservação do universo é principalmente uma elaboração posterior, em um nível mais alto de integração teórica, das legitimações das várias instituições. Assim, existe habitualmente uma continuidade entre os esquemas explicativos e exortativos, que servem de legitimação no nível teórico mais baixo, e as imponentes construções intelectuais que explicam o cosmo. A relação entre conceitualização cognoscitiva e normativa, neste caso, como em todos os outros, é empiricamente fluida, pois as conceitualizações normativas implicam sempre certos pressupostos cognoscitivos. A distinção analítica é no entanto útil, especialmente porque chama a atenção para os graus variáveis de diferenciação entre estas duas esferas conceituais.

Seria evidentemente absurdo tentar fazer aqui um exame detalhado dos diferentes mecanismos conceituais de conservação dos universos, dos quais historicamente temos conhecimento[85]. Mas algumas poucas observações sobre certos notáveis tipos de mecanismos conceituais seguem uma ordem, mitologia, teologia, filosofia e ciência. Sem propor um esquema evolucionista para estes tipos,

---

85. Pareto é quem mais se aproxima da redação de uma história do pensamento em termos sociológicos, o que o torna importante para a sociologia do conhecimento, independentemente das reservas que se possa fazer a seu quadro teórico de referência. Cf. BERGER, B. *Vilfredo Pareto and the Sociology of Knowledge* [tese de doutoramento inédita, New School for Social Research, 1964].

pode dizer-se com segurança que a mitologia representa a forma mais arcaica de manutenção do universo, pois de fato representa a forma mais arcaica de legitimação em geral.[86] Muito provavelmente a mitologia é uma fase necessária no desenvolvimento do pensamento humano enquanto tal.[87] Em qualquer caso, as mais antigas conceitualizações de conservação de universo de que temos conhecimento são de forma mitológica. Para nossos propósitos é suficiente definir a mitologia como uma concepção da realidade que postula a contínua penetração do mundo da experiência cotidiana por forças sagradas[88]. Esta concepção acarreta naturalmente um alto grau de continuidade entre a ordem social e a ordem cósmica, e entre todas as suas respectivas legitimações[89]. A realidade inteira aparece como sendo constituída de um único tecido.

A mitologia, enquanto mecanismo conceitual, está mais próxima do nível ingênuo do universo simbólico, nível no qual há o mínimo de necessidade de conservação teórica do universo, além da suposição prática do universo em questão como realidade objetiva. Isto explica o fenômeno historicamente recorrente de inconsistentes tradições mitológicas continuarem a existir lado a lado com uma integração teórica. Tipicamente, a inconsistência só é sentida *depois* que as tradições se tornaram problemáticas e já foi realizada alguma espécie de integração. A "descoberta" desta inconsistência (ou, se preferirmos, sua suposição *ex post facto*) é em geral feita pelos especialistas na tradição, que são também os mais comuns integradores dos temas tradicionais separados. Uma vez sentida a ne-

---

86. Isto lembra a "lei dos três estados" de Augusto Comte. Não podemos aceitá-la, evidentemente, mas pode ainda ser útil ao sugerir que a consciência se desenvolve em estágios historicamente reconhecíveis, embora não se possa concebê-los à maneira de Comte. Nossa própria compreensão deste assunto está mais próxima do enfoque hegeliano e marxista da historicidade do pensamento humano.

87. Lévy-Bruhl e Piaget sugerem que a mitologia constitui um estágio necessário no desenvolvimento do pensamento. Para uma sugestiva discussão das raízes biológicas do pensamento mitológico e mágico, cf. GEHLEN, A. *Studien zur Anthropologit und Soziologie*. Neuwied/Rhein: Luchterhand, 1963, p. 79ss.

88. Nossa concepção da mitologia é influenciada aqui pelos trabalhos de Gerardus van der Leeuw, Mircea Eliade e Rudolf Bultmann.

89. Sobre a continuidade entre as ordens social e cósmica na consciência mitológica, compare-se novamente com o trabalho de Eliade e Voegelin.

cessidade de integração, as consequentes reconstruções mitológicas podem alcançar considerável grau de complicação teórica. O exemplo de Homero basta para demonstrar este ponto.

A mitologia aproxima-se também do nível ingênuo pelo fato de que, embora haja especialistas em tradição mitológica, seu conhecimento não se diferencia muito do que é geralmente conhecido. A iniciação na tradição ministrada por estes especialistas pode ser difícil em seus modos extrínsecos. Pode limitar-se a candidatos selecionados, a ocasiões ou épocas especiais e implicar árdua preparação ritual. É, porém, raramente difícil em termos das qualidades intrínsecas do próprio corpo de conhecimento, que não é difícil de adquirir. Para salvaguardar as pretensões monopolistas dos especialistas é preciso estabelecer institucionalmente a impossibilidade de acesso ao seu conhecimento. Isto é, exige-se um "segredo", e um corpo de conhecimento intrinsecamente esotérico é institucionalmente definido em termos esotéricos. Uma breve olhadela nas "relações públicas" das rodas contemporâneas dos teóricos revelará que esta antiga prestidigitação está longe de ter morrido hoje em dia. Apesar de tudo, há importantes diferenças sociológicas entre as sociedades nas quais todas as conceitualizações de conservação do universo são mitológicas e as sociedades em que essas conceitualizações não têm tal caráter.

Os sistemas mitológicos mais elaborados esforçam-se por eliminar as inconsistências e conservar o universo mitológico em termos teoricamente integrados. Estas mitologias "canônicas", por assim dizer, evoluem para a conceitualização teológica propriamente dita. Para nossa finalidade atual, o pensamento teológico pode distinguir-se de seu predecessor mitológico simplesmente em termos de seu maior grau de sistematização teórica. Os conceitos teológicos estão mais distantes do nível ingênuo. O cosmo pode ainda ser concebido em termos das forças sagradas ou dos seres da velha mitologia, mas estas entidades sagradas foram removidas para uma distância maior. O pensamento mitológico opera dentro da continuidade entre o mundo humano e o mundo dos deuses. O pensamento teológico serve de mediação entre esses dois mundos precisamente porque sua continuidade original parece agora quebrada. Com a transição da mitologia para a teologia, a vida cotidiana parece menos continuamente penetrada por forças sagradas. O corpo de conhecimento teológico é, por conseguinte, mais afastado do acervo geral do conhecimento da sociedade e torna-se assim *intrinsecamente* mais difícil de adquirir. Mesmo quando não é deliberadamente institucionalizado com caráter esotérico, permanece "secreto" em virtude de ser ininteligível para a plebe em geral. Isto tem como outra consequência o fato da plebe poder permanecer relativamente inatingida pelas requintadas teorias de conservação do universo maquinadas pelos especialistas em teologia. A coexistência da mitologia ingênua entre as massas e uma complexa teologia entre as elites de teóricos, *ambas* servindo para conservar o mesmo universo simbólico, é um fenômeno histórico frequente. Somente tendo em vista este fenômeno é possível, por exemplo, chamar as sociedades tradicionais do Extremo Oriente "budistas", ou, igualmente, chamar a sociedade medieval "cristã".

A teologia é paradigmática desta última conceitualização filosófica e científica do cosmo. Embora a teologia possa estar mais próxima da mitologia no conteúdo religioso de suas definições da realidade, está mais próxima das mais recentes conceitualizações secularizadas em sua localização social. Ao contrário da mitologia, as outras três formas historicamente dominantes de mecanismos conceituais passam a ser propriedade de elites de especialistas, cujos corpos de conhecimento foram crescentemente afastados do conhecimento comum da sociedade em conjunto. A ciência moderna é um passo extremo nesse desenvolvimento e na secularização e complicação da conservação do universo. A ciência não somente completa o afastamento da forma sagrada em relação ao mundo da vida cotidiana, mas retira desse mundo o conhecimento conservador do universo como tal. A vida cotidiana fica privada da legitimação sagrada e do tipo de inteligibilidade teórica que a ligaria com o universo simbólico em sua pretendida totalidade. Dito de maneira mais simples, o membro "leigo" da sociedade não sabe mais como tem de manter conceitualmente seu universo, embora evidentemente ainda saiba quem são aqueles que presumem ser os especialistas da conservação do universo. Os interessantes problemas propostos por esta situação pertencem a uma sociologia empírica do conhecimento da sociedade contemporânea e não podem ser examinados mais a fundo neste contexto.

Não é preciso dizer que os tipos de mecanismos conceituais aparecem historicamente em inumeráveis modificações e combinações, e que os tipos que examinamos não esgotam necessariamente o assunto. Mas há duas aplicações do mecanismo conceitual de conservação do universo que ainda resta discutir no contexto da teoria geral: a terapêutica e a aniquilação.

A terapêutica acarreta a aplicação do mecanismo conceitual a fim de assegurar que os discordantes atuais ou potenciais se conservem dentro das definições institucionalizadas da realidade, ou, em outras palavras, impedir que os "habitantes" de um dado universo "emigrem". Realiza isso aplicando o aparelho legitimador aos "casos" individuais. Desde que, conforme vimos, toda sociedade enfrenta o perigo de dissidência individual, podemos admitir que a terapêutica, de uma forma ou de outra, é um fenômeno social global. Seus dispositivos institucionais específicos, do exorcismo à psicanálise, da assistência pastoral aos programas de aconselhamento pessoal, pertencem naturalmente à categoria do controle social. Aqui interessa-nos, porém, o aspecto *conceitual* da terapêutica. Tendo a terapêutica de ocupar-se com os desvios das definições "oficiais" da realidade, deve criar um mecanismo conceitual para explicar esses desvios e conservar as realidades assim ameaçadas. Isto requer um corpo de conhecimento que inclui uma teoria da dissidência, um aparelho de diagnóstico e um sistema conceitual para a "cura das almas".

Por exemplo, numa coletividade que institucionalizou a homossexualidade militar, o indivíduo obstinadamente heterossexual é um candidato seguro à terapêutica, não somente porque seus interesses sexuais constituem evidente ameaça à eficiência de combate de sua unidade de guerreiros-amantes, mas também porque seu desvio é psicologicamente subversivo para a virilidade espontânea dos outros. Afinal de contas, alguns destes, talvez "subconscientemente", podem ser tentados a seguir seu exemplo. Em um nível mais fundamental, a conduta do dissidente desafia a realidade social como tal, pondo em questão seus procedimentos operatórios cognoscitivos admitidos como certos ("os homens viris por natureza amam uns aos outros"), e os procedimentos normativos ("os homens viris *devem* amar uns aos outros"). De fato, o dissidente provavelmente representa um insulto vivo aos deuses, que amam uns aos outros no céu, assim como seus devotos na terra. Este desvio radical requer uma prática terapêutica solidamente fundada numa teoria terapêutica. É preciso haver uma teoria do desvio (uma "patologia") que explica esta condição chocante (digamos, postulando a possessão demoníaca). É preciso haver um corpo de conceitos diagnósticos (digamos, uma sintomatologia, com práticas apropriadas para aplicá-la em julgamentos por ordálio), que não somente permita de maneira ótima a precisa especificação das condições agudas, mas também descobre a "heterossexualidade latente" e a rápida tomada de medidas preventivas. Finalmente, deve haver uma conceitualização do processo curativo (digamos, um catálogo de técnicas de exorcismos, cada qual com adequada fundamentação teórica).

Este mecanismo conceitual permite sua aplicação terapêutica pelos especialistas adequados e pode também ser interiorizado pelo indivíduo que sofre da condição dissidente. A interiorização em si mesmo terá eficácia terapêutica. Em nosso exemplo, o mecanismo conceitual pode ser organizado de tal maneira que desperte a culpa no indivíduo (digamos, um "pânico heterossexual"), façanha não demasiado difícil se sua socialização primária teve ao menos um êxito mínimo. Sob a pressão desta culpa, o indivíduo chegará a aceitar subjetivamente a conceitualização de sua condição com a qual os profissionais terapêuticos o fazem defrontar-se. Cria uma "visão interior", e o diagnóstico torna-se subjetivamente real para ele. O mecanismo conceitual pode ser ainda mais desenvolvido a fim de permitir a conceitualização (e assim a liquidação conceitual) de quaisquer dúvidas a respeito da terapêutica sentida ou pelo terapeuta ou pelo "paciente". Por exemplo, pode haver uma teoria da "resistência", para explicar as dúvidas deste último, e uma teoria da "contratransferência", para explicar as dúvidas do primeiro. A terapêutica eficaz estabelece uma simetria entre o mecanismo conceitual e sua apropriação subjetiva pela consciência do indivíduo. Ressocializa o transviado, reintroduzindo-o na realidade objetiva do universo simbólico da sociedade. Evidentemente existe uma grande satisfação subjetiva por motivo deste retorno à "normalidade". O indivíduo pode agora retornar ao amoroso abraço do comandante de seu pelotão com o feliz conhecimento de se ter "encontrado a si mesmo", e de mais uma vez estar certo aos olhos dos deuses.

A terapêutica usa o mecanismo conceitual para manter todos dentro do universo em questão. A aniquilação por sua vez usa um mecanismo semelhante para liquidar conceitualmente tudo que está situado *fora* deste mesmo universo. Este procedimento pode também ser considerado uma espécie de legitimação negativa. A legitimação conserva a realidade do universo socialmente construído; a aniquilação *nega* a realidade de qualquer fenômeno ou interpretação de fenômenos que não se ajustam nesse universo. Isto pode ser realizado de duas maneiras. Primeiramente, é possível dar um *status* ontológico negativo aos fenômenos de desvio, com ou sem intenção terapêutica. A aplicação aniquiladora realizada pelo mecanismo conceitual é em geral mais usada com indivíduos ou grupos estranhos à sociedade em questão e por isso inelegíveis para a terapêutica. A operação conceitual nesse caso é bastante simples. A ameaça às definições sociais da realidade é neutralizada atribuindo-se um *status* ontológico inferior, e com isso um *status* cognoscitivo que não deve ser levado a sério, a todas as definições existentes fora do universo simbólico. Assim, a ameaça da vizinhança de grupos anti-homossexuais pode ser conceitualmente liquidada por nossa sociedade homossexual considerando esses vizinhos como seres inferiores aos homens, inatamente desnorteados a respeito da correta ordem das coisas, vivendo em uma insanável obscuridade cognoscitiva. O silogismo fundamental é o seguinte: os vizinhos são uma tribo de bárbaros. Os vizinhos são anti-homossexuais. Por conseguinte, sua anti-homossexualidade é um absurdo bárbaro, que não deve ser tomado a sério por homens razoáveis. O mesmo procedimento conceitual pode sem dúvida ser também aplicado aos transviados dentro da sociedade. Quer se passe da aniquilação à terapêutica, quer se empreenda a liquidação física do que se liquidou conceitualmente, isto é apenas uma questão de política prática. O poder material do grupo conceitualmente liquidado na maioria dos casos não será um fator insignificante. Às vezes, infelizmente, as circunstâncias nos forçam a manter relações cordiais com bárbaros.

Em segundo lugar, a aniquilação implica a tentativa mais ambiciosa de explicar todas as definições dissidentes da realidade em *termos* de conceitos pertencentes ao nosso próprio universo. Num quadro de referência teológico isto acarreta a transição da heresiologia à apologética. As concepções transviadas não recebem simplesmente um *status* negativo, são atacadas teoricamente em detalhes. O objetivo final deste procedimento é *incorporar* as concepções dissidentes ao nosso próprio universo, e com isso em última análise liquidá-las. As concepções dissidentes devem portanto ser *traduzidas* em conceitos derivados de nosso próprio universo. Desta maneira, a negação de nosso universo transmuta-se sutilmente na afirmação dele. Há sempre a pressuposição de que o negador não sabe realmente o que está dizendo. Suas afirmações só adquirem sentido quando são traduzidas em termos mais "corretos", isto é, em termos derivados do universo por ele negado. Por exemplo, nossos teóricos homossexuais podem argumentar que todos os homens são por natureza homossexuais. Os que negam isto, em virtude de estarem possuídos por demônios ou simplesmente por serem bárbaros, estão negando sua própria natureza. Bem no fundo de si mesmos, sabem que isto é assim. Basta, portanto, investigar cuidadosamente seus enunciados para descobrir o caráter defensivo e a má-fé da posição deles. Seja lá o que for que digam neste assunto, isso pode assim ser traduzido em uma afirmação do universo homossexual, que eles ostensivamente negam. Num quadro de referência teológico o mesmo procedimento demonstra que o demônio involuntariamente glorifica Deus, que toda descrença é apenas desonestidade inconsciente, até mesmo que o ateu é *realmente* um crente.

As aplicações terapêutica e aniquiladora dos mecanismos conceituais são inerentes ao universo simbólico enquanto tal. Se o universo simbólico tem de abranger a realidade, não é possível deixar que alguma coisa fique fora de seu âmbito conceitual. Em princípio, de qualquer maneira suas definições da realidade devem abranger a totalidade do ser. Os mecanismos conceituais com os quais se tenta fazer esta totalização variam historicamente em grau de complexidade. *In nuce* aparecem logo que o universo simbólico cristalizou-se.

c) A organização social para a manutenção do universo

Sendo produtos históricos da atividade humana, todos os universos socialmente construídos modificam-se, e a transformação é realizada pelas ações concretas dos seres humanos. Se nos deixarmos absorver pela complexidade dos mecanismos conceituais pelos quais é mantido qualquer universo específico, podemos esquecer este fato sociológico fundamental. A realidade é socialmente definida. Mas as definições são sempre *encarnadas*, isto é, indivíduos concretos e grupos de indivíduos servem como definidores da realidade. Para entender o estado do universo socialmente construído em qualquer momento, ou a variação dele com o tempo, é preciso entender a organização social que permite aos definidores fazerem sua definição. Dito um pouco rudemente, é essencial insistir nas questões sobre as conceitualizações da realidade historicamente acessíveis, do abstrato "O quê?" ao sociologicamente concreto "Quem diz?"[90]

Como vimos, a especialização do conhecimento e a concomitante organização do pessoal para ministrar os corpos especializados de conhecimento desenvolvem-se como resultado da divisão do trabalho. É possível conceber um estágio primitivo deste desen-

---

90. Nossas premissas teóricas deixarão claro que não podemos entrar aqui em detalhes sobre as questões da "sociologia dos intelectuais". Além da importante obra de Mannheim sobre este assunto (que se encontra especialmente em *Ideology and Utopia* e *Essays on the Sociology of Culture*), cf. ZNANIECKI, F. *The Social Role of the Man of Knowledge*. Nova York: Columbia University Press, 1940. • GEIGER, T. *Aufgaben und Stellung der Intelligenz in der Gesellschaft*. Stuttgart, 1949. • ARON, R. *L'opium des Intellectuels*. Paris: 1955. • DE HUSZAR, G.B. (ed.). *The Intellectuals*. Nova York: Free Press of Glencoe, 1960.

volvimento no qual não há competição entre os diferentes peritos. Cada área de especialização está definida pelos fatos pragmáticos da divisão do trabalho. O perito em caça não pretenderá ser perito em pesca e assim não terá motivo para entrar em competição com quem tem este último conhecimento.

À medida que vão surgindo formas mais complexas de conhecimento e se constitui um excedente econômico, os peritos devotam-se em regime de tempo integral aos assuntos de sua competência, que, com o desenvolvimento dos mecanismos conceituais, podem tornar-se cada vez mais distantes das necessidades pragmáticas da vida cotidiana. Os peritos nestes corpos rarefeitos de conhecimento pretendem possuir um novo *status*. Não são apenas peritos neste ou naquele setor do acervo societário do conhecimento, mas pretendem ter a suprema jurisdição sobre este acervo do conhecimento em totalidade. São, literalmente, especialistas universais. Isto *não* significa que pretendem saber tudo, mas apenas que pretendem saber o significado último do que todo mundo sabe e faz. Outros homens podem continuar a ocupar-se em setores particulares da realidade, mas aqueles pretendem ser especialistas nas definições supremas da realidade enquanto tal.

Este estágio no desenvolvimento do conhecimento tem várias consequências. A primeira, que já mencionamos, é a emergência da teoria pura. Como os peritos universais operam num nível de considerável abstração das vicissitudes da vida cotidiana, tanto os outros quanto eles próprios podem concluir que suas teorias não têm qualquer relação com a vida corrente da sociedade, mas existem numa espécie de céu platônico de ideação a-histórica e associal. Isto evidentemente é uma ilusão, mas pode ter grande força sócio-histórica, em virtude da relação entre os processos de definição da realidade e os processos de produção da realidade.

Uma segunda consequência é o fortalecimento do tradicionalismo nas ações institucionalizadas que são assim legitimadas, isto é, o reforço da tendência inerente da institucionalização à inércia[91]. O hábito e a institucionalização limitam por si mesmos a fle-

---

91. Sobre a "inércia" institucional reforçada pelas legitimações últimas ("fidelidade" de Simmel), veja-se ao mesmo tempo Durkheim e Pareto.

xibilidade das ações humanas. As instituições tendem a perdurar, a menos que se tornem "problemáticas". As legitimações supremas reforçam inevitavelmente esta tendência. Quanto mais abstratas são as legitimações menos probabilidade têm de se modificarem de acordo com as exigências pragmáticas variáveis. Se existe a tendência a deixar tudo continuar como antes, esta tendência é evidentemente fortalecida se houver excelentes razões para assim proceder. Isto significa que as instituições podem perdurar mesmo quando, aos olhos de um observador externo, perderam sua original funcionalidade ou praticabilidade. As pessoas fazem certas coisas não porque *dão resultado*, mas porque *são certas* – isto é, certas em termos das supremas definições da realidade promulgadas pelos especialistas no universal[92].

O surgimento de um pessoal em regime de tempo integral para a legitimação da conservação do universo também traz consigo a ocasião de conflitos sociais. Alguns destes conflitos travam-se entre especialistas e profissionais. Estes últimos, por motivos que não precisam ser esmiuçados, podem chegar a indignar-se com as grandiosas pretensões dos peritos e os privilégios sociais concretos que as acompanham. Aquilo que é provavelmente muito irritante resume-se na pretensão dos peritos de conhecer o significado supremo da atividade dos profissionais melhor do que estes mesmos. Estas rebeliões por parte dos "leigos" podem conduzir ao aparecimento de definições rivais da realidade e finalmente ao surgimento de novos peritos, tendo a seu cargo as novas definições. A Índia antiga oferece-nos algumas das melhores ilustrações históricas deste fato. Os brâmanes, em sua qualidade de peritos na realidade última, tiveram êxito em grau espantoso na imposição de suas definições da realidade à sociedade. Qualquer que tenha sido sua origem, foi na qualidade de construção dos brâmanes que o sistema de castas se expandiu ao longo de um período de séculos até cobrir a maior parte do subcontinente indiano. Na realidade, os brâma-

---

92. É precisamente neste ponto que qualquer interpretação funcionalista das instituições se revela mais fraca, tendendo a procurar coisas práticas que na verdade não existem.

nes eram convidados por um príncipe governante depois do outro para servirem como "engenheiros sociais" para a implantação do sistema em novos territórios (em parte porque o sistema era visto como idêntico à civilização superior, e em parte também, sem dúvida, porque os príncipes compreenderam sua imensa capacidade de controle social). O Código de Manu dá-nos uma excelente ideia tanto do projeto dos brâmanes para a sociedade quanto das vantagens, de todo mundanas, que os brâmanes conquistaram em consequência de serem aceitos como os planejadores cosmicamente estabelecidos. Era inevitável, contudo, que surgissem conflitos entre os teóricos e os profissionais do poder nesta situação. Os últimos eram representados pelos Xátrias, a casta militar e principesca. A literatura épica da Índia Antiga, o Mahabharata e o Ramaiana, dão eloquente testemunho deste conflito. Não foi por acaso que as duas grandes rebeliões teóricas contra o universo dos brâmanes, o jainismo e o budismo, tiveram sua localização social na casta dos Xátrias. Não é preciso dizer que as redefinições jainistas e budistas da realidade produziram seu próprio pessoal especialista, conforme provavelmente também aconteceu com os poetas épicos que desafiaram o universo dos brâmanes de maneira menos compreensiva e menos requintada[93].

Isto nos põe em face de outra possibilidade igualmente importante de conflito, e que ocorre entre grupos rivais de peritos. Enquanto as teorias continuam a ter aplicações práticas imediatas, qualquer rivalidade que possa existir é facilmente harmonizada por meio da prova prática. Pode haver teorias competidoras relativas à caçada do javali, nas quais partidos rivais de especialistas em caça criam interesses adquiridos. A questão pode ser decidida com relativa facilidade verificando-se qual das teorias conduz a matar maior quantidade de javalis. Esta possibilidade não existe para decidir, por exemplo, entre uma teoria politeísta e outra henoteísta do universo. Os teóricos respectivos são forçados a substituir a argumentação abstrata às provas práticas. Por sua própria natureza

---

93. Sobre o conflito Brama/Xátria, consulte-se a obra de Weber sobre a sociologia da religião na Índia.

esta argumentação não traz a convicção inerente ao sucesso pragmático. Aquilo que é convincente para um homem pode não ser para outro. Não podemos realmente censurar estes teóricos se recorrem a vários resistentes suportes para o frágil poder do simples argumento, como, por exemplo, conseguir que as autoridades empreguem a força armada para fortalecer um argumento contra seus competidores. Em outras palavras, as definições da realidade podem ser reforçadas pela polícia. Isto, diga-se de passagem, não significa que estas definições serão menos convincentes que as aceitas "voluntariamente", pois o poder na sociedade inclui o poder de determinar os processos decisivos de socialização e, portanto, o poder de *produzir* a realidade. Em qualquer caso, as simbolizações altamente abstratas (isto é, as teorias enormemente afastadas da experiência concreta da vida cotidiana) são corroboradas mais pelo suporte social do que pelo suporte empírico[94]. É possível dizer que desta maneira reintroduz-se um pseudopragmatismo. É possível dizer ainda que as teorias são convincentes porque *dão resultado*, isto é, dão resultado no sentido de se tornarem o conhecimento padrão e considerado certo na sociedade em questão.

Estas considerações implicam haver sempre uma base social estrutural para a competição entre definições rivais da realidade e que o desfecho da realidade pode ser afetado, quando não diretamente determinado, pelo desenvolvimento desta base. É perfeitamente possível que formulações teóricas abstrusas sejam maquinadas quase inteiramente isoladas dos amplos movimentos que se processam na estrutura social, e nesses casos a competição entre especialistas rivais ocorre em uma espécie de vazio social. Por exemplo, dois partidos de derviches eremitas podem continuar discutindo sobre a natureza última do universo no meio do deserto, sem haver ninguém de fora que tenha o menor interesse na disputa. Logo, porém, que um ou outro desses pontos de vista chegam aos ouvidos da sociedade circunstante haverá interesses gran-

---

94. Sobre a validação de proposições difíceis de comprovar empiricamente, cf. FESTINGER, L. *A Theory of Cognitive Dissonance*. Evanston, Ill.: Row, Peterson and Co., 1957).

demente extrateóricos que decidirão o desfecho da rivalidade. Diferentes grupos sociais terão afinidades diferentes com as teorias em competição e consequentemente se tornarão "portadores" destas últimas[95]. Assim, a teoria A dos derviches pode atrair o estrato superior da sociedade em questão, enquanto a teoria B dos derviches atrairá o estrato médio, por motivos inteiramente distantes das paixões que animaram os inventores originais dessas teorias. As rodas rivais de peritos terão então de se ligarem aos grupos "portadores" e seu destino subsequente dependerá do resultado de qualquer conflito que levou esses grupos a adotarem as respectivas teorias. Definições rivais da sociedade são decididas, assim, na esfera dos interesses sociais rivais, e essa rivalidade por sua vez "se traduz" em termos teóricos. A questão de saber se os peritos rivais e seus respectivos partidários são "sinceros" na relação subjetiva com as teorias em questão é coisa de interesse apenas secundário para a compreensão sociológica destes processos.

Quando não somente surge uma competição teórica, mas também uma competição prática entre grupos de especialistas dedicados a diferentes definições supremas da realidade, a despragmatização da teoria é invertida e o poder pragmático das teorias em questão torna-se extrínseco, isto é, "demonstra-se" que uma teoria é praticamente superior não em virtude de suas qualidades intrínsecas, mas por sua aplicabilidade aos interesses sociais do grupo que se tornou "portador" dela. Há considerável variabilidade histórica na organização social de peritos teóricos, como resultado desta situação. Embora seja evidentemente impossível apresentar aqui uma tipologia exaustiva, será útil examinar alguns dos tipos mais gerais.

Há em primeiro lugar, talvez paradigmaticamente, a possibilidade dos peritos universais deterem o monopólio efetivo de todas as definições supremas da realidade em uma sociedade. Esta situação pode ser considerada paradigmática porque há boas razões para pensar que é típica das fases primitivas da história humana. Este monopólio significa que uma única tradição simbólica man-

---

95. O termo "afinidade" (*Wahlverwandschaft*) deriva de Scheler e Weber.

têm o universo em questão. Estar na sociedade implica, portanto, a aceitação desta tradição. Os especialistas na tradição recebem o devido reconhecimento virtualmente por parte de todos os membros da sociedade e não têm competidores reais com quem se defrontar. Todas as sociedades primitivas empiricamente abertas à nossa inspeção parecem catalogar-se neste tipo e, com algumas modificações, o mesmo se pode dizer da maioria das civilizações arcaicas[96]. Isto não implica que em tais sociedades não haja cépticos, que todos tenham sem exceção interiorizado totalmente a tradição, mas antes que se algum ceptismo existe não foi socialmente organizado para desafiar os partidários da tradição "oficial"[97].

Nesta situação a tradição monopolista e seus ministradores especialistas são sustentados por uma estrutura unificada de poder. Aqueles que ocupam as posições decisivas de poder estão prontos para usar seu poder a fim de impor as definições tradicionais da realidade à população submetida à sua autoridade. As conceitualizações do universo potencialmente competidores são liquidadas logo assim que aparecem, quer fisicamente destruídas ("quem não cultua os deuses deve morrer"), quer integradas na própria tradição (os peritos no universal argumentarão que o panteon Y competidor não é "realmente" outra coisa senão um aspecto ou uma nomenclatura do panteon tradicional X). Neste último caso, se os peritos têm êxito em suas argumentações e a competição é liquidada por "incorporação", por assim dizer, a tradição sai enriquecida e diferenciada. A competição pode também ser segregada no interior da sociedade, tornando-se assim inócua no que respeita ao monopólio tradicional, por exemplo, nenhum membro do grupo conquistador ou dominante pode cultuar deuses do tipo Y, mas as camadas subjugadas ou inferiores podem. A mesma segregação protetora pode ser aplicada aos estrangeiros ou "povos hóspedes"[98].

---

96. Sobre as definições monopolistas da realidade nas sociedades primitiva e arcaica, compare-se com Durkheim e Voegelin.

97. O trabalho de Paul Radin sugere que o ceticismo é possível mesmo nestas situações monopolistas.

98. O termo "povos hóspedes" (*Gastvölker*) deriva de Weber.

O cristianismo medieval (que certamente não pode ser chamado primitivo ou arcaico, mas era uma sociedade com um eficiente monopólio simbólico) oferece ilustrações de todos os três procedimentos de liquidação. A heresia clara tinha de ser fisicamente destruída, quer se corporificasse em um indivíduo (por exemplo, uma feiticeira) quer numa coletividade (assim, a comunidade albigense). Ao mesmo tempo, a Igreja, sendo a guardiã monopolista da tradição cristã, mostrava-se muito flexível em incorporar à tradição um grande número de crenças e práticas populares, desde que estas não se solidificassem em desafios heréticos organizados, ameaçando o universo cristão enquanto tal. Não tinha a menor importância que os camponeses tomassem um de seus velhos deuses, "batizassem-no" como santo cristão, e continuassem a contar as velhas histórias e a celebrar as antigas festas que lhe eram dedicadas. E pelo menos certas definições competidoras da realidade podiam conservar-se segregadas dentro do cristianismo sem serem consideradas como ameaças para ele. O caso mais importante, sem dúvida, é o dos judeus, embora situações semelhantes também surgissem nos lugares em que os cristãos e muçulmanos eram forçados a viverem uns junto dos outros em tempos de paz. Este tipo de segregação, diga-se de passagem, também protegia os universos judaico e muçulmano da "contaminação" cristã. Durante o tempo em que as definições competidoras da realidade podem ser segregadas conceitual e socialmente como sendo próprias de estrangeiros, e *ipso facto* como destituídas de importância para a parte dominante, é possível haver relações cordiais com estes estrangeiros. A dificuldade começa quando o "caráter de ser estrangeiro" irrompe, e o universo dissidente aparece como um possível habitat para o nosso próprio povo. Neste ponto é provável que os especialistas na tradição apelem para o fogo e a espada, ou, no lado oposto da alternativa, se acontece ser impraticável empregar o fogo e a espada, entrem em negociações ecumênicas com os competidores.

As situações monopolistas desta espécie pressupõem um alto grau de estabilidade da estrutura social, sendo situações por si mesmas estruturalmente estabilizadoras. As definições tradicionais da realidade inibem a mudança social. Inversamente, o desmoronamento da aceitação indisputada do monopólio acelera a mudança social. Não nos deveria portanto surpreender a existência de uma profunda afinidade entre os indivíduos que têm interesse em conservar as posições estabelecidas de poder e o "pessoal incumbido de ministrar as tradições monopolistas de manutenção do universo. Em outras palavras, as forças políticas conservadoras têm a tendência a dar apoio às pretensões monopolistas dos peritos no universal, cujas organizações monopolistas por sua vez tendem a ser politicamente conservadoras. Historicamente, é claro, a maioria destes monopólios foram religiosos. É possível, por conseguinte, dizer que as igrejas, consideradas como combinações monopolistas de peritos, em regime de tempo integral, na definição religiosa da realidade são inerentemente conservadoras, logo que conseguem estabelecer seu monopólio em uma dada sociedade. Inversamente, os grupos dominantes que têm interesse na manutenção do *status quo* político são essencialmente eclesiásticos em sua orientação religiosa e, como prova, verifica-se desconfiarem de todas as inovações na tradição religiosa[99].

As situações monopolistas podem malograr em se estabelecerem ou se manterem por grande número de razões históricas, "internacionais" e "domésticas". É possível então que uma luta entre tradições competidoras, e seu pessoal administrativo, continue por um longo tempo. Quando uma particular definição da realidade chega a se ligar a um interesse concreto de poder, pode ser chamado uma ideologia[100]. Deveria acentuar-se que este termo tem pouca utilidade se for aplicado ao tipo de situação monopolista acima discutido. Tem pouco sentido, por exemplo, falar do cristianismo como uma ideologia na Idade Média – embora tivesse evidente

---

99. Sobre a afinidade entre as forças politicamente conservadoras e os monopólios religiosos ("igrejas"), compare-se com a análise da hierocracia, feita por Weber.

100. O termo "ideologia" tem sido usado em sentidos tão diferentes que é possível perder a esperança de usá-lo de alguma maneira precisa. Decidimos conservá-lo, em um sentido estreitamente definido, porque é útil de tal maneira e preferível a um neologismo. Não se trata aqui de discutir as transformações do termo na história do marxismo e da sociologia do conhecimento. Para uma visão geral útil cf. LENK, K. (ed.). *Ideologie.*

uso político para os grupos dominantes – pela simples razão de que o universo cristão era "habitado" por toda a gente na sociedade medieval, pelos servos tanto quanto pelos senhores. No período que se seguiu à Revolução Industrial, porém, há certa justificação para chamar o cristianismo uma ideologia burguesa, porque a burguesia usou a tradição cristã e seu pessoal na luta contra a nova classe operária industrial, que na maioria dos países europeus não podia mais ser considerada como "habitando" o universo cristão[101]. Tem também pouco sentido usar o termo se duas diferentes definições da realidade se defrontam em um contacto intersocial, por exemplo, se falarmos da "ideologia cristã" dos cruzados e da "ideologia muçulmana" dos sarracenos. O caráter distintivo da ideologia refere-se mais ao fato do *mesmo* universo global ser interpretado de diferentes maneiras, dependendo dos interesses concretos adquiridos dentro da sociedade em questão.

Frequentemente uma ideologia é aceita por um grupo por causa dos elementos teóricos específicos que são proveitosos aos seus interesses. Por exemplo, quando um grupo camponês empobrecido luta contra um grupo mercantil urbano que o escravizou financeiramente, pode reunir-se em torno de uma doutrina religiosa que exalta as virtudes da vida agrária, condena a economia monetária e seu sistema de crédito como imoral, e de modo geral vitupera o luxo da vida urbana. A "vantagem" ideológica desta doutrina para os camponeses é evidente. Encontram-se na história antiga de Israel boas ilustrações deste fato. Seria errôneo contudo imaginar que a relação entre um grupo de interesses e sua ideologia é sempre tão lógica. Todo grupo empenhado num conflito social exige solidariedade. As ideologias geram solidariedade. A escolha de uma ideologia particular não é necessariamente baseada em seus elementos teóricos intrínsecos, mas pode derivar de um encontro, casual. Está longe de ser claro, por exemplo, que foram

---

101. Sobre a relação do cristianismo com a ideologia burguesa, veja-se Marx e Veblen. Uma proveitosa visão geral do tratamento da religião feita pelo primeiro pode ser obtida na antologia *Marx and Engels on Religion* (Moscou: Foreign Languages Publishing House, 1957).

elementos intrínsecos do cristianismo que o tornaram politicamente "interessante" para certos grupos na época de Constantino.
Parece, ao contrário, que o cristianismo (originariamente uma
ideologia da baixa classe média, se alguma coisa foi) veio a ser
aproveitado por poderosos interesses para fins políticos que tinham pouca relação com os conteúdos religiosos. Qualquer outra
coisa teria servido igualmente bem, apenas acontecendo que o
cristianismo chegou num momento crucial de decisão. Evidentemente, logo que a ideologia é adotada pelo grupo em questão
(mais exatamente, logo que uma determinada doutrina *torna-se* a
ideologia do grupo em questão) modifica-se de acordo com os interesses que deve agora legitimar. Isto acarreta um processo de seleção e acréscimo relativamente ao primitivo corpo de proposições
teóricas. Mas não há razões para supor que estas modificações devam afetar a totalidade da doutrina adotada. Pode haver numerosos elementos em uma ideologia que não têm relação com os interesses legitimados, mas que são vigorosamente afirmados pelo grupo "portador" porque este se abrigou sob a ideologia em causa. Na
prática, isto pode levar os detentores do poder a apoiar seus especialistas ideológicos em discussões teóricas de todo irrelevantes para
os seus interesses. O envolvimento de Constantino nas controvérsias
cristológicas de seu tempo é um bom exemplo deste caso.

É importante ter em mente que a maioria das sociedades modernas são pluralistas. Isto significa que compartilham de um universo que é o seu núcleo, aceito como indubitável, e têm diferentes
universos parciais coexistindo em um estado de mútua acomodação. Estes últimos provavelmente têm algumas funções ideológicas, mas o conflito direto entre as ideologias foi substituído por
graus variáveis de tolerância ou mesmo de cooperação. Esta situação, criada por uma constelação de fatores não teóricos, apresenta
aos peritos na tradição graves problemas teóricos. Administrando
uma tradição com seculares pretensões monopolistas, têm de descobrir meios de legitimar teoricamente a desmonopolização que
ocorreu. Às vezes preferem continuar como porta-vozes das velhas
pretensões totalitárias, como se nada tivesse acontecido, mas provavelmente muito poucas pessoas levarão a sério essas pretensões.

Seja o que for que os peritos fizerem, a situação pluralista transforma não somente a posição social das definições tradicionais da realidade, mas também o modo em que essas são sustentadas na consciência dos indivíduos[102].

A situação pluralista supõe uma sociedade urbana, com uma divisão do trabalho altamente desenvolvida, uma diferenciação concomitantemente alta na estrutura social e elevado excedente econômico. Estas condições, que evidentemente prevalecem na sociedade industrial moderna, existiram pelo menos em certos setores das antigas sociedades. As cidades do período greco-romano final podem servir de exemplo. A situação pluralista encontra-se juntamente com condições de rápida mudança social, e na verdade o pluralismo é um fator acelerador precisamente porque ajuda a solapar a eficácia da resistência à mudança das definições tradicionais da realidade. O pluralismo encoraja tanto o cepticismo quanto a inovação, sendo assim eminentemente subversivo da realidade admitida como certa do *status quo* tradicional. É fácil simpatizar com os especialistas nas definições tradicionais da realidade quando relembram nostalgicamente os tempos em que essas definições tinham o monopólio do terreno.

Um tipo historicamente importante de especialista, possível em princípio em qualquer das situações que acabamos de discutir, é o intelectual, que podemos definir como um perito cuja capacidade especializada não é desejada pela sociedade em conjunto[103]. Isto implica a redefinição do conhecimento com relação ao conhecimento "oficial", isto é, implica mais do que uma simples interpretação um tanto dissidente deste último. O intelectual é assim, por definição, um tipo marginal. Saber se começou sendo marginal e em seguida tornou-se intelectual (como é o caso, por exemplo, de muitos intelectuais judeus no Ocidente moderno) ou se sua

---

102. Cf. LUCKMANN, T. *Das Problem der Religion in der modernen Gesellschaft.* Freiburg: Rombach 1963.

103. Nossa concepção do intelectual como o "perito indesejável" não difere muito da insistência de Mannheim sobre a marginalidade do intelectual. Numa definição do intelectual que seja sociologicamente útil é importante, segundo nosso modo de ver, separar claramente este tipo do "homem de conhecimento" em geral.

marginalidade resultou de aberrações intelectuais (caso dos heréticos votados ao ostracismo), é coisa que não nos interessa aqui[104]. Num caso ou noutro, sua marginalidade social exprime a falta de integração teórica no universo da sociedade a que pertencem. O intelectual aparece como um contraespecialista no trabalho de definir a realidade. Tal como o perito "oficial", tem um projeto para a sociedade em conjunto. Mas, enquanto o projeto do primeiro está de acordo com os programas institucionais, e serve para dar-lhes legitimação teórica, o do intelectual existe num vazio institucional, no melhor dos casos objetivado em uma subsociedade de intelectuais da mesma espécie. A capacidade de sobrevivência desta subsociedade depende, evidentemente, de configurações estruturais na sociedade mais ampla. Pode-se dizer com certeza que um certo grau de pluralismo é uma condição necessária.

O intelectual tem várias opções historicamente interessantes que se abrem para ele em sua situação. Pode retirar-se para uma subsociedade intelectual, que servirá então de refúgio emocional e (mais importante) de base social para a objetivação de suas definições dissidentes da realidade. Em outras palavras, o intelectual pode sentir-se "à vontade" na subsociedade e não na sociedade maior, e ao mesmo tempo ser capaz de manter subjetivamente suas concepções dissidentes que a sociedade mais ampla destrói, porque na subsociedade há outros que consideram estas concepções como realidade. Criará, então, vários procedimentos para proteger a realidade precária da subsociedade das ameaças aniquiladoras provenientes de fora. No nível teórico, estes procedimentos incluirão as defesas terapêuticas que discutimos anteriormente. Na prática, um procedimento mais importante será a limitação de todas as relações significativas aos seus companheiros, membros da subsociedade. O estranho é evitado porque corporifica sempre a ameaça de aniquilação. A seita religiosa pode ser considerada

---

104. Sobre a marginalidade dos intelectuais, veja-se a análise, feita por Simmel, da "objetividade" do estrangeiro e a de Veblen sobre o papel intelectual dos judeus.

como o protótipo das subsociedades desta espécie[105]. Dentro da comunidade protetora da seita mesmo as concepções mais desvairadamente dissidentes tomam o caráter de realidade objetiva. Inversamente, a retirada sectária é típica das situações em que as definições da realidade anteriormente objetivada se desintegram, isto é, tornam-se desobjetivadas na sociedade mais ampla. Os detalhes destes processos pertencem à sociologia histórica da religião, embora deva acrescentar-se que várias formas secularizadas de sectarismo são uma característica decisiva dos intelectuais na moderna sociedade pluralista.

Uma opção historicamente muito importante é evidentemente a revolução. Aqui o intelectual dispõe-se a realizar seu projeto para a sociedade *na* sociedade. É impossível examinar aqui as várias formas que esta opção tomou historicamente[106], mas é preciso estabelecer um importante ponto teórico. Assim como o intelectual que se afasta necessita de outros que o ajudem a manter suas definições discordantes da realidade *enquanto* realidade, assim também o intelectual revolucionário necessita de outros para confirmar *suas* concepções dissidentes. Esta exigência é muito mais fundamental do que o fato evidente de nenhuma conspiração poder ter sucesso sem organização. O intelectual revolucionário precisa de outros que mantenham para ele a *realidade* (isto é, a plausibilidade subjetiva em sua própria consciência) da ideologia revolucionária. Todas as definições da realidade socialmente dotadas de sentido têm de ser objetivadas por processos sociais. Por conseguinte, os subuniversos exigem subsociedades como base objetivadora e as contra-definições da realidade requerem contrassociedades. Não é necessário acrescentar que todo sucesso prático da ideologia revolucionária fortificará a realidade que possui dentro da subsociedade e na consciência dos membros da subsociedade. Sua realidade assu-

---

105. Cf. BERGER, P.L. "The Sociological Study of Sectarianism". *Social Research.* Winter: 1954, 467ss.

106. Comparar com a análise dos intelectuais revolucionários feita por Mannheim. Quanto ao protótipo russo destes últimos, cf. LAMPERT, E. *Studies in Rebellion.* Nova York: Praeger, 1957.

me proporções maciças quando camadas sociais inteiras tornam-se "portadoras" dela. A história dos modernos movimentos revolucionários oferece muitas ilustrações da transformação de intelectuais revolucionários em legitimadores "oficiais" após a vitória desses movimentos[107]. Isto sugere não somente que há considerável variabilidade histórica na carreira social dos intelectuais revolucionários, mas que podem também ocorrer diferentes opções e combinações na biografia dos indivíduos.

Na análise precedente acentuamos os aspectos estruturais na existência social do pessoal que sustenta o universo. Nenhuma genuína análise sociológica poderia proceder de outra maneira. As instituições e os universos simbólicos são legitimados por indivíduos vivos, que têm localizações sociais concretas e interesses sociais concretos. A historia das teorias legitimadoras é sempre parte da história da sociedade como totalidade. Não há "história das ideias" isolada do sangue e do suor da história geral. Mas devemos, ainda uma vez, acentuar que isto não significa serem estas teorias nada mais do que reflexos de processos institucionais "subjacentes"; a relação entre as "ideias" e os processos sociais que as sustentam é sempre uma relação dialética. É correto dizer que as teorias são maquinadas com o fim de legitimar instituições sociais já existentes. Mas acontece, também, que instituições sociais sejam modificadas para se conformarem com teorias já existentes, isto é, torná-las mais "legítimas". Os peritos em legitimação podem atuar como justificadores teóricos do *status quo*, mas podem aparecer também como ideólogos revolucionários. As definições da realidade têm um poder autorrealizador. As teorias podem ser *realizadas* na história, mesmo teorias que eram altamente abstrusas quando foram pela primeira vez concebidas por seus inventores. Karl Marx, meditando na biblioteca do Museu Britânico, tornou-se o exemplo proverbial desta possibilidade histórica. Por conseguinte, a trans-

---

107. A transformação dos intelectuais revolucionários em legitimadores do *status quo* pode ser estudada em forma praticamente "pura" no desenvolvimento do comunismo russo. Para uma aguda crítica deste processo do ponto de vista marxista, cf. KOLAKOWSKI, L. *Der Mensch ohne Alternative*. Munique: 1960.

formação social deve sempre ser compreendida como estando em relação dialética com a "história das ideias". Tanto a compreensão "idealista" quanto a "materialista" desta relação esquecem esta dialética e dessa maneira deformam a história. A mesma dialética predomina nas transformações globais dos universos simbólicos que tivemos ocasião de examinar. O que permanece sociologicamente essencial é o reconhecimento de que todos os universos simbólicos e todas as legitimações são produtos humanos, cuja existência tem por base a vida dos indivíduos concretos e não possui *status* empírico à parte dessas vidas.

III
A sociedade como realidade subjetiva

1. A interiorização da realidade

a) A socialização primária

Sendo a sociedade uma realidade ao mesmo tempo Objetiva e subjetiva, qualquer adequada compreensão teórica relativa a ela deve abranger ambos estes aspectos. Conforme tivemos ocasião de dizer, estes aspectos recebem correto reconhecimento se a sociedade for entendida em termos de um processo dialético, em curso, composto de três momentos, exteriorização, objetivação e interiorização. No que diz respeito ao fenômeno social, estes momentos *não* devem ser pensados como ocorrendo em uma sequência temporal. Ao contrário, a sociedade e cada uma de suas partes são simultaneamente caracterizadas por estes três momentos, de tal modo que qualquer análise que considere apenas um ou dois deles é insuficiente. O mesmo é verdade com relação a um membro individual da sociedade, o qual simultaneamente exterioriza seu próprio ser no mundo social e interioriza este último como realidade objetiva. Em outras palavras, estar em sociedade significa participar da dialética da sociedade.

Contudo, o indivíduo não nasce membro da sociedade. Nasce com a predisposição para a sociabilidade e torna-se membro da sociedade. Por conseguinte, na vida de cada indivíduo existe uma sequência temporal no curso da qual é induzido a tomar parte na dialética da sociedade. O ponto inicial deste processo é a interiorização, a saber a apreensão ou interpretação imediata de um acontecimento objetivo como dotado de sentido, isto é, como manifestação de processos subjetivos de outrem, que desta maneira torna-se subjetivamente significativo para mim. Isto não quer dizer que compreenda o outro adequadamente. Posso de fato compreendê-lo mal, por exemplo: se está rindo em um acesso de histeria posso entender o riso como significando hilaridade. Mas a subjetividade dele é entretanto objetivamente acessível a mim e torna-se dotada de sentido para mim, quer haja ou não congruência entre os processos subjetivos dele e os meus. A completa congruência entre os dois significados subjetivos e o conhecimento recíproco desta congruência pressupõe a significação, conforme examinamos anteriormente. No entanto, a interiorização, no sentido geral aqui empregado, está subjacente tanto à significação quanto às suas formas mais complexas. Dito de maneira mais precisa, a interiorização neste sentido geral constitui a base primeiramente da compreensão de nossos semelhantes e, em segundo lugar, da apreensão do mundo como realidade social dotada de sentido[1].

Esta apreensão não resulta de criações autônomas de significado por indivíduos isolados, mas começa com o fato do indivíduo "assumir" o mundo no qual os outros já vivem. Sem dúvida, este "assumir" em si mesmo constitui em certo sentido um processo original para cada organismo humano e o mundo, uma vez "assumido", *pode* ser modificado de maneira criadora ou (menos provavelmente) até recriado. Em qualquer caso, na forma complexa da interiorização, não somente "compreendo" os processos subjetivos momentâneos do outro, mas "compreendo" o mundo em que vive, e esse mundo torna-se o meu próprio. Isto pressupõe que ele e eu participamos do tempo de um modo que não é apenas efêmero e numa perspectiva ampla, que liga intersubjetivamente as sequências de situações. Agora, cada um de nós não somente compreende as definições das situações partilhadas, mas somos capazes de defini-las reciprocamente. Estabelece-se entre nós um nexo de motivações que se estende para o futuro. Mais importante ainda é o fato

---

1. Nossa concepção da "compreensão do outro" deriva de Weber e Schutz.

de haver agora uma contínua identificação mútua entre nós. Não somente vivemos no mesmo mundo, mas participamos cada qual do ser do outro.

Somente depois de ter realizado este grau de interiorização é que o indivíduo se torna membro da sociedade. O processo onto-genético pelo qual isto se realiza é a socialização, que pode assim ser definida como a ampla e consistente introdução de um indivíduo no mundo objetivo de uma sociedade ou de um setor dela. A socialização primária é a primeira socialização que o indivíduo experimenta na infância, e em virtude da qual torna-se membro da sociedade. A socialização secundária é qualquer processo subsequente que introduz um indivíduo já socializado em novos setores do mundo objetivo de sua sociedade. Podemos aqui deixar de lado a questão particular da aquisição do conhecimento relativo ao mundo objetivo de sociedades diferentes daquela de que cada homem se tornou primeiramente membro, e bem assim o processo de interiorização desse mundo como realidade, processo que apresenta, ao menos superficialmente, certas semelhanças com a socialização primária e secundária, não sendo contudo estruturalmente idêntico a nenhuma destas[2].

É imediatamente evidente que a socialização primária tem em geral para o indivíduo o valor mais importante e que a estrutura básica de toda socialização secundária deve assemelhar-se à da socialização primária. Todo indivíduo nasceu em uma estrutura social objetiva, dentro da qual encontra os outros significativos que se encarregam de sua socialização[3]. Estes outros significativos são-lhe impostos. As definições dadas por estes à situação dele apresentam-se como a realidade objetiva. Desta maneira nasceu não somente em uma estrutura social objetiva, mas também em um mundo social objetivo. Os outros significativos que estabelecem a media-

---

2. Nossas definições da socialização e de seus dois subtipos seguem muito de perto o uso corrente nas ciências sociais. Adaptamos, apenas, o vocabulário para conformá-lo com nosso quadro teórico de referência global.

3. Nossa descrição neste ponto apoia-se sem dúvida abundantemente na teoria da socialização de Mead.

ção deste mundo para ele modificam o mundo no curso da mediação. Escolhem aspectos do mundo de acordo com sua própria localização na estrutura social e também em virtude de suas idiossincrasias individuais, cujo fundamento se encontra na biografia de cada um. O mundo social é "filtrado" para o indivíduo através desta dupla seletividade. Assim, a criança das classes inferiores não somente absorve uma perspectiva própria da classe inferior a respeito do mundo social, mas absorve esta percepção com a coloração particular que lhe é dada por seus pais (ou quaisquer outros indivíduos encarregados de sua socialização primária). A mesma perspectiva da classe inferior pode introduzir um estado de espírito de contentamento, resignação, amargo ressentimento ou fervente rebeldia. Como consequência uma criança da classe inferior não somente irá habitar um mundo grandemente diferente do que é próprio da criança de uma classe superior, mas pode chegar a ter um mundo inteiramente diferente daquele da criança de classe inferior que mora na casa ao lado[4].

Não é necessário acrescentar que a socialização primária implica mais do que o aprendizado puramente cognoscitivo. Ocorre em circunstâncias carregadas de alto grau de emoção. De fato, há boas razões para se acreditar que sem esta ligação emocional com os outros significativos o processo de aprendizado seria difícil, quando não de todo impossível[5]. A criança identifica-se com os outros significativos por uma multiplicidade de modos emocionais. Quaisquer que sejam, a interiorização só se realiza quando há identificação. A criança absorve os papéis e as atitudes dos outros significativos, isto é, interioriza-os, tornando-os seus. Por meio desta identificação com os outros significativos a criança torna-se

---

4. O conceito de "mediação" deriva de Sartre, que, contudo, não possui uma adequada teoria da socialização.

5. A dimensão afetiva da aprendizagem inicial foi especialmente acentuada pela psicologia infantil freudiana, embora haja várias descobertas da teoria behaviorista da aprendizagem que tenderiam a confirmar isto. Não queremos dizer que aceitamos as premissas teóricas de ambas essas escolas de psicologia em nossa argumentação neste ponto.

capaz de se identificar a si mesma, de adquirir uma identidade subjetivamente coerente e plausível. Em outras palavras, a personalidade é uma entidade reflexa, que retrata as atitudes tomadas pela primeira vez pelos outros significativos com relação ao indivíduo[6], que se torna o que é pela ação dos outros para ele significativos. Este processo não é unilateral nem mecanicista. Implica uma dialética entre a identificação pelos outros a autoidentificação, entre a identidade objetivamente atribuída e a identidade subjetivamente apropriada. A dialética, que está presente em cada momento em que o indivíduo *se identifica* com os outros para ele significativos, é, por assim dizer, a particularização na vida individual da dialética geral da sociedade, que já tivemos ocasião de discutir.

Embora os detalhes desta dialética tenham naturalmente grande importância para a psicologia social, excederia nossa finalidade atual se fôssemos acompanhar suas implicações para a teoria sociopsicológica[7]. Importa-nos mais aqui, para nossas considerações, o fato do indivíduo não somente absorver os papéis e atitudes dos outros, mas nesse mesmo processo assumir o mundo deles. De fato, a identidade é objetivamente definida como localização em um certo mundo e só pode ser subjetivamente apropriada *juntamente com* este mundo. Dito de outra maneira, todas as identificações realizam-se em horizonte que implicam um mundo social específico. A criança aprende que é aquilo que é chamada. Todo nome implica uma nomenclatura, que por sua vez implica uma localização social determinada[8]. Receber uma identidade implica na atribuição de um lugar específico no mundo. Assim

---

6. Nossa concepção do caráter reflexo do eu deriva de Cooley e Mead. Suas raízes podem ser encontradas na análise do "eu social" de William James (*Principles of Psychology*).

7. Embora isto não possa ser desenvolvido aqui, pode-se dizer o suficiente para indicar a possibilidade de uma psicologia social genuinamente dialética. Esta seria igualmente importante para a antropologia filosófica e para a sociologia. No que diz respeito a esta última, uma tal psicologia social (fundamentalmente de orientação no sentido de Mead, mas com o acréscimo de importantes elementos retirados de outras correntes do pensamento social científico) tornaria desnecessário procurar alianças teoricamente insustentáveis com o psicologismo freudiano ou behaviorista.

8. Sobre a nomenclatura, cf. LÉVI-STRAUSS, C. *La pensée sauvage*, p. 253ss.

como esta identidade é subjetivamente apreendida pela criança ("eu *sou* John Smith"), o mesmo se dá com o mundo para o qual esta identidade aponta. A apropriação subjetiva da identidade e a apropriação subjetiva do mundo social são apenas aspectos diferentes do *mesmo* processo de interiorização, mediatizado pelos *mesmos* outros significativos.

A socialização primária cria na consciência da criança uma abstração progressiva dos papéis e atitudes dos outros particulares para os papéis e atitudes *em geral*. Por exemplo, na interiorização das normas há uma progressão que vai da expressão "mamãe está zangada comigo *agora*" a esta outra "mamãe fica zangada comigo *toda vez* que eu derramo a sopa". Desde que mais outras pessoas significativas (pai, avó, irmã mais velha, etc.) apoiam a atitude negativa da mãe com relação ao ato de derramar a sopa, a generalidade da norma é estendida subjetivamente. O passo decisivo ocorre quando a criança reconhece que *todos* são contra o fato de entornar a sopa, e a norma generaliza-se tomando a expressão "*Não se deve* derramar a sopa", sendo o "se" parte de uma generalidade que inclui, em princípio, *toda* a sociedade, na medida em que é significativa para a criança. Esta abstração dos papéis e atitudes dos outros significativos concretos é chamada o outro generalizado[9]. Sua formação na consciência significa que o indivíduo identifica-se agora não somente com os outros concretos, mas com uma generalidade de outros, isto é, com uma sociedade. Somente em virtude desta identificação generalidade sua identificação consigo mesmo alcança estabilidade e continuidade. O indivíduo tem agora não somente uma identidade em face deste ou daquele outro significativo, mas uma identidade *em geral*, subjetivamente apreendida como constante, não importando que outros, significativos ou não, sejam encontrados. Esta identidade, recentemente coerente, incorpora em si todos os vários papéis e atitudes interiorizados, inclusive, entre muitas outras coisas, a autoidentificação como pessoa que não derrama a sopa.

---

9. O conceito de "outro generalizado" é usado aqui inteiramente no sentido que lhe foi dado por Mead.

A formação na consciência do outro generalizado marca uma fase decisiva na socialização. Implica a interiorização da sociedade enquanto tal e da realidade objetiva nela estabelecida e, ao mesmo tempo, o estabelecimento subjetivo de uma identidade coerente e contínua. A sociedade, a identidade e a realidade cristalizam subjetivamente no mesmo processo de interiorização. Esta cristalização ocorre juntamente com a interiorização da linguagem. De fato, por motivos evidentes à vista das precedentes observações sobre a linguagem, esta constitui o mais importante conteúdo e o mais importante instrumento da socialização.

Quando o outro generalizado cristalizou na consciência estabelece-se uma relação simétrica entre a realidade objetiva e a subjetiva. Aquilo que é real "fora" corresponde ao que é real "dentro". A realidade objetiva pode ser facilmente "traduzida" em realidade subjetiva, e vice-versa. A linguagem evidentemente é o principal veículo deste progressivo processo de tradução em ambas as direções. Conviria, entretanto, acentuar que a simetria entre a realidade objetiva e a subjetiva não pode ser completa. As duas realidades correspondem uma à outra, mas não são coextensivas. Há sempre mais realidade objetiva "disponível" do que a efetivamente interiorizada em qualquer consciência individual, simplesmente porque o conteúdo da socialização é determinado pela distribuição social do conhecimento. Nenhum indivíduo interioriza a totalidade daquilo que é objetivado como realidade em sua sociedade, mesmo que a sociedade e seu mundo sejam relativamente simples. Por outro lado, há sempre elementos da realidade subjetiva que não se originaram na socialização, tais como a consciência da existência do próprio corpo do indivíduo anteriormente e à parte de qualquer apreensão dele socialmente apreendida. A biografia subjetiva não é completamente social. O indivíduo apreende-se a si próprio como um ser ao mesmo tempo interior *e* exterior à sociedade[10].

---

10. Compare-se com o que diz Georg Simmel sobre a autoapreensão do homem como sendo simultaneamente a sociedade interna e a externa. O conceito de "excentricidade" de Plessner é também importante a este respeito.

Isto implica que a simetria entre a realidade objetiva e a subjetiva nunca é uma situação estática, dada uma vez por todas. Deve ser sempre produzida e reproduzida *in actu*. Em outras palavras, a relação entre o indivíduo e o mundo social objetivo assemelha-se a um ato continuamente oscilante. As raízes antropológicas deste fato são evidentemente as mesmas que examinamos ao tratar da peculiar posição do homem no reino animal.

Na socialização primária não há *problema* de identificação. Não há escolha dos outros significativos. A sociedade apresenta ao candidato à socialização um conjunto antecipadamente definido de outros significativos, que ele tem de aceitar como tais sem possibilidade de optar por outro arranjo. *Hic Rhodus, hic salta.* Temos de nos arranjar com os pais que o destino nos deu. Esta injusta desvantagem, inerente à situação de ser criança, tem como consequência evidente que, embora a criança não seja simplesmente passiva no processo de sua socialização, são os adultos que estabelecem as regras do jogo. A criança pode participar do jogo com entusiasmo ou com mal-humorada resistência. Mas infelizmente não há outro jogo à vista. Isto tem um importante corolário. Desde que a criança não tem escolha ao selecionar seus outros significativos, identifica-se automaticamente com eles. Pela mesma razão a interiorização da particular realidade deles é quase inevitável. A criança não interioriza o mundo dos outros que são significativos para ele como sendo um dos muitos mundos possíveis. Interioriza-se como sendo *o* mundo, o único mundo existente e concebível, o mundo *tout court*. É por esta razão que o mundo interiorizado na socialização primária torna-se muito mais firmemente entrincheirado na consciência do que os mundos interiorizados nas socializações secundárias. Por mais que o sentimento original de inevitabilidade seja enfraquecido por desencantos subsequentes, a lembrança de uma certeza que nunca deverá repetir-se – a certeza da primeira aurora da realidade – fica ainda aderente ao primeiro mundo da infância. A socialização primária realiza assim o que (numa visão retrospectiva, evidentemente) pode ser considerado o mais importante conto do vigário que a sociedade prega ao indivíduo, ou seja, fazer aparecer como necessidade o que de fato é um feixe de contingências, dando deste modo sentido ao acidente que é o nascimento dele.

Os conteúdos específicos que são interiorizados na socialização primária variam naturalmente de sociedade para sociedade. Alguns encontram-se em toda parte. É a linguagem que tem de ser interiorizada acima de tudo. Com a linguagem, e por meio dela, vários esquemas motivacionais e interpretativos são interiorizados com valor institucional definido, por exemplo, querer agir como um menino valente, admitindo naturalmente que os meninos se dividem em valentes e covardes. Estes esquemas fornecem à criança programas institucionalizados para a vida cotidiana, alguns imediatamente aplicáveis a ela, outros antecipando condutas socialmente definidas para estágios biográficos ulteriores, a bravura que lhe permitirá um dia ser aprovado nas provas de vontade provenientes de seus iguais e de todas as espécies de outros, assim como a valentia que dela será exigida mais tarde, quando for iniciada como guerreiro, por exemplo, ou quando for convocada pelo deus. Estes programas, tanto os imediatamente aplicáveis quanto os antecipatórios, diferenciam a identidade do indivíduo, separando-os dos outros, tais como moças, meninos escravos, ou meninos de outro clã. Finalmente, há interiorização pelo menos dos rudimentos do aparelho legitimador. A criança aprende "por que" os programas são tais como são. Deve-se ser valente, porque o menino deseja tornar-se um verdadeiro homem. Deve-se executar os ritos, porque se não fôr assim os deuses se enraivecem. É preciso ser leal ao chefe, porque só procedendo assim os deuses ajudarão o indivíduo num momento de perigo, etc.

Na socialização primária, por conseguinte, é construído o primeiro mundo do indivíduo. Sua peculiar qualidade de solidez tem que ser explicada, ao menos em parte, pela inevitabilidade da relação do indivíduo com os primeiros outros significativos para ele. O mundo da infância, em sua luminosa realidade, conduz a ter confiança não somente nas pessoas dos outros significativos, mas nas definições da situação dadas por estes. O mundo da infância é maciça e indubitavelmente real[11]. Provavelmente não poderia ser de outra maneira, nesta etapa do desenvolvimento da consciência. Só mais tarde o indivíduo pode dar-se ao luxo de ter um mínimo de dúvidas. E provavelmente esta necessidade de um protorrealismo na apreensão do mundo refere-se à filogênese tanto quanto à ontogênese[12]. Em qualquer caso, o mundo da infância é constituído de modo a instilar no indivíduo uma estrutura nômica na qual possa ter confiança de que "tudo está bem", se quisermos repetir o que talvez seja a frase mais frequente pelas mães aos filhos quando estão chorando. A descoberta, ulteriormente feita, de haver algumas coisas muito diferentes de "estarem bem" pode ser mais ou menos chocante, dependendo das circunstâncias biográficas, mas num caso ou noutro o mundo da infância provavelmente conservará retrospectivamente sua realidade peculiar. Permanece sendo o "mundo doméstico", por mais longe que o indivíduo se afaste dele mais tarde na vida, indo para regiões onde absolutamente não se sente em casa.

A socialização primária implica sequências de aprendizado socialmente definidas. Na idade A a criança deve aprender X, na idade B deve aprender Y, e assim por diante. Cada um destes programas acarreta certo reconhecimento social do crescimento e diferenciação biológicas. Assim, cada programa, em qualquer sociedade, tem de reconhecer que uma criança de um ano de idade não pode aprender o que uma de três anos pode. Também é provável que a maioria dos programas definam a questão diferentemente para os meninos e para as meninas. Este reconhecimento mínimo é naturalmente imposto à sociedade pelos fatos biológicos. Além disso, porém, há uma grande variabilidade sócio-histórica na definição das etapas da sequência da aprendizagem. O que é ainda definido como infância numa sociedade, pode bem ser definido como estado adulto em outra. E as implicações sociais da infância

---

11. A comparar com a realidade maciça do mundo infantil exposta por Piaget.

12. Compare-se com Lévy-Bruhl sobre o análogo filogenético do "realismo" infantil de Piaget.

variam grandemente de uma sociedade para outra, por exemplo, no que se refere às qualidades emocionais, responsabilidade moral ou capacidade intelectual. A civilização ocidental contemporânea (pelo menos antes do movimento freudiano) tendia a considerar as crianças como naturalmente "inocentes" e "meigas". Outras sociedades consideravam-nas "por natureza pecaminosas e impuras", diferentes dos adultos só pela força e compreensão. Houve variações semelhantes com referência à capacidade infantil de atividade sexual, responsabilidade criminal, inspiração divina, etc. Estas variações na definição social da infância e de seus estágios afetarão evidentemente o programa de aprendizagem[13].

O caráter da socialização primária é também afetado pelas exigências do acervo de conhecimentos a ser transmitido. Certas legitimações podem exigir um grau menor de complexidade linguística para serem compreendidas do que outras. Podemos suspeitar, por exemplo, que uma criança necessitará menos palavras para compreender que não deve se masturbar porque faz o seu anjo da guarda ficar zangado do que para compreender o argumento de que a masturbação opõe-se a seu ajustamento sexual futuro. As exigências da ordem institucional global afetarão também a socialização primária. Numa sociedade serão diferentes as habilidades exigidas em diversas idades, comparada com outra sociedade, ou mesmo em setores diversos da mesma sociedade. A idade em que numa sociedade será julgado conveniente para uma criança aprender a dirigir um automóvel pode ser a idade em que, noutra sociedade, é de esperar que tenha matado seu primeiro inimigo. Uma criança da classe superior pode aprender os "fatos da vida" em uma idade na qual uma criança de classe inferior dominou os rudimentos da técnica do aborto. Ou uma criança de classe superior pode sentir suas primeiras vibrações de emoção patriótica aproximadamente na época em que sua contemporânea de classe inferior sente ódio da polícia e de tudo quanto esta representa.

---

13. Cf. ARIES, P. *Centuries of Childhood*. Nova York: Knopf, 1962.

A socialização primária termina quando o conceito do outro generalizado (e tudo quanto o acompanha) foi estabelecido na consciência do indivíduo. Neste momento é um membro efetivo da sociedade e possui sujetivamente uma personalidade e um mundo. Mas esta interiorização da sociedade, da identidade e da realidade não se faz de uma vez para sempre. A socialização nunca é total nem está jamais acabada. Este fato põe diante de nós dois outros problemas: primeiro, como é mantida na consciência a realidade interiorizada na socialização primária?; segundo, como ocorrem novas interiorizações – ou socializações secundárias – na biografia ulterior do indivíduo? Examinaremos estes problemas em ordem inversa.

b) A socialização secundária

É possível conceber uma sociedade na qual não haja outra socialização depois da socialização primária. Tal sociedade evidentemente teria de possuir um cabedal de conhecimentos muito simples. Todo conhecimento seria geralmente importante, diferindo os diversos indivíduos apenas em suas perspectivas relativamente a ele. Esta concepção é útil porque estabelece um caso-limite, mas nenhuma sociedade por nós conhecida deixa de ter *alguma* divisão do trabalho, e concomitantemente *alguma* distribuição social do conhecimento. Logo que tal ocorre, a socialização secundária torna-se necessária.

A socialização secundária é a interiorização de "submundos" institucionais ou baseados em instituições. A extensão e caráter destes são, portanto, determinados pela complexidade da divisão do trabalho e a concomitante distribuição social do conhecimento. Sem dúvida, o conhecimento universalmente importante também pode ser socialmente distribuído – por exemplo, em forma de "versões" com base de classe –, mas o que temos em mente aqui é a distribuição social do "conhecimento especial", conhecimento como resultado da divisão do trabalho e cujos "portadores" são institucionalmente definidos. Deixando de lado, por ora, suas outras dimensões, podemos dizer que a socialização secundária é a aquisição do conhecimento de funções específicas, funções direta ou indiretamente com raízes na divisão do trabalho. Há certa justificação para esta definição estreita, mas isto não significa de modo algum toda a história. A socialização secundária exige a aquisição de vocabulários específicos de funções, o que significa em primeiro lugar a interiorização de campos semânticos que estruturam interpretações e condutas de rotina em uma área institucional. Ao mesmo tempo, são também adquiridas "compreensões tácitas", avaliações e colorações afetivas desses campos semânticos. Os "submundos" interiorizados na socialização secundária são geralmente realidades parciais, em contraste com o "mundo básico" adquirido na socialização primária. Contudo, eles também são realidades mais ou menos coerentes, caracterizadas por componentes normativos e afetivos assim como cognoscitivos.

Além disso, também eles exigem pelo menos os rudimentos de um aparelho legitimador, frequentemente acompanhado de símbolos rituais ou materiais. Por exemplo, pode surgir uma diferenciação entre soldados de infantaria e de cavalaria. Estes últimos deverão ter um exercício especial, que provavelmente implicará mais do que a aprendizagem das puras habilidades físicas necessárias para manejar cavalos militares. A linguagem da cavalaria tornar-se-á diferente da que é usada pela infantaria. Nascerá uma terminologia referente aos cavalos, suas qualidades e usos e, às situações resultantes da vida da cavalaria, que serão inteiramente destituídas de importância para o soldado a pé. A cavalaria usará também uma linguagem diferente mais do que no sentido puramente instrumental. Um soldado de infantaria encolerizado pragueja fazendo referência à dor nos pés, enquanto o cavaleiro mencionará as costas do cavalo. Em outras palavras, um corpo de imagens e alegorias é construído tendo por base instrumental a linguagem da cavalaria. Esta linguagem específica de uma função é interiorizada *in toto* pelo indivíduo, na medida em que se vai exercitando para o combate montado. Torna-se um cavalariano não somente por adquirir as habilidades exigidas, mas por ser capaz de compreender e usar esta linguagem. Pode então comunicar-se com seus companheiros de cavalaria em alusões ricas de sentido para eles, mas completamente obtusas para os homens da infantaria. Não é preciso dizer que este processo de interiorização acarreta a identificação subjetiva com a função e suas normas adequadas – "Sou um soldado de cavalaria", "Um soldado de cavalaria nunca deixa o inimigo ver o rabo de sua montaria", "Nunca deixe uma mulher esquecer a sensação das esporas", "Rápido cavaleiro na guerra, rápido cavaleiro no jogo", etc. Se surgir a necessidade, este corpo de significados será sustentado por legitimações que vão de simples máximas do tipo das precedentes até complexas construções mitológicas. Finalmente, pode haver uma multiplicidade de cerimônias e objetos físicos representativos, digamos, a celebração anual da festa do deus-cavalo, na qual todos os alimentos são ingeridos a cavalo e os cavaleiros recentemente iniciados recebem os fetiches constituídos por caudas de cavalo, que daí em diante levarão pendurados no pescoço.

O caráter desta socialização secundária depende do *status* do corpo de conhecimento em questão no interior do universo simbólico em totalidade. O treinamento é necessário para aprender a fazer um cavalo puxar uma carroça de estrume ou para combater numa batalha. Mas uma sociedade que limita o uso dos cavalos a puxar carroças de estrume pouco provavelmente embelezará esta atividade mediante complexos ritos ou fetichismos e é pouco provável que o pessoal a quem é atribuída esta tarefa se identifique com tal função de maneira profunda. As legitimações, tal como existem, provavelmente devem ser de natureza compensatória. Assim, existe grande variabilidade sócio-histórica nas representações implicadas na socialização secundária. Na maior parte das sociedades, contudo, alguns rituais acompanham a transição da socialização primária para a secundária[14].

---

14. Compare-se aqui as análises cultural-antropológicas dos "ritos de passagem" relacionados com a puberdade.

Os processos formais da socialização secundária são determinados por seu problema fundamental, a suposição de um processo precedente de socialização primária, isto é, deve tratar com uma personalidade já formada e um mundo já interiorizado. Não pode construir a realidade subjetiva *ex nihilo*. Isto representa um problema, porque a realidade já interiorizada tem a tendência a persistir. Sejam quais forem os novos conteúdos que devam agora ser interiorizados, precisam de certo modo sobrepor-se a esta realidade já presente. Há, portanto, um problema de coerência entre as interiorizações primitivas e as novas. O problema pode ser de solução mais ou menos difícil, conforme o caso. O soldado, tendo aprendido que a limpeza é uma virtude em relação à própria pessoa, não terá dificuldade em transferir a mesma virtude para o seu cavalo. Mas tendo aprendido que certas obscenidades são reprováveis em uma criança pedestre, exigirá certa explicação mostrar que são agora *de rigueur* para o membro da cavalaria. Para estabelecer e conservar a coerência a socialização secundária pressupõe procedimentos conceituais para integrar diferentes corpos de conhecimento.

Na socialização secundária as limitações biológicas tornam-se cada vez menos importantes nas sequências de aprendizagem, que agora estabelecem-se em termos das propriedades intrínsecas do conhecimento que deve ser adquirido, ou seja, em termos da estrutura fundamental desse conhecimento. Por exemplo, para aprender certas técnicas de caça é preciso aprender primeiro a escalar montanhas ou para aprender o cálculo é preciso aprender primeiro álgebra. As sequências de aprendizado podem também ser manipuladas em função dos direitos adquiridos do pessoal que ministra o corpo de conhecimentos. Por exemplo, pode ser estabelecido que o indivíduo deve aprender a adivinhação pelas entranhas dos animais antes de poder aprender a adivinhação pelo voo dos pássaros, ou que é preciso ter um diploma de escola secundária antes da matrícula numa escola de embalsamamento, ou que é preciso ser aprovado no exame de gaélico antes de poder ser eleito para um cargo no serviço civil irlandês. Estas estipulações são extrínsecas ao conhecimento pragmático exigido para a execução das funções de adivinho, embalsamador ou funcionário público irlandês. São estabelecidas institucionalmente para reforçar o prestígio das funções em questão ou satisfazer outros interesses ideológicos. A educação primária pode ser perfeitamente suficiente para apreender o currículo da escola de embalsamamento e os funcionários públicos irlandeses executam sua atividade normal em língua inglesa. Pode mesmo acontecer que as sequências de aprendizagem manipuladas desta maneira sejam na prática antifuncionais. Por exemplo, pode ser estipulado que a educação universitária de "cultura geral" tenha de preceder o treinamento profissional de sociólogos pesquisadores, embora suas atividades reais pudessem de fato ser mais eficientemente executadas se fossem libertados da carga da "cultura" desta espécie.

Enquanto a socialização primária não pode ser realizada sem a identificação, carregada de emoção, da criança com seus outros significativos, a maior parte da socialização secundária pode dispensar este tipo de identificação e prosseguir eficientemente só com a quantidade de identificação mútua incluída em qualquer comunicação entre seres humanos. Dito às claras, a criança deve amar a mãe, mas não o professor. A socialização mais tarde na vida começa tipicamente a revestir-se de uma afetividade que lembra a infância, quando procura transformar radicalmente a realidade subjetiva do indivíduo. Este fato cria problemas especiais que analisaremos um pouco mais adiante.

Na socialização primária a criança não aprende seus outros significativos como funcionários institucionais, mas como mediadores da realidade *tout court*. A criança interioriza o mundo dos pais como sendo *o* mundo, e não como o mundo pertencente a um contexto institucional específico. Algumas das crises que acontecem depois da socialização primária são causadas na verdade pelo reconhecimento de que o mundo dos pais *não* é o único mundo existente, mas tem uma localização social muito particular, talvez mesmo com uma conotação pejorativa. Por exemplo, a criança de mais idade chega a reconhecer que o mundo representado pelos pais, o mesmo mundo que anteriormente considerava com certeza como a realidade inevitável, é de fato o mundo de gente rural do sul, sem educação, de classe inferior. Na socialização secundária o contexto institucional é em geral percebido. Não é preciso dizer que isto não implica a requintada compreensão de todas as implicações do contexto institucional. Contudo, a criança do sul, para nos mantermos dentro do mesmo exemplo, compreende que sua professora é uma funcionária institucional, de um modo diferente daquele pelo qual compreende seus pais, e entende a função da professora como representando significados institucionalmente específicos, tais como os da nação por oposição aos da região, do mundo nacional de classe média por oposição ao ambiente de classe inferior que encontra em sua casa, da cidade por oposição à roça. Por conseguinte, a interação social entre mestres e alunos pode ser formalizada. Os mestres não precisam ser outros significativos em qualquer sentido da palavra. São funcionários institucionais, com a atribuição formal de transmitir conhecimentos específicos. As funções da socialização secundária têm um alto grau de anonimato, sendo portanto facilmente destacáveis dos executantes individuais. O mesmo conhecimento ensinado por um professor poderia também ser ensinado por outro. Qualquer funcionário deste tipo poderia ensinar este tipo de conhecimento. Os funcionários individuais podem sem dúvida ser subjetivamente diferenciados de várias maneiras (como mais ou menos agradáveis, melhores ou piores professores de aritmética, etc.), mas em princípio são substituíveis uns pelos outros.

Este formalismo e anonimato estão evidentemente ligados ao caráter afetivo das relações sociais na socialização secundária. A consequência mais importante, contudo, consiste em conferir ao conteúdo daquilo que é ensinado na socialização secundária, uma inevitabilidade muito menos subjetiva do que a possuída pelo conteúdo da socialização primária. Por conseguinte, o tom de realidade do conhecimento interiorizado na socialização secundária é mais facilmente posto entre parênteses (isto é, o sentimento subjetivo de que estas interiorizações são reais é mais fugitivo). São necessários graves choques no curso da vida para desintegrar a maciça realidade interiorizada na primeira infância. E preciso muito menos para destruir as realidades interiorizadas mais tarde. Além disso, é relativamente fácil anular a realidade das interiorizações secundárias. A criança vive, quer queira quer não, no mundo tal como é definido pelos pais, mas pode alegremente deixar atrás o mundo da aritmética logo que sai da aula.

Isto torna possível destacar uma parte da personalidade e da concomitante realidade, fazendo-as só ter importância para a situação funcional específica em questão. O indivíduo estabelece então uma distância entre seu eu total e sua realidade, de um lado, e o eu parcial funcionalmente específico e a realidade deste, de outro lado[15]. Esta importante façanha só é possível depois de ter havido a socialização primária. Dito em termos claros, mais uma vez, é mais fácil para a criança "esconder-se" da professora do que da mãe. Inversamente, é possível dizer que o desenvolvimento desta capacidade de "esconder-se" é um importante aspecto do processo de crescimento e passagem ao estado adulto.

O tom de realidade do conhecimento interiorizado na socialização primária é dado quase automaticamente. Na socialização secundária tem de ser reforçado por técnicas pedagógicas específicas, "provadas" [em inglês, "trazido para casa". N. do T.] ao indivíduo. Esta frase é sugestiva. A realidade original da infância é a

---

15. O conceito de "distância de papéis" foi criado por Erving Goffman, particularmente em *Asylums* (Garden City, N.Y.: Doubleday/Anchor, 1961). Nossa análise indica que esta distância *só* é possível relativamente às realidades interiorizadas na socialização secundária. Se a estendermos às realidades interiorizadas na socialização primária, entramos no domínio do que a psiquiatria americana chama "psicopatia", que implica uma deficiente formação da identidade. Um outro ponto muito interessante sugerido por nossa análise é o que se refere aos limites estruturais dentro dos quais um "modelo do tipo de Goffman" de interação social é exequível, a saber, refere-se a sociedades estruturadas de tal modo que elementos decisivos da realidade objetivada são interiorizados em processos secundários de socialização. Esta consideração, diga-se de passagem, deveria tornar-nos cuidadosos em não igualar o "modelo" de Goffman (que, acrescentemos, é muito útil para a análise de importantes aspectos da moderna sociedade industrial) com um "modelo dramático" *tout court*. Afinal de contas, houve outros dramas diferentes do que é experimentado pelo homem de empresa contemporânea, empenhado na "administração da impressão".

"casa". Impõe-se inevitavelmente como tal, e por assim dizer "naturalmente". Comparada a ela, todas as outras realidades são "artificiais". Por isso a professora procura "provar" ["trazer para a casa"] os assuntos que está transmitindo tornando-os vívidos (isto é, fazendo-os parecer tão vivos quanto o "mundo doméstico" da criança), importantes (isto é, ligando-os com as estruturas dotadas de importância já presentes no "mundo doméstico") e interessantes (isto é, levando a atenção da criança a se destacar de seus objetos, "naturais", passando para outros mais "artificiais"). Estas manobras são necessárias porque já existe uma realidade interiorizada, constantemente "em vias de" novas interiorizações. O grau e o caráter preciso destas técnicas pedagógicas variarão com as motivações que o indivíduo tem para a aquisição do novo conhecimento.

Quanto mais estas técnicas tornam subjetivamente plausível a continuidade entre os elementos originais do conhecimento e os novos, tanto mais facilmente adquirem o tom de realidade. Aprende-se uma segunda língua construindo sobre a realidade indiscutível da própria "língua materna". Durante longo tempo a pessoa retraduz continuamente na língua original quaisquer elementos da nova língua que está adquirindo. Só desta maneira a nova língua pode começar a ter alguma realidade. Quando esta realidade chega a estabelecer-se por si mesma, lentamente torna-se possível livrar-se da retradução. A pessoa mostra-se capaz de "pensar" na nova língua. Entretanto, é raro que uma língua aprendida tarde na vida alcance a inevitável e evidente realidade da primeira língua aprendida na infância. Daí deriva, sem dúvida, a qualidade afetiva da "língua materna". *Mutatis mutandis*, as mesmas características de construção a partir da realidade "doméstica", de ligação com ela à medida que o aprendizado prossegue e a lenta ruptura desta ligação, são atributo de outras sequências de aprendizagem na socialização secundária.

O fato dos processos de socialização secundária não pressuporem um alto grau de identificação e de seu conteúdo não possuir a qualidade da inevitabilidade podem ser úteis na prática porque permitem sequências de aprendizado racionais e emocionalmente controladas. Mas, como o conteúdo deste tipo de interiorização tem uma realidade subjetiva frágil e pouco digna de confiança comparado com as interiorizações da socialização primária, em alguns casos é preciso criar técnicas especiais para produzir a identificação e a inevitabilidade julgadas necessárias. A necessidade destas técnicas pode ser intrínseca relativamente ao aprendizado e aplicação dos conteúdos da interiorização ou pode ser estabelecida em favor dos interesses adquiridos do pessoal que ministra o processo de socialização em questão. Por exemplo, um indivíduo que deseja tornar-se um perfeito músico deve mergulhar em seu assunto até um grau de todo desnecessário para um indivíduo que está aprendendo para ser engenheiro. A educação para a engenharia pode efetuar-se eficientemente mediante processos formais, altamente racionais, emocionalmente neutros. A educação musical, porém, implica tipicamente uma identificação muito mais alta com o maestro e uma imersão muito mais profunda na realidade musical. Esta diferença deriva das diferenças intrínsecas entre o conhecimento da engenharia e o da música, e entre os modos de vida em que estes dois conjuntos de conhecimentos são praticamente aplicados. Um revolucionário profissional, também, necessita um grau imensamente mais alto de identificação e inevitabilidade do que um engenheiro. Mas neste caso a necessidade não tem origem nas propriedades intrínsecas do próprio conhecimento, que pode ser muito simples e disperso em seu conteúdo, mas na dedicação pessoal requerida de um revolucionário relativamente aos interesses adquiridos do movimento revolucionário. Às vezes a necessidade das técnicas intensificadoras pode provir de fatores tanto intrínsecos quanto extrínsecos. Um exemplo é a socialização do pessoal religioso.

As técnicas aplicadas nestes casos destinam-se a intensificar a carga afetiva do processo de socialização. Tipicamente, implicam a institucionalização de um complicado processo de iniciação, um noviciado, no curso do qual o indivíduo entrega-se inteiramente à realidade que está interiorizando. Quando o processo exige uma transformação real da realidade "doméstica" do indivíduo constitui uma réplica, tão exata quanto possível, do caráter da socialização primária, conforme veremos adiante. Mas mesmo sem esta transformação a socialização secundária adquire uma carga de afetividade de tal grau que a imersão na nova realidade e o devotamento a ela são institucionalmente definidos como necessários. O relacionamento do indivíduo com o pessoal socializador torna-se proporcionalmente carregado de "significação", isto é, o pessoal socializador reveste-se do caráter de outros significantes em face do indivíduo que está sendo socializado. O indivíduo entrega-se então completamente à nova realidade. "Entrega-se" à música, à revolução, à fé, não apenas parcialmente, mas com o que é subjetivamente a totalidade de sua vida. A facilidade com que se sacrifica é evidentemente a consequência final deste tipo de socialização.

Uma importante circunstância que pode criar a necessidade dessa intensificação é a competição entre o pessoal das várias instituições encarregado da definição da realidade. No caso do treinamento revolucionário o problema intrínseco é a socialização do indivíduo em uma contradefinição da realidade, isto é, contra as definições dos legitimadores "oficiais" da sociedade. Mas terá também de haver intensificação na socialização do músico em uma sociedade que oferece aguda competição quanto aos valores estéticos da comunidade musical. Por exemplo, pode-se admitir que um músico em formação nos Estados Unidos atualmente tem que dedicar-se à música com uma intensidade emocional desnecessária na Viena do século XIX, precisamente porque na situação americana existe poderosa competição derivada daquilo que subjetivamente aparece como sendo o mundo "materialista" e da "cultura de massa" da "briga de foice". Igualmente, a educação religiosa numa situação pluralista cria a necessidade de técnicas "artificiais" de acentuação da realidade, desnecessárias numa situação dominada por um monopólio religioso. É ainda "natural" alguém tornar-se padre católico em Roma, de um modo diferente do que acontece nos Estados Unidos. Em consequência, os seminários teológicos americanos têm que enfrentar o problema da "evasão da realidade" e organizar técnicas para "manter pregada" a mesma realidade. Não é de admirar que tenham descoberto o expediente óbvio de mandar para Roma por algum tempo seus estudantes mais promissores.

Variações semelhantes podem existir no mesmo contexto institucional, dependendo das tarefas atribuídas a diferentes categorias do pessoal. Assim, o grau de compromisso com a profissão militar exigido dos oficiais de carreira é muito diferente do exigido dos convocados, fato claramente refletido nos respectivos processos de treinamento. Igualmente, exigem-se compromissos diferentes com a realidade institucional de um diretor e do pessoal de escritório de nível inferior, de um psicanalista e de um assistente social psiquiátrico, etc. Um diretor deve ser "politicamente conservador" de um modo que não precisa ser o de um supervisor de um "pool" típico. Ao psicanalista impõe-se o conhecimento de "análise didática", que é apenas sugerida ao assistente social, etc. Há, por conseguinte, sistemas muito diferenciados de socialização secundária em instituições complexas, às vezes montados de modo muito sensível, de acordo com as diversas exigências das várias categorias do pessoal institucional[16].

A distribuição institucionalizada das tarefas entre a socialização primária e a secundária varia com a complexidade da distribuição social do conhecimento. Enquanto esta é relativamente pouco complicada, o mesmo órgão institucional pode conduzir da socialização primária à secundária e executar esta última em considerável extensão. Nos casos de muito elevada complexidade é preciso criar órgãos especializados na socialização secundária, com pessoal em tempo integral, especialmente para as tarefas educacionais em questão. À parte este grau de socialização, pode haver uma série de órgãos socializadores que combinam esta tarefa com outras. Neste caso, por exemplo, pode estabelecer-se que em certa

---

16. Os estudos da sociologia das ocupações, desenvolvidos particularmente por Everett Hughes, oferecem interessante material a este respeito.

idade o menino seja transferido da cabana materna para o quartel dos guerreiros, onde receberá exercício para se tornar cavaleiro. Isto não necessita acarretar um pessoal educacional em tempo integral. Os velhos cavaleiros podem ensinar aos novos. O desenvolvimento da educação moderna é evidentemente a melhor ilustração da socialização secundária realizada sob os auspícios de organizações especializadas. O declínio da posição da família resultante desse fato, com relação à socialização secundária, é por demais conhecido para que exija ser tratado aqui com mais detalhes[17].

c) A conservação e a transformação da realidade subjetiva

Não sendo a socialização jamais completa e estando os conteúdos que interioriza continuamente ameaçados em sua realidade subjetiva, toda sociedade viável de criar procedimentos de conservação da realidade para salvaguardar um certo grau de simetria entre a realidade objetiva e a subjetiva, já examinamos este problema a propósito da legitimação. Focalizaremos aqui a defesa da realidade subjetiva, mais do que a da realidade objetiva, isto é, a realidade tal como é apreendida na consciência individual e não tal como é institucionalmente definida.

A socialização primária interioriza uma realidade apreendida como inevitável. Esta interiorização pode ser julgada bem-sucedida se o sentimento de inevitabilidade estiver presente na maior parte do tempo, pelo menos enquanto o indivíduo é ativo no mundo da vida cotidiana. Mas, mesmo quando o mundo da vida cotidiana conserva sua maciça e indiscutível realidade *in actu*, está ameaçado pelas situações marginais da experiência humana que não podem ser completamente incluídas na atividade diária. Existe sempre a presença obsecante de metamorfoses, as atualmente lembradas e as que são sentidas apenas como sinistras possibilidades. Há também as definições da realidade, competindo umas com as

---

17. Cf. PARSONS, T. *Essays in Sociological Theory, Pure and Applied.* Chicago: Free Press, 1949, p. 233ss.

outras e mais diretamente ameaçadoras, que podem ser socialmente encontradas. Para um homem de família bem comportado uma coisa é sonhar com indizíveis orgias na solidão noturna, e outra, muito diferente, é ver esses sonhos empiricamente encenados por uma colônia de libertinos na casa ao lado. Os sonhos mais facilmente podem ser postos em quarentena no interior da consciência, como "coisa sem sentido", que se despreza, ou como aberrações mentais, que devem dar motivo a um silencioso arrependimento. Conservam o caráter de fantasmas em face da realidade da vida cotidiana. A execução real impõe-se à consciência muito mais clamorosamente. De fato, pode ter de ser destruída antes do espírito poder enfrentá-la. Em qualquer caso, não pode ser negada, como se pode ao menos tentar negar as metamorfoses das situações marginais.

O caráter mais "artificial" da socialização secundária torna a realidade subjetiva da interiorização dela ainda mais vulnerável às definições desafiadoras da realidade, não porque não sejam julgadas certas ou sejam apreendidas como menos do que real na vida cotidiana, mas porque sua realidade é menos profundamente arraigada na consciência, sendo assim mais susceptível de deslocamento. Por exemplo, tanto a proibição da nudez, que se relaciona com o sentimento individual de vergonha, e é interiorizado na socialização primária, quanto os cânones do vestuário adequado às diferentes ocasiões sociais, são aceitos como legítimos na vida cotidiana. Enquanto não são socialmente desafiados, nem uma coisa nem outra constituem problemas para o indivíduo. Contudo, o desafio teria de ser muito mais forte no primeiro caso do que no segundo para constituir uma ameaça à realidade aceita como verdadeira das rotinas em questão. Uma modificação relativamente pequena na definição subjetiva da realidade bastaria para o indivíduo considerar correto poder ir para o escritório sem gravata. Seria necessário uma modificação muito mais drástica para levá-lo a ir para o escritório sem qualquer espécie de roupa. A primeira modificação poderia ser socialmente mediatizada apenas por uma mudança de ocupação, digamos de um *campus* universitário rural para um metropolitano. Este último acarretaria uma revolução social no ambiente do indivíduo. Seria subjetivamente compreendido como uma profunda conversão, provavelmente depois de uma resistência inicial intensa.

A realidade das interiorizações secundárias é menos ameaçada pelas situações marginais porque em geral não tem importância para elas. O que pode acontecer é que esta realidade seja apreendida como trivial precisamente porque revela a falta de importância para a situação marginal. Assim, pode dizer-se que a iminência da morte ameaça profundamente a realidade da prévia autoidentificação do indivíduo, como homem, ser moral ou cristão. A autoidentificação do indivíduo como diretor assistente do departamento de meias de senhoras não fica tão ameaçada quanto rebaixada a um nível trivial na mesma situação. Inversamente, é possível dizer que a conservação das interiorizações primárias em face das situações marginais é uma justa medida de sua realidade subjetiva. A mesma prova seria de todo irrelevante se fosse aplicada à maioria das socializações secundárias. Tem sentido morrer como homem, mas tem muito pouco morrer como diretor assistente do departamento de meias de senhoras. Além disso, quando se espera que as interiorizações secundárias tenham este grau de persistência na realidade em face de situações marginais, os procedimentos de socialização concomitante terão de ser intensificados e reforçados da maneira anteriormente examinada. Ainda uma vez, é possível citar como ilustrações os processos religioso e militar de socialização secundária.

É conveniente distinguir entre dois tipos gerais de conservação da realidade, a conservação rotineira e a conservação crítica. A primeira destina-se a manter a realidade interiorizada na vida cotidiana, a última, a realidade em situações de crise. Ambas acarretam fundamentalmente os mesmos processos sociais, embora possam notar-se algumas diferenças.

Conforme vimos, a realidade da vida cotidiana mantém-se pelo fato de corporificar-se em rotinas, o que é a essência da institucionalização. Ademais disso, porém, a realidade da vida cotidiana é continuamente reafirmada na interação do indivíduo com os outros. Assim como a realidade é originariamente interiorizada por um processo social, assim também é mantida na consciência por processos sociais. Estes últimos não são radicalmente diferentes dos exercidos na primeira interiorização. Refletem também o fato básico de que a realidade subjetiva deve ter com a realidade objetiva uma relação socialmente definida.

No processo social de conservação da realidade é possível distinguir entre os outros significantes e os outros menos importantes[18]. De modo considerável, todos os outros – ou pelo menos a maior parte – encontrados pelo indivíduo na vida cotidiana servem para reafirmar sua realidade subjetiva. Isto acontece mesmo numa situação tão "pouco significativa" como viajar num trem diário para um trabalho. O indivíduo pode não conhecer ninguém no trem nem falar com qualquer pessoa. Apesar disso, a multidão dos companheiros de viagem reafirma a estrutura básica da vida cotidiana. Pela conduta global os viajantes retiram o indivíduo da tênue realidade do estremunhamento matinal e demonstram em termos indubitáveis que o mundo é constituído de homens sérios, que vão ao trabalho, de responsabilidade e horários, da New Haven Railroad e do *Times* de Nova York. Este último, evidentemente, reafirma as mais amplas coordenadas da realidade individual. Do boletim meteorológico até os anúncios de "precisa-se", tudo lhe assegura de que está, de fato, no mundo mais real possível. Concomitantemente, afirma a condição menos que real dos sinistros êxtases experimentados antes do café matinal, a forma estranha de objetos supostamente familiares, depois de acordar de um sonho perturbador, o choque por não reconhecer a própria face no espelho do banheiro, a indizível suspeita, um pouco mais tarde,

---

18. GERTH, H.H. & WRIGHT MILLS, C. em *Character and Social Structure* (Nova York: Harcourt, Brace and Co., 1953), sugerem o termo "outros íntimos" para os outros significativos empenhados na conservação da realidade mais tarde na vida. Preferimos não usar este termo devido à semelhança com o termo *Intimsphäre*, que tem sido muito empregado na recente sociologia de língua alemã com uma conotação consideravelmente diferente.

de que a mulher e os filhos são estrangeiros misteriosos. Grande número de indivíduos susceptíveis a estes terrores metafísicos conseguem exorcizá-los até certo ponto no curso de seus rituais diários rigidamente executados, de modo que a realidade da vida cotidiana está pelo menos cuidadosamente estabelecida na ocasião em que saem pela porta da rua. Mas a realidade começa a ser completamente segura somente na comunidade anônima dos viajantes do trem. Chega a se tornar maciça quando o trem entra na Grand Central Station. *Ergo sum*, pode então o indivíduo murmurar para si mesmo, e caminhar para o escritório inteiramente acordado e seguro de si.

Seria, por conseguinte, um erro admitir que somente os outros significativos servem para manter a realidade subjetiva. Mas os outros significativos ocupam uma posição central na economia da conservação da realidade.

São particularmente importantes para a progressiva confirmação daquele elemento crucial da realidade que chamamos identidade. Para conservar a confiança de que é na verdade a pessoa que pensa que é, o indivíduo necessita não somente a confirmação implícita desta identidade, que mesmo os contactos diários casuais poderiam fornecer, mas a confirmação explícita e carregada de emoção que lhe é outorgada pelos outros significantes para ele. Na anterior ilustração, nosso habitante do subúrbio provavelmente procurará em sua família e em outros associados privados dentro do ambiente familiar (vizinhança, igreja, clube, etc.) essa confirmação, embora os íntimos companheiros de trabalho possam também desempenhar essa função. Se além do mais ele dorme com a secretária, sua identidade é confirmada e ampliada. Isto supõe que o indivíduo gosta que sua identidade seja confirmada. O mesmo processo diz respeito à confirmação de identidades das quais o indivíduo pode não gostar. Mesmo conhecimentos casuais podem confirmar sua autoidentificação como um irremediável fracasso, mas a mulher, os filhos e a secretária ratificam este fato com inegável finalidade. O processo que vai da definição da realidade objetiva à conservação da realidade subjetiva é o mesmo em ambos os casos.

Os outros significativos na vida do indivíduo são os principais agentes da conservação de sua realidade subjetiva. Os outros menos significativos funcionam como uma espécie de coro. A mulher, os filhos e a secretária reafirmam solenemente cada dia que o indivíduo é um homem importante ou um fracassado sem esperança. As tias solteiras, as cozinheiras e os ascensoristas fornecem graus variados de apoio a esta reafirmação. Sem dúvida é possível existir algum desacordo entre estas pessoas. O indivíduo enfrenta então o problema da coerência, que pode caracteristicamente resolver ou modificando sua realidade ou as relações que mantêm sua realidade. Pode ter a alternativa de aceitar a identidade como um malogro, por um lado, ou de dar um tiro na secretária ou divorciar-se da mulher, por outro. Tem também a opção de degradar algumas dessas pessoas da condição de outros significativos e voltar-se, em lugar delas, para outras, em busca de confirmações de sua realidade significativa, por exemplo, seu psicanalista ou seus velhos companheiros de clube. Há muitas complexidades possíveis nesta organização de relações conservadoras da realidade, especialmente numa sociedade onde existe grande mobilidade e diferenciação de funções[19].

A relação entre os outros significativos e o "coro" na conservação da realidade é dialética, isto é, existe uma relação recíproca entre os fatores, assim como no que respeita à realidade subjetiva que servem para confirmar. Uma identificação solidamente negativa por parte do ambiente mais amplo pode finalmente afetar a identificação fornecida pelos outros significativos, quando até mesmo o ascensorista deixa de dizer "senhor", a mulher renuncia a identificar o marido como um homem importante. Inversamente, os outros significativos podem finalmente ter um efeito sobre o meio mais amplo, uma esposa "leal" pode ser uma vantagem em vários

---

19. Veja-se ainda uma vez Goffman sobre esta questão, assim como David Riesman.

aspectos, quando o indivíduo procura fazer compreender uma certa identidade a seus companheiros de trabalho. A conservação e a confirmação da realidade implicam assim a totalidade da situação social do indivíduo, embora os outros significativos ocupem uma posição privilegiada nestes processos.

A importância relativa dos outros significativos e do "coro" pode ser vista mais facilmente se considerarmos os casos de *des*confirmação da realidade subjetiva. Um ato desconfirmador da realidade praticado pela esposa, tomado em si mesmo, tem um poder muito maior do que um ato semelhante executado por um conhecido ocasional. Os atos deste último precisam adquirir certa densidade para se igualarem ao poder do primeiro. A reiterada opinião do melhor amigo de um indivíduo, segundo o qual os jornais não estão relatando acontecimentos consideráveis que se passam por baixo das aparências, pode ter mais peso do que a mesma opinião expressa pelo barbeiro. Entretanto, a mesma opinião expressa sucessivamente por dez conhecidos casuais pode começar a contrabalançar a opinião contrária do melhor amigo do indivíduo. A cristalização que ocorre subjetivamente como resultado destas várias definições da realidade determinará por conseguinte o modo pelo qual provavelmente o indivíduo reagirá à aparência de uma sólida falange de carrancudos, silenciosos chineses que carregam uma pasta de documentos no trem matinal, isto é, determinará o peso que é dado à definição da realidade pelo indivíduo. Usando ainda outro exemplo, se alguém é um crente católico a realidade de sua fé não está ameaçada pelos companheiros de trabalho não crentes, mas provavelmente estará muito ameaçada por uma esposa incrédula. Numa sociedade pluralista, portanto, é lógico que a Igreja Católica tolere uma ampla variedade de associações entre pessoas de crenças diferentes na vida econômica e política, mas continue a considerar com desagrado o casamento misto. Geralmente falando, em situações nas quais existe competição entre diferentes instituições definidoras da realidade podem ser tolerados todos os tipos de relações entre grupos secundários com os competidores, desde que existam, firmemente estabelecidas, relações de grupos primários em cujo interior *uma determinada* realidade é progressivamente reafirmada contra os competidores[20]. A maneira pela qual a Igreja Católica adaptou-se à situação pluralista nos Estados Unidos é um excelente exemplo.

O veículo mais importante da conservação da realidade é a conversa. Pode-se considerar a vida cotidiana do indivíduo em termos do funcionamento de um aparelho de conversa, que continuamente mantém, modifica e reconstrói sua realidade subjetiva[21]. A conversa significa principalmente, sem dúvida, que as pessoas falam umas com as outras. Isto não nega o rico halo de comunicação não verbal que envolve a fala. Entretanto a fala conserva uma posição privilegiada no aparelho total da conversa. É importante acentuar contudo que a maior parte da conservação da realidade na conversa é implícita, não explícita. A maior parte da conversa não define em muitas palavras a natureza do mundo. Ao contrário, ocorre tendo por pano de fundo um mundo que é tacitamente aceito como verdadeiro. Assim uma troca de palavras, como, por exemplo, "bem, está na hora de ir para a estação" e "ótimo, querido, passe um bom dia no escritório", implica um mundo inteiro *dentro do qual* estas proposições aparentemente simples adquirem sentido. Em virtude desta implicação a troca de palavras confirma a realidade subjetiva desse mundo.

Entendido isto, ver-se-á que a maior parte, quando não a totalidade, da conversa cotidiana conserva a realidade subjetiva. De fato, seu caráter maciço é realizado pela acumulação e coerência da conversa casual, conversa que *pode se dar ao luxo de ser casual* justamente porque se refere a rotinas de um mundo julgado verdadeiro. A perda da casualidade assinala uma quebra nas rotinas e, ao menos potencialmente, uma ameaça para a realidade considerada

---

20. Os conceitos de "grupo primário" e "grupo secundário" derivam de Cooley. Seguimos aqui o uso corrente na sociologia americana.

21. Sobre o conceito de "aparelho de conversação", cf. BERGER, P.L. & KELLNER, H. "Marriage and the Construction of Reality". *Diogenes* 46 (1964), 1ss. Friedrich Tenbruck (op. cit.) discute com alguns detalhes a função das redes comunicativas na manutenção das realidades comuns.

verdadeira. Assim, é possível imaginar o efeito sobre a causalidade de uma conversa como a seguinte: "Bem, está na hora de ir para a estação", "Ótimo, querido, não se esqueça de levar o revólver". Ao mesmo tempo que o aparelho de conversa mantém continuamente a realidade, também continuamente a modifica. Certos pontos são abandonados e outros acrescentados, enfraquecendo alguns setores daquilo que ainda é considerado como evidente e reforçando outros. Assim, a realidade subjetiva de uma coisa da qual nunca se fala torna-se vacilante. Uma coisa é comprometer-se em um ato sexual embaraçoso, outra, muito diferente, é falar dele, antes ou depois. Inversamente, a conversa dá contornos firmes a questões anteriormente apreendidas de maneira vaga e pouco clara. O indivíduo pode ter dúvidas sobre religião. Estas dúvidas tornam-se reais de uma maneira muito diferente quando as discute. O indivíduo então "convence-se" dessas dúvidas, que são objetivadas como realidade em sua própria consciência. Geralmente falando, o aparelho de conversa mantém a realidade "falando" de vários elementos da experiência e colocando-os em um lugar definido no mundo real.

Esta força geradora da realidade, possuída pela conversa, é dada já no fato da objetivação linguística. Vimos como a linguagem objetiva o mundo, transformando o *panta rhei* da experiência em uma ordem coerente. No estabelecimento desta ordem a linguagem *realiza* um mundo, no duplo sentido de apreendê-lo e produzi-lo. A conversação é a atualização desta eficácia realizadora da linguagem nas situações face a face da existência individual. Na conversa as objetivações da linguagem tornam-se objetos da consciência individual. Assim, o fato fundamental conservador da realidade é o uso contínuo da mesma língua para objetivar a experiência biográfica reveladora. Em sentido mais amplo, todos os que empregam a mesma língua são outros mantenedores da realidade. A significação deste fato pode tornar-se ainda mais diferenciada considerando-se o que se entende por uma "língua comum", da linguagem idiossincrásica de grupos primários nos dialetos regionais ou de classe, à comunidade nacional que se define em relações de língua. Existem correspondentes "retornos à realidade" para o indivíduo que volta aos poucos indivíduos que entendem suas alusões de grupo, setor a que pertence sua pronúncia, ou à grande coletividade que se identificou com uma particular tradição linguística, por exemplo, em ordem inversa, aos Estados Unidos, a Brooklyn, ou às pessoas que frequentaram a mesma escola pública.

A fim de manter efetivamente a realidade subjetiva o aparelho da conversa deve ser contínuo e coerente. As rupturas de continuidade ou consistência *ipso facto* constituem uma ameaça para a realidade subjetiva em questão. Já examinamos os expedientes que um indivíduo pode adotar para fazer frente à ameaça de incoerência. Existem também várias técnicas para enfrentar a ameaça da descontinuidade. Sirva de exemplo o uso da correspondência para continuar a conversa significativa a despeito da separação física[22]. Diferentes conversas podem ser comparadas no que se refere à densidade da realidade que produzem ou conservam. Em totalidade, a frequência da conversa reforça seu poder gerador da realidade, mas a falta de frequência pode às vezes ser compensada pela intensidade da conversa, quando esta se realiza. Uma pessoa pode ver o amado só uma vez por mês, mas a conversa então empreendida tem suficiente intensidade para compensar a relativa falta de frequência. Certas conversas podem também ser explicitamente definidas e legitimadas como tendo uma condição privilegiada, tais como as conversas com o confessor, com o psicanalista ou com uma figura semelhante em "autoridade". A "autoridade" consiste neste caso na condição cognoscitiva e normativamente superior que é atribuída a estas conversas.

A realidade subjetiva depende assim sempre de estruturas específicas de plausibilidade, isto é, da base social específica e dos processos sociais exigidos para sua conservação. Só é possível o indivíduo manter sua autoidentificação como pessoa de importância em um meio que confirma esta identidade; uma pessoa só pode manter sua fé católica se conserva uma relação significativa com a comunidade católica, e assim por diante. A ruptura da conversa

---

22. Sobre a correspondência, cf. SIMMEL, G. *Soziologie*, p. 287ss.

significativa com os mediadores das respectivas estruturas de plausibilidade ameaça as realidades subjetivas em questão. Conforme o exemplo da correspondência indica, o indivíduo pode recorrer a várias técnicas de conservação da realidade, mesmo na ausência da conversa real, mas o poder gerador da realidade destas técnicas é grandemente inferior às conversas frente a frente, que tais técnicas são destinadas a substituir. Quanto mais tempo estas técnicas estiverem isoladas das confirmações face a face, menos provavelmente serão capazes de conservar o tom de realidade. O indivíduo que vive durante muitos anos entre pessoas de diferente religião, separado da comunidade das que participam de sua própria fé, pode continuar a identificar-se, digamos, como católico. Por meio da oração, dos exercícios religiosos e de técnicas semelhantes sua velha realidade católica pode continuar a ser subjetivamente importante para ele. Por pouco que seja, estas técnicas podem conservar sua contínua autoidentificação como católico. Contudo, subjetivamente tornar-se-ão vazias de realidade "viva", a não ser que sejam "revitalizadas" pelo contacto social com outros católicos. Sem dúvida, o indivíduo em geral lembra-se das realidades do passado, mas a maneira de "refrescar" estas lembranças é conversar com aqueles que participam da importância delas[23].

A estrutura de plausibilidade é também a base social para a particular suspensão da dúvida, sem a qual a definição da realidade em questão não pode se conservar na consciência. Neste ponto, foram interiorizadas e estão sendo continuamente reafirmadas sanções sociais específicas contra estas dúvidas desintegradoras da realidade. O ridículo é uma destas sanções. Enquanto se conserva dentro da estrutura de plausibilidade, o indivíduo sente-se ridículo quando surgem subjetivamente dúvidas a respeito da realidade em questão. Sabe que outros sorririam se as anunciasse. Pode sorrir em silêncio de si mesmo, sacudir mentalmente os ombros e continuar a existir dentro do mundo sancionado desta maneira. Não é

---

23. O conceito de "grupo de referência" tem importância a este respeito. Compare-se com a análise de Merton deste assunto em sua *Social Theory and Social Structure*.

preciso dizer que este processo de autoterapia será muito mais difícil se a estrutura de plausibilidade não foi mais acessível como sua matriz social. O sorriso tornar-se-á forçado, e finalmente com muita probabilidade será substituído por um pensativo rosto carrancudo.

Em situação de crise os procedimentos são essencialmente os mesmos que na conservação rotineira, exceto que as confirmações da realidade devem se tornar explícitas e intensas. Frequentemente são postas em jogo técnicas rituais. Embora o indivíduo possa improvisar procedimentos de sustentação da realidade em face da crise, a própria sociedade institui procedimentos específicos para situações reconhecidas como capazes de implicar o risco do colapso da realidade. Nestas situações pré-definidas acham-se incluídas certas situações marginais, das quais a morte é de longe a mais importante. Entretanto, as crises na realidade podem acontecer em um número consideravelmente maior de casos do que os estabelecidos por situações-limite. Podem ser coletivos ou individuais, dependendo do caráter do desafio à realidade socialmente definida. Por exemplo, os rituais coletivos de conservação da realidade podem ser institucionalizados para ocasiões de catástrofe natural, e rituais individuais para épocas de infortúnio pessoal. Ou, de acordo com outro exemplo, podem ser estabelecidos procedimentos conservadores da realidade para enfrentar estrangeiros e sua ameaça potencial à realidade "oficial". O indivíduo pode ter que atravessar uma complexa purificação ritual depois do contacto com um estrangeiro. A ablução é interiorizada como aniquilação subjetiva da outra realidade representada pelo estrangeiro. Tabus, exorcismos e maldições contra os estrangeiros, heréticos ou loucos servem igualmente à finalidade da "higiene mental" individual. A violência desses procedimentos defensivos será proporcional à seriedade com que é considerada a ameaça. Se os contactos com a outra realidade e seus representantes se tornam frequentes os procedimentos defensivos podem evidentemente perder o caráter de crise e tornarem-se rotineiros. Por exemplo, toda vez que se encontra um estrangeiro tem-se de cuspir três vezes, sem dar grande importância ao assunto.

Tudo quanto até aqui dissemos a respeito da socialização implica a possibilidade da realidade subjetiva ser transformada. Estar em sociedade já acarreta um contínuo processo de modificação da realidade subjetiva. Falar a respeito da transformação implica, por conseguinte, a discussão dos diferentes graus de modificação. Vamos concentrar-nos aqui no caso extremo, aquele no qual há uma transformação quase total, isto é, no qual o indivíduo "muda de mundos". Se forem esclarecidos os processos implicados no caso extremo, os de casos menos extremos serão mais facilmente entendidos.

Caracteristicamente a transformação é apreendida subjetivamente como total. Isto evidentemente é uma compreensão errônea. Uma vez que a realidade subjetiva nunca é totalmente socializada não pode ser totalmente transformada por processos sociais. No mínimo o indivíduo transformado terá o mesmo corpo e viverá no mesmo universo físico. Entretanto, existem casos de transformação que parecem totais quando comparados com modificações menores. Chamaremos alternações essas transformações[24].

A alternação exige processos de ressocialização. Estes processos assemelham-se à socialização primária, porque têm radicalmente de atribuir tons à realidade e por conseguinte devem reproduzir em grau considerável a identificação fortemente afetiva com o pessoal socializante, que era característica da infância. São diferentes da socialização primária porque não começam *ex nihilo*, e como resultado devem enfrentar o problema de desmantelar, desintegrar a precedente estrutura nômica da realidade subjetiva. Como pode ser feito isto?

Uma "receita" para a alternação bem-sucedida deve incluir condições sociais e conceituais, servindo as condições sociais evidentemente de matrizes para as conceituais. A condição social mais importante é a possibilidade de dispor de uma estrutura efetiva de plausibilidade, isto é, de uma base social que sirva de "labo-

---

24. Cf. BERGER, P.L. *Invitation to Sociology*. Garden City. N.Y.: Doubleday/ Anchor, 1963, p. 54ss. (em português: *Introdução à sociologia*. Petrópolis: Vozes, 1972).

ratório" da transformação. Esta estrutura de plausibilidade será oferecida ao indivíduo pelos outros significativos com os quais deve estabelecer forte identificação afetiva. Não é possível a transformação radical da realidade subjetiva (incluindo evidentemente a identidade) sem esta identificação, que inevitavelmente repete as experiências infantis da dependência emocional com relação aos outros significativos[25]. Estes últimos são os guias que conduzem à nova realidade. Representam a estrutura de plausibilidade nos papéis que desempenham com relação ao indivíduo (papéis tipicamente definidos de maneira explícita em termos de sua função ressocializante), e mediatizam o novo mundo para o indivíduo. O novo mundo do indivíduo encontra seu foco cognoscitivo e afetivo na estrutura de plausibilidade em questão. Socialmente isto significa uma intensa concentração de toda interação significante dentro do grupo que corporifica a estrutura de plausibilidade e particularmente no pessoal a quem é atribuída a tarefa de ressocialização.

O protótipo histórico da alteração é a conversão religiosa. As considerações acima podem aplicar-se a este fato dizendo *extra ecclesiam nulla salus*. Por *salus* queremos dizer aqui (com as devidas desculpas aos teólogos, que tinham outras coisas em vista quando cunharam esta frase) a realização empiricamente bem-sucedida da conversão. Somente dentro da comunidade religiosa, a *ecclesia*, a conversão pode ser efetivamente mantida como plausível. Isto não significa negar que a conversão pode antecipar-se à filiação a uma comunidade. Saulo de Tarso procurou a comunidade cristã *depois* de sua "experiência de Damasco". Mas não é esta a questão. Ter uma experiência de conversão não é nada demais. A coisa importante é ser capaz de conservá-la, levando-a a sério, mantendo o

---

25. O conceito psicanalítico de "transferência" refere-se precisamente a este fenômeno. O que os psicanalistas que o empregam não compreendem, evidentemente, é que o fenômeno pode ser encontrado em *qualquer* processo de ressocialização, com sua resultante identificação com os outros significativos encarregados dele, de modo que não se pode tirar conclusões desse fenômeno referentes à validade cognoscitiva das "compreensões" que ocorrem na situação psicanalítica.

sentimento de sua plausibilidade. É *aqui* onde entra a comunidade religiosa. Esta fornece a indispensável estrutura de plausibilidade para a nova realidade. Em outras palavras, Saulo podia ter-se tornado Paulo na solidão do êxtase religioso, mas só teria podido *permanecer* Paulo no contexto da comunidade cristã que o reconheceu como tal e confirmou o "novo ser" em que ele agora localizou sua identidade. Esta relação entre conversão e comunidade não é um fenômeno particularmente cristão (apesar dos aspectos historicamente peculiares da *ecclesia* cristã). É possível o indivíduo manter-se muçulmano fora da *umma* do Islam, budista fora da *sangha*, mas provavelmente não pode permanecer hindu em nenhum lugar fora da Índia. A religião exige uma comunidade religiosa e a vida em um mundo religioso exige a filiação a essa comunidade[26]. As estruturas de plausibilidade da conversão religiosa foram imitadas por organizações seculares de alternação. Os melhores exemplos encontram-se na área da doutrinação política e da psicoterapia[27].

A estrutura de plausibilidade deve tornar-se o mundo do indivíduo, deslocando todos os outros mundos, especialmente o mundo que o indivíduo "habitava" antes de sua alternação. Isto exige a separação do indivíduo dos "habitantes" dos outros mundos, especialmente de seus "co-habitantes" no mundo que deixou para trás. Idealmente isto será segregação física. Se por alguma razão isto não for possível, a segregação é estabelecida por definição, ou seja, por uma definição dos outros que os aniquila. O indivíduo que executa a alternação desengaja-se de seu mundo anterior e da estrutura de plausibilidade que o sustentava, se possível corporal-

---

26. É a isto que Durkheim se referia em sua análise do caráter inevitavelmente social da religião. Não usaríamos, contudo, o termo "Igreja" para designar a "comunidade moral" da religião, porque só é adequado a um caso historicamente específico na institucionalização da religião.

27. Os estudos das técnicas de "lavagem cerebral" empregadas pelos comunistas chineses são consideravelmente reveladores dos padrões básicos da alternação. Cf., por exemplo, HUNTER, E. *Brainwashing in Red China*. Nova York: Vanguard Press, 1951. Goffman, em seu livro *Asylums*, chega próximo a mostrar o paralelo de procedimento com a psicoterapia de grupos nos Estados Unidos.

mente, e, quando não, mentalmente. Num caso e noutro não está mais "atrelado aos infiéis", ficando assim protegido da influência potencial destruidora da realidade exercida por aqueles infiéis. Esta segregação é particularmente importante nas etapas iniciais da alternação (a fase do "noviciado"). Logo que a nova realidade se consolidou é possível estabelecer de novo relações circunspectas com estranhos, embora os estranhos que costumavam ser biograficamente significativos sejam ainda perigosos. São os únicos que dirão "Larga isso, Saulo", e haverá ocasiões em que a velha realidade por eles invocada toma a forma de tentação.

A alternação implica assim a reorganização do aparelho de conversa. Os participantes da conversa significativa mudam. E a conversa com os novos outros significativos da realidade subjetiva é transformada. Mantém-se mediante a permanente conversação com eles ou na comunidade que representam. Dito de maneira simples, isto significa que o indivíduo tem agora que ser muito cauteloso com as pessoas a quem fala. São evitadas sistematicamente pessoas e ideias discrepantes das novas definições da realidade[28]. Uma vez que raramente é possível fazer isso com sucesso, quanto mais não seja por causa da memória da realidade passada, a nova estrutura de plausibilidade fornecerá caracteristicamente vários procedimentos terapêuticos para tratar das tendências de "apostasia". Estes procedimentos seguem o modelo geral da terapêutica precedentemente examinado.

A mais importante exigência conceitual da alternação é a disponibilidade de um aparelho legitimador para a série completa da transformação. O que tem de ser legitimado não é somente a nova realidade, mas as etapas pelas quais é apropriada e mantida, e o abandono ou repúdio de todas as outras realidades. O lado aniquilador do mecanismo conceitual é particularmente importante em vista do problema de desmantelamento que tem de ser resolvido. A velha realidade, assim como as coletividades e os outros signifi-

---

28. Além disso, compare-se com Festinger no que diz respeito a evitar as definições discrepantes da realidade.

cativos que anteriormente a mediatizavam para o indivíduo, devem ser reinterpretadas *dentro* do aparelho legitimador da nova realidade. Esta reinterpretação produz uma ruptura na biografia subjetiva do indivíduo em termos de "aC" e "dC", "pré-Damasco" e "pós-Damasco". Tudo que precede a alternação é agora compreendido como conduzindo a ela (como um "Velho Testamento", por assim dizer, ou uma *praeparatio evangelii*), tudo que a segue é compreendido como derivando de sua nova realidade. Isto implica uma interpretação da biografia passada *in toto*, de acordo com a fórmula. "Então eu *pensava...* agora *sei*". Frequentemente isto inclui a retrojeção para o passado dos esquemas interpretativos presentes (a fórmula para isso é: "Então eu já sabia, embora de maneira pouco clara...") e motivos que não eram subjetivamente presentes no passado, mas são agora necessários para a reinterpretação do que ocorreu então (a fórmula é a seguinte: "*Realmente* fiz isso porque..."). A biografia anterior à alternação é caracteristicamente aniquilada *in toto*, sendo envolvida numa categoria negativa que ocupa uma posição estratégica no novo aparelho legitimador: "Quando eu ainda vivia uma vida de pecado", "Quando eu ainda tinha uma consciência burguesa", "Quando era ainda motivado por estas necessidades neuróticas inconscientes". A ruptura biográfica identifica-se assim com a separação cognoscitiva das trevas e da luz.

Além desta reinterpretação *in toto* deve haver reinterpretações particulares de acontecimentos e pessoas com significação passada. O indivíduo que sofre a alternação estaria sem dúvida melhor se pudesse esquecer completamente alguns destes. Mas esquecer completamente é coisa sabidamente difícil. Por conseguinte, o que é necessário é uma radical reinterpretação do significado desses acontecimentos e pessoas passados na biografia do indivíduo. Sendo relativamente mais fácil inventar coisas que nunca aconteceram do que esquecer aquelas que realmente aconteceram, o indivíduo pode fabricar acontecimentos e inseri-los nos lugares adequados, sempre que forem necessários para harmonizar o passado lembrado com o passado reinterpretado. Sendo a nova realidade, e não a antiga, que agora lhe aparece como dominantemente plausível, pode ser perfeitamente "sincero" nesse procedimento. Subjetivamente não está mentindo a respeito do passado, mas fazendo-o harmonizar-se com *a* verdade, que necessariamente abrange tanto o presente quanto o passado. Esta questão, diga-se de passagem, é muito importante se quisermos compreender corretamente os motivos que se acham por trás das falsificações e invenções de documentos religiosos, historicamente frequentes. Também as pessoas, principalmente os outros significativos, são reinterpretadas desta maneira. Estes últimos tornam-se atores de um drama involuntário, cujo significado não conseguem ver. Não é de admirar que, caracteristicamente, rejeitem a atribuição que lhes é feita. É por esta razão que os profetas tipicamente saem-se mal em sua terra. Neste contexto é que se pode entender a declaração de Jesus segundo a qual seus seguidores devem abandonar o pai e a mãe.

Não é difícil agora propor uma "prescrição" específica para a alternação em qualquer realidade concebível, por mais implausível que seja do ponto de vista de quem está de fora. É possível prescrever procedimentos específicos, por exemplo, para convencer os indivíduos de que devem pôr-se em comunicação com seres provenientes do espaço exterior, desde que se submetam a uma permanente dieta de peixe cru. Deixemos à imaginação do leitor, se tiver gosto para isto, elaborar em detalhes o que seria uma tal seita de ictiosofistas. A "prescrição" implicaria a construção de uma estrutura de plausibilidade ictiosofista, convenientemente separada do mundo exterior e equipada com o necessário pessoal socializador e terapêutico. A elaboração de um corpo de conhecimentos ictiosofista suficientemente requintado para explicar o nexo evidente entre o peixe cru e a telepatia galáctica não tinha sido descoberto antes; e também as necessárias legitimações e aniquilações para darem sentido ao caminho do indivíduo em direção a esta grande verdade. Se estes procedimentos forem cuidadosamente seguidos, haverá uma alta probabilidade de sucesso, desde que o indivíduo seja seduzido ou sequestrado em um instituto de lavagem cerebral ictiosofista.

Existem naturalmente na prática muitos tipos intermediários entre a ressocialização, tal como acaba de ser examinada, e a socialização secundária, que continua a ser construída sobre as interiorizações primárias. Nestas há transformações parciais da realidade subjetiva ou de particulares setores dela. Estas transformações parciais são comuns na sociedade contemporânea em ligação com a mobilidade social do indivíduo e o treinamento profissional[29]. Neste caso a transformação da realidade subjetiva pode ser considerável transformando-se o indivíduo em um tipo aceitável da classe média superior ou em um médico aceitável e interiorizando os adequados apêndices da realidade. Mas estas transformações caracteristicamente estão longe da ressocialização. São construídas com bases nas interiorizações primárias e geralmente evitam abruptas descontinuidades na biografia subjetiva do indivíduo. Como resultado, enfrentam o problema de conservar a coerência entre os primeiros e os tardios elementos da realidade subjetiva. Este problema, que não está presente nesta forma na ressocialização, que rompe a biografia subjetiva e reinterpreta o passado mais do que correlaciona o presente com ele, torna-se tanto mais agudo quanto mais a socialização secundária tende para a ressocialização sem realmente coincidir com ela. A ressocialização é como o corte do nó górdio do problema da coerência, consiste em renunciar à questão da coerência e reconstruir a realidade *de novo*.

Os procedimentos de manutenção da coerência implicam também um remendo do passado, mas de maneira menos radical, uma abordagem ditada pelo fato de que em tais casos existe em geral uma associação contínua com pessoas e grupos que foram anteriormente significativos. Continuam a estar em redor, provavelmente protestarão contra as reinterpretações demasiado fantasistas, e devem ser eles próprios convencidos de que as transformações ocorridas são plausíveis. Por exemplo, no caso de transformações que se passam em ligação com a mobilidade social existem esque-

---

29. Cf. LUCKMANN, T. & BERGER, P.L. "Social Mobility and Personal Identity". *European Journal of Sociology*, V, 331ss. (1964).

mas interpretativos prontos, que explicam o acontecido a todas as pessoas interessadas *sem* estabelecer a total metamorfose do indivíduo afetado. Assim, os pais de um indivíduo dotado desta mobilidade para cima aceitarão certas mudanças no comportamento e nas atitudes deste indivíduo como um acompanhamento necessário, ou até mesmo desejável, de sua nova posição na vida. "Evidentemente", concordarão, Irving teve de disfarçar sua natureza de judeu, agora que se tornou um médico importante no subúrbio; "evidentemente" veste-se e fala de modo diferente; "evidentemente" agora vota a favor dos republicanos; "evidentemente" casou-se com uma moça vassar, e talvez seja também um fato natural que só raramente visite os pais. Estes esquemas interpretativos, existentes prontos numa sociedade onde há considerável mobilidade para cima e já interiorizados pelo indivíduo antes que ele próprio se tenha tornado realmente móvel, garantem a continuidade biográfica e suavizam as incoerências que despertam[30].

Procedimentos semelhantes ocorrem em situações nas quais as transformações são consideravelmente radicais, mas definidas como de duração temporária, por exemplo, o serviço militar de curto período ou em casos de hospitalização não demorada[31]. É fácil ver aqui a diferença com relação à plena ressocialização, comparando-se o que acontece com o treinamento para a carreira militar ou com a socialização de pacientes crônicos. Nos casos do primeiro tipo a coerência com a realidade e a identidade anterior (existência civil ou de pessoa sadia) está já estabelecida pela suposição de que finalmente o indivíduo retornará àquelas condições.

Falando de modo geral, é possível dizer que os procedimentos em questão têm caráter oposto. Na ressocialização o passado é reinterpretado para se harmonizar com a realidade presente, havendo a tendência a retrojetar no passado vários elementos que subje-

---

30. O conceito, estabelecido por Riesman, de "direção para o outro" e o conceito de Merton de "socialização antecipatória" têm importância a este respeito.

31. Cf. os ensaios sobre sociologia médica por Elliot Freidson, Theodor J. Litman e Julius A. Roth em Arnold Rose (ed.), *Human Behavior and Social Processes*.

tivamente não eram acessíveis naquela época. Na socialização secundária o presente é interpretado de modo a manter-se numa relação contínua com o passado, existindo a tendência a minimizar as transformações realmente ocorridas. Dito de outra maneira, a realidade básica para a ressocialização é o presente, para a socialização secundária é o passado.

2. A interiorização e a estrutura social

A socialização realiza-se sempre no contexto de uma estrutura social específica. Não apenas o conteúdo, mas também a medida do "sucesso" têm condições sociais estruturais e consequências sociais estruturais. Em outras palavras, a análise microssociológica ou sociopsicológica dos fenômenos de interiorização deve ter sempre por fundamento a compreensão macrossociológica de seus aspectos estruturais[32].

No nível da análise teórica aqui intentada não podemos entrar no exame detalhado das diferentes relações empíricas entre o conteúdo da socialização e as configurações socioestruturais[33]. É possível, porém, fazer algumas observações gerais sobre os aspectos socioestruturais do "sucesso" da socialização. Entendemos por "socialização bem-sucedida" o estabelecimento de um elevado grau de simetria entre a realidade objetiva e a subjetiva (o mesmo quanto à identidade, naturalmente). Inversamente, a "socialização malsucedida" deve ser compreendida em termos de assimetria entre a realidade objetiva e a subjetiva. Como vimos, a socialização totalmente bem-sucedida é antropologicamente impossível. A socialização totalmente malsucedida é no mínimo extremamente rara, limitada

---

32. Nossa argumentação implica a necessidade de um fundamento macrossociológico para as análises da interiorização, isto é, de uma compreensão da *estrutura social* dentro da qual a interiorização se realiza. A escola psicológica americana está hoje em dia grandemente enfraquecida devido ao fato de faltar em ampla extensão este fundamento.

33. Cf. Gerth e Mills, op. cit. Também cf. Tenbruck, op. cit., que atribui um lugar destacado às bases estruturais da personalidade em sua tipologia das sociedades primitivas, tradicionais modernas.

a casos de indivíduos com os quais mesmo a socialização mínima não é obtida devido a graves condições patológicas orgânicas. Nossa análise deve por conseguinte referir-se a gradações em um contínuo, cujos polos extremos são empiricamente inacessíveis. Esta análise é útil porque permite alguns enunciados gerais a respeito das condições e consequências da socialização bem-sucedida.

O máximo sucesso na socialização verifica-se provavelmente em sociedades com uma divisão muito simples do trabalho e mínima distribuição de conhecimento. Em tais condições a socialização produz identidades, que são socialmente predefinidas e delineadas em alto grau. Uma vez que cada indivíduo se defronta com o mesmo programa institucional para sua vida na sociedade, a força total da ordem institucional é levada a pesar de modo mais ou menos igual sobre cada indivíduo, produzindo a macicez coercitiva da realidade objetiva que deve ser interiorizada. A identidade é então consideravelmente delineada, no sentido de representar plenamente a realidade objetiva na qual está localizada. Dizendo em palavras simples, cada pessoa é mais ou menos aquilo que se supõe que seja. Em tal sociedade as identidades são facilmente reconhecíveis, objetiva e subjetivamente. Todo mundo sabe quem é todo mundo e quem a própria pessoa é. Um fidalgo *é* um fidalgo e um camponês *é* um camponês, para os outros assim como para si mesmos. Não existe, por conseguinte, o *problema* da identidade. É possível que surja na consciência a pergunta "Quem sou eu?", uma vez que a resposta socialmente definida por antecipação é maciçamente real subjetivamente e coerentemente confirmada por todas as interações sociais significativas. Isto de modo algum implica que o indivíduo seja feliz com sua identidade. Por exemplo, provavelmente nunca foi agradável ser camponês. Ser camponês acarretava problemas de toda sorte, subjetivamente reais, urgentes e longe de produzirem felicidade. Mas *não* acarretava o problema da identidade. O indivíduo era um camponês miserável, talvez mesmo um rebelde, mas *era* um camponês. É improvável que as pessoas formadas em tais condições se concebam a si mesmas em termos de "profundidades ocultas", em sentido psicológico. O eu de "superfície" e o eu "abaixo da superfície" só se diferenciam em função da escala da realidade subjetiva presente à consciência em um dado momento, não em função de uma diferenciação permanente de "camadas" do eu. Por exemplo, o camponês apreende-se a si mesmo em um papel quando está batendo na mulher e em outro quando se curva servilmente diante do senhor. Em ambos os casos o outro papel fica "abaixo da superfície", isto é, não é levado em conta pela consciência do camponês. Mas nenhum dos dois papéis é estabelecido como um eu "mais profundo" ou "mais real". Em outras palavras, nessa sociedade o indivíduo não somente é aquilo que se supõe que seja, mas é tal de maneira unificada, "não estratificada"[34].

Em tais condições a socialização malsucedida só acontece como resultado de acidentes biográficos, biológicos ou sociais. Por exemplo, a socialização primária de uma criança pode ser prejudicada devido a uma deformação física, socialmente estigmatizada ou por motivo de um estigma baseado em definições sociais[35]. O aleijado e o bastardo são protótipos destes dois casos. Existe também a possibilidade da socialização ser intrinsecamente impedida por deficiências biológicas, como no caso da extrema debilidade mental. Todos estes casos têm caráter de infortúnio individual. Não fornecem fundamento para a institucionalização de contraidentidades e de uma contrarrealidade. De fato, esta condição dá a medida do infortúnio existente nessas biografias. Em uma sociedade dessa espécie o indivíduo aleijado ou bastardo não tem virtualmente defesa subjetiva contra a identidade estigmatizada que lhe é atribuída. É o que se supõe que seja, para si mesmo assim como para seus outros significativos e para a comunidade em totalidade. Sem dúvida, pode reagir a este destino com ressentimento ou rai-

---

34. Isto tem como implicação importante o fato da maioria dos modelos psicológicos, inclusive os da psicologia científica contemporânea, encontrarem limitada aplicabilidade sócio-histórica. Implica ainda que uma psicologia sociológica terá de ser ao mesmo tempo uma *psicologia histórica*.

35. Cf. GOFFMAN, E. *Stigma*. Englewood Cliffs, N.J.: Prentice-Hall, 1963. Também cf. KARDINER, A. & OVESCY, L. *The Mark of Oppression*. Nova York: Norton, 1951.

va, mas é *enquanto* ser inferior que se mostra ressentido ou enraivecido. O ressentimento e a raiva podem mesmo servir como ratificações de sua identidade socialmente definida como ser inferior, visto que os melhores do que ele, por definição, estão acima destas emoções brutais. É prisioneiro da realidade objetiva de sua sociedade, embora esta realidade lhe seja subjetivamente presente de maneira estranha e truncada. Um indivíduo assim será socializado sem sucesso, isto é, haverá um alto grau de assimetria entre a realidade socialmente definida em que *de fato* se encontra, como em um mundo estranho, e sua própria realidade subjetiva, que só escassamente reflete aquele mundo. A assimetria, entretanto, não terá consequências estruturais cumulativas porque não possui base social na qual possa cristalizar-se em um contramundo, com seu próprio aglomerado institucionalizado de contraidentidades. O indivíduo socializado sem êxito é socialmente predefinido como um tipo delineado, o aleijado, o bastardo, o idiota, etc. Por conseguinte, quaisquer autoidentificações contrárias que possam às vezes surgir em sua própria consciência não possuem nenhuma estrutura de plausibilidade que as transformaria em algo mais do que efêmeras fantasias.

Incipientes contradefinições da realidade e da identidade tornam-se presentes logo que estes indivíduos se congregam em grupos socialmente duráveis. Isto desencadeia um processo de mudança que introduzirá uma distribuição de conhecimentos mais complexa. Pode, então, começar a ser objetivada uma contrarrealidade no grupo marginal dos indivíduos incompletamente socializados. Neste ponto, evidentemente, o grupo iniciará seus próprios processos de socialização. Por exemplo, os leprosos e os filhos de leprosos podem ser estigmatizados em uma sociedade. Tal estigmatização pode limitar-se aos indivíduos fisicamente afetados pela doença ou incluir outros por definição social, por exemplo, qualquer pessoa nascida durante um terremoto. Assim, os indivíduos pedem ser definidos como leprosos desde o nascimento, e esta definição afetará gravemente a socialização primária deles, digamos, sob os auspícios de uma velha louca que os mantém fisicamente vivos fora dos confins da comunidade e lhes transmite o mínimo das tradições institucionais da comunidade. Desde que estes indivíduos, mesmo quando são mais de um punhado, não formam uma contracomunidade própria, sua identidade objetiva e subjetiva estará predefinida de acordo com o programa institucional que a comunidade estabelece para eles. *Serão* leprosos e nada mais.

A situação começa a mudar quando existe uma colônia de leprosos suficientemente grande e durável para servir como estrutura de plausibilidade para contradefinições da realidade e do destino de quem é leproso. Ser leproso, quer por atribuição biológica quer por estigma social, pode então ser considerado como um sinal especial da eleição divina. Os indivíduos impedidos de interiorizar completamente a realidade da comunidade podem então ser socializados na contrarrealidade de uma colônia de leprosos, isto é, a socialização imperfeita em um mundo social pode ser acompanhada pela socialização bem-sucedida em outro mundo. Numa etapa primitiva deste processo de mudança a cristalização da contrarrealidade e da contraidentidade pode não chegar ao conhecimento da comunidade maior, que ainda predefine e continua identificando esses indivíduos como leprosos, e nada mais. Não sabe que "realmente" são os filhos especiais dos deuses. Neste ponto um indivíduo a quem é atribuída a categoria de leproso pode descobrir em si mesmo "profundidades ocultas". A pergunta "Quem sou eu?" torna-se possível simplesmente porque são exequíveis socialmente duas respostas em conflito, a da velha louca ("Você é um leproso") e a do próprio pessoal socializante da colônia ("Você é um filho do deus"). Como o indivíduo em sua consciência atribui condição privilegiada às definições da realidade e de si mesmo dadas pela colônia, acontece a ruptura entre sua conduta "visível" na comunidade maior e sua autoidentificação "invisível" como alguém completamente diferente. Em outras palavras, aparece a clivagem entre "aparência" e "realidade" na autoapreensão do indivíduo. Já então não é mais aquilo que se propõe que seja. *Atua* como leproso, mas *é* um filho do deus. Se levarmos o exemplo um pouco mais adiante, até o ponto em que esta clivagem torna-se conhecida pela comunidade dos não leprosos, não é difícil ver que a realidade da comunidade também será afetada por esta mudança. No mínimo, não será mais tão fácil reconhecer a identidade dos indivíduos definidos como leprosos, não haverá mais certeza se o indivíduo assim definido se identifica a si próprio dessa mesma maneira ou não. No caso máximo, não será mais coisa fácil reconhecer a identidade de alguém, pois se os leprosos podem recusar ser o que se supõe que sejam, outros indivíduos também podem, e talvez nós mesmos. Se a princípio este processo parece fantasista, é admiravelmente ilustrado pela designação de *harijas*, isto é, "filhos de Deus", dada por Gandhi aos párias do hinduísmo.

Logo que existe uma distribuição do conhecimento mais complexa em uma sociedade a socialização imperfeita pode resultar de diferentes outros significativos mediatizarem diferentes realidades objetivas para o indivíduo. Dito de outra maneira, a socialização imperfeita pode resultar da heterogeneidade do pessoal socializador. Isto pode acontecer de várias maneiras. Pode haver situações nas quais todos os outros significantes da socialização primária servem de mediadores para uma realidade comum, mas de perspectivas consideravelmente diversas. Até certo ponto, evidentemente, todo outro significativo tem uma perspectiva diferente sobre a realidade comum, simplesmente pelo fato de ser um indivíduo particular com uma particular biografia. Mas as consequências que temos em vista aqui acontecem somente quando as diferenças entre os outros significativos referem-se a seus tipos sociais e não a suas idiossincrasias individuais. Por exemplo, homens e mulheres podem "habitar" mundos sociais consideravelmente diferentes numa sociedade. Se tanto os homens quanto as mulheres funcionam como outros significativos na socialização primária, servem de mediadores dessas discrepantes realidades para a criança. Isto por si só não cria a ameaça de socialização malograda. As versões masculina e feminina da realidade são socialmente reconhecidas e este reconhecimento também é transmitido na socialização primária. Assim, existe a predominância antecipadamente definida da versão masculina para a criança do sexo masculino e da versão feminina para a do sexo feminino. A criança *conhecerá* a versão pertencente ao outro sexo na medida em que lhe foi transmitida pelos outros significativos do outro sexo, mas não se *identifica* com esta versão. Mesmo a mínima distribuição do conhecimento estabelece jurisdições particulares para as diferentes versões da realidade comum. No caso acima a versão feminina define-se socialmente por não ter jurisdição sobre a criança do sexo masculino. Normalmente, esta definição do "lugar certo" da realidade do outro sexo é interiorizada pela criança, que se identifica "corretamente" com a realidade que lhe foi designada.

Contudo, existe a possibilidade biográfica da "anormalidade" se há competição entre as definições da realidade, levantando a possibilidade de escolher entre elas. Por um certo número de razões biográficas a criança pode fazer a "escolha errada". Por exemplo, um menino pode interiorizar elementos "inconvenientes" do mundo feminino porque o pai está ausente durante o período decisivo da socialização primária, e tais elementos são ministrados exclusivamente pela mãe e três irmãs mais velhas. Podem transmitir as "corretas" definições jurisdicionais ao menino, de modo que este *sabe* não se imaginar que tenha de viver no mundo das mulheres. Entretanto, pode *identificar-se* com este último. O resultante caráter "efeminado" pode ser "visível" ou "invisível". Em ambos os casos haverá assimetria entre sua identidade socialmente atribuída e sua identidade subjetivamente real[36].

Evidentemente, a sociedade fornece mecanismos terapêuticos para tratar desses casos "anormais". Não precisamos repetir aqui o que foi dito a respeito da terapêutica, exceto acentuar que a necessidade de mecanismos terapêuticos cresce proporcionalmente à possibilidade, estruturalmente determinada, de socialização imperfeita. No exemplo há pouco examinado, no mínimo as crianças socializadas com êxito farão pressão sobre as "erradas". Enquanto não há conflito fundamental entre as definições mediatizadas da realidade,

---

36. Cf. CORY, D.W. *The Homosexual in America*. Nova York: Greenberg, 1951.

mas apenas diferenças entre versões da mesma realidade comum, existe boa probabilidade de uma terapêutica bem-sucedida.

A socialização imperfeita pode também resultar da mediação de mundos agudamente discordantes por outros significativos durante a socialização primária. Ao se tornar mais complexa a distribuição do conhecimento, aparecem mundos discordantes, que podem ser mediatizados por diferentes outros significativos na socialização primária. Isto acontece menos frequentemente do que a situação que acabamos de examinar, na qual as versões do mesmo mundo comum distribuem-se entre o pessoal socializador, porque os indivíduos (por exemplo, um casal) suficientemente coerentes, com o grupo, para assumir a tarefa da socialização primária provavelmente maquinaram um certo tipo de mundo entre ambos. Isto acontece, entretanto, e tem considerável interesse teórico.

Por exemplo, uma criança pode ser educada não somente pelos pais, mas também por uma ama recrutada em uma subsociedade étnica ou de classes. Os pais transmitem à criança, digamos, o mundo de uma aristocracia conquistadora pertencente a uma raça, enquanto a ama transmite o mundo do campesinato subjugado de outra raça. É mesmo possível que as duas mediações empreguem línguas completamente diferentes, que a criança aprende simultaneamente, mas que são mutuamente ininteligíveis para os pais e para a ama. Neste caso, evidentemente, o mundo dos pais será predominante por predefinição. A criança será reconhecida por todos os interessados, e por ela própria, como pertencente ao grupo dos pais e não ao da ama. Apesar disso a predefinição das respectivas jurisdições das duas realidades pode ser transtornada por vários acidentes biográficos, assim como pode acontecer na primeira situação examinada, exceto que agora a socialização imperfeita acarreta a possibilidade da alternação interiorizada como aspecto permanente da autoapreensão subjetiva do indivíduo. A escolha potencialmente ao alcance da criança é então mais delineada, implicando mundos diferentes e não versões diferentes do mesmo mundo. Não é preciso dizer que na prática haverá muitas gradações entre a primeira e a segunda situação.

Quando mundos intensamente discordantes são transmitidos na socialização primária o indivíduo defronta-se com a escolha de identidades delineadas apreendidas por ele como autênticas possibilidades biográficas. Pode tornar-se um homem tal como é interpretado pela raça A ou pela raça B. É então que aparece a possibilidade de uma identidade verdadeiramente oculta, dificilmente reconhecível, de acordo com as tipificações objetivamente acessíveis. Em outras palavras, pode haver uma assimetria socialmente escondida entre a biografia "pública" e a "privada". No que diz respeito aos pais, a criança está agora pronta para a fase preparatória do cavalheirismo. Sem que saibam disso, mas apoiada na estrutura de plausibilidade fornecida pela subsociedade da ama, a criança está "somente fingindo de" nesse processo, enquanto "realmente" prepara-se para a iniciação nos superiores mistérios religiosos do grupo subjugado. Discrepâncias deste gênero acontecem na sociedade contemporânea entre os processos de socialização na família e no grupo de seus pares. No que diz respeito à família, a criança está pronta para a formatura a partir da escola secundária. Quanto ao grupo de seus pares, está pronta para sua primeira prova séria de coragem ao roubar um automóvel. Não é preciso dizer que estas situações estão carregadas de possibilidades de conflito interno e culpa.

Presumivelmente todos os homens, uma vez socializados, são potenciais "traidores de si mesmos". O problema interno desta "traição" torna-se, porém, muito mais complicado se acarreta ademais o problema de saber *qual* "eu" está sendo traído em algum momento determinado, problema criado logo que a identificação com diferentes outros significativos inclui diferentes outros generalizados. A criança está traindo os pais quando se prepara para os mistérios, e a ama quando se exercita na cavalaria, assim como trai seu grupo de pares ao ser um jovem estudante "quadrado" e os pais quando rouba um automóvel, havendo em ambos os casos concomitante "traição a si mesmo", na medida em que se identificou com dois mundos discordantes. Examinamos, em nossa análise anterior da alternação, as várias opções que se abrem à criança, embora seja claro que estas opções têm diferentes realidades subjetivas quando já são interiorizadas na socialização primária. Pode-se admitir com certeza que a alternação permanece sendo uma ameaça durante toda a vida para qualquer realidade subjetiva que brote de tal conflito como resultado de qualquer opção, ameaça criada uma vez por todas pela introdução da possibilidade de alternação na própria socialização primária.

A possibilidade do "individualismo" (isto é, da escolha individual entre realidades e identidades discrepantes) está diretamente ligada à possibilidade da socialização incompleta. Afirmamos que a socialização malsucedida abre a questão "Quem sou eu?" No contexto socioestrutural, no qual a socialização malsucedida é reconhecida como tal, a mesma questão surge para o indivíduo socializado *com pleno êxito*, em virtude da reflexão que faz sobre os outros imperfeitamente socializados. Mais cedo ou mais tarde encontrará esses que têm "um eu escondido", os "traidores", os que alternaram ou estão praticando a alternação entre mundos discordantes. Por uma espécie de efeito de espelho, a questão pode vir a aplicar-se a ele próprio, a princípio de acordo com a fórmula "Ainda bem que, graças a Deus, eu consegui", finalmente talvez pela fórmula "Se eles, por que não eu?" Isto abre uma caixa de Pandora de escolhas "individualistas", que finalmente generalizam-se quer o curso biográfico do indivíduo tenha sido determinado pela escolha "certa" ou pela "errada". O "individualista" sugere como um tipo social particular, que tem pelo menos a possibilidade de migração entre muitos mundos exequíveis e que construiu deliberada e conscientemente um eu com o "material" fornecido por um grande número de identidades que estavam ao seu alcance.

Uma terceira importante situação que conduz à socialização imperfeita surge quando existem discordâncias entre a socialização primária e a secundária. A unidade da socialização primária é mantida, mas na socialização secundária aparecem realidades e identidades opostas, como opções subjetivas. Estas são naturalmente limitadas pelo contexto socioestrutural do indivíduo. Por exemplo, pode desejar tornar-se um cavaleiro, mas sua posição social torna esta ideia uma ambição louca. Quando a socialização secundária diferenciou-se até o ponto em que se tornou possível a desidentificação subjetiva do "lugar adequado" do indivíduo na sociedade, e quando ao mesmo tempo a estrutura social não permite a realização da identidade subjetivamente escolhida, acontece um interessante desenvolvimento. A identidade subjetivamente escolhida torna-se uma identidade de fantasia, objetivada dentro da consciência do indivíduo como seu "eu real". Pode-se admitir que as pessoas sempre sonham com desejos impossíveis de serem realizados e coisas semelhantes. A peculiaridade desta particular fantasia reside na objetivação, no nível da imaginação, de uma identidade diferente daquela objetivamente atribuída anteriormente interiorizada na socialização primária. É evidente que a ampla distribuição deste fenômeno introduzirá tensões e inquietudes na estrutura social, ameaçando os programas institucionais e sua realidade assegurada.

Outra consequência muito importante quando há discordância entre a socialização primária e a secundária é a possibilidade do indivíduo ter relações com mundos discordantes, qualitativamente diferentes das relações nas situações anteriormente discutidas. Se na socialização primária aparecem mundos discordantes o indivíduo tem a escolha de identificar-se com um deles e não com os outros, processo que, ocorrendo na socialização primária, carrega-se de elevado grau de afetividade. A identificação, a desidentificação e a alternação serão todas acompanhadas de crises afetivas, pois dependerão invariavelmente da mediação de outros significativos. A apresentação de mundos discordantes na socialização secundária produz uma configuração inteiramente diferente. Na socialização secundária a interiorização não *é* obrigatoriamente acompanhada pela identificação, afetivamente carregada, com outros significativos. O indivíduo pode interiorizar diferentes realidades *sem* se identificar com elas. Por conseguinte, se um mundo diferente aparece na socialização secundária, o indivíduo pode preferi-lo em forma de manobra. Poder-se-ia falar aqui de alternação "fria". O indivíduo interioriza a nova realidade, mas, em vez de fazer dela a *sua* realidade, utiliza-a como realidade para ser usada com especiais finalidades. Na medida em que isto implica a execução de certos papéis, o indivíduo conserva o desligamento subjetivo com relação a estes, "veste-os" deliberada e propositadamente. Se este fenômeno tornar-se amplamente distribuído a ordem institucional em totalidade começa a tomar o caráter de uma rede de manipulações recíprocas[37].

Uma sociedade na qual os mundos discrepantes são geralmente acessíveis em uma base de mercado acarreta particulares constelações da realidade e da identidade subjetivas. Haverá uma consciência geral cada vez maior da relatividade de *todos* os mundos, inclusive o do próprio indivíduo, que é então subjetivamente apreendido como "um mundo" e não como "o mundo". Segue-se que a conduta institucionalizada do indivíduo será apreendida como "um papel", do qual pode desligar-se em sua própria consciência e que "desempenha" com finalidade de manobra. Por exemplo, o aristocrata não *é* mais simplesmente um aristocrata, mas representa *ser* um aristocrata, etc. A situação, por conseguinte, tem uma consequência de muito maior alcance do que a possibilidade de indivíduos representarem ser aquilo que *não* se propõe que sejam. Também representam ser aquilo que se *supõe* que são – coisa muito diferente. Esta situação é cada vez mais típica da sociedade industrial contemporânea, mas evidentemente iria muito além dos limites de nossas atuais considerações entrar na análise da sociologia do conhecimento e da psicologia social desta constelação[38]. Deveríamos acentuar que esta situação não pode ser entendida a menos que se relacione continuamente com seu contexto socioestrutural, que decorre logicamente da necessária relação entre a divisão social do trabalho (com suas consequências para a estrutura so-

---

37. Acentuaríamos aqui, ainda uma vez, as condições socioestruturals da aplicabilidade de um "modelo goffmaniano" de análise.

38. Helmut Schelsky criou o sugestivo termo "reflexividade permanente" (*Dauerreflektion*) para o cognato psicológico do termo contemporâneo "mercado de mundos" ("Ist die Dauerreflektion institutionalisierbar?", *Zeitschrift für evangelische Etnik*, 1957). A base teórica da argumentação de Schelsky é a teoria geral da "subjetivação" na sociedade moderna, formulada por Gehlen. Foi desenvolvida mais tarde em termos da sociologia da religião contemporânea por Luckmann, op. cit.

cial) e a distribuição social do conhecimento (com suas consequências para a objetivação social da realidade). Na situação contemporânea isto implica a análise tanto do pluralismo da realidade quanto do pluralismo da identidade, referidos à dinâmica estrutural do industrialismo, particularmente à dinâmica dos padrões de estratificação social produzidos pelo industrialismo[39].

3. Teorias sobre a identidade

A identidade é evidentemente um elemento-chave da realidade subjetiva, e, tal como toda realidade subjetiva, acha-se em relação dialética com a sociedade. A identidade é formada por processos sociais. Uma vez cristalizada, é mantida, modificada ou mesmo remodelada pelas relações sociais. Os processos sociais implicados na formação e conservação da identidade são determinados pela estrutura social. Inversamente, as identidades produzidas pela interação do organismo, da consciência individual e da estrutura social reagem sobre a estrutura social dada, mantendo-a, modificando-a ou mesmo remodelando-a. As sociedades têm histórias no curso das quais emergem particulares identidades. Estas histórias, porém, são feitas por homens com identidades específicas.

Se tivermos em mente esta dialética podemos evitar a noção equivocada de "identidades coletivas", sem precisar recorrer à unicidade, *sub specie aeternitatis*, da existência individual[40]. As estruturas sociais históricas particulares engendram *tipos* de identidade, que são reconhecíveis em casos individuais. Neste sentido é possível afirmar que um americano tem uma identidade diferente da que é possuída por um francês, um habitante de Nova York é dife-

---

39. Cf. LUCKMANN & BERGER. L.c.

40. Não é recomendável falar de "identidade coletiva" por causa do perigo de falsa (e reificadora) hipostatização. O *exemplum horribile* dessa hipostatização é a sociologia "hegeliana" alemã da década de 1920 e de 1930 (tal como a obra de Othmar Spann). Este perigo acha-se presente em grau maior ou menor em vários trabalhos da escola de Durkheim e da escola da "cultura e personalidade" na antropologia cultural americana.

rente do habitante do Meio-Oeste, um diretor de empresa não se confunde com um vagabundo, e assim por diante. Conforme vimos, a orientação e o comportamento na vida cotidiana dependem destas tipificações. Isto significa que os tipos de identidade podem ser observados na vida cotidiana e que as afirmações como as que fizemos acima podem ser verificadas – ou refutadas – por homens comuns dotados de bom-senso. O americano que duvida de que os franceses são diferentes pode ir à França verificar por si mesmo. Evidentemente, a condição dessas tipificações não é comparável à das construções das ciências sociais, nem a verificação ou a refutação seguem os cânones do método científico. Devemos deixar de lado o problema metodológico de saber qual é a relação exata existente entre as tipificações da vida cotidiana e as abstrações científicas (um puritano sabia que era um puritano, sendo reconhecido como tal, por exemplo, pelos anglicanos com toda a facilidade; o cientista social, porém, que deseja pôr à prova a tese de Max Weber sobre a ética puritana deve adotar procedimentos um tanto diferentes e mais complexos a fim de "reconhecer" os representantes empíricos do tipo weberiano ideal). O ponto interessante na presente análise é que os tipos de identidade são "observáveis", "verificáveis" na experiência pré-teórica, e por conseguinte pré-científica.

A identidade é um fenômeno que deriva da dialética entre um indivíduo e a sociedade. Os *tipos* de identidade, por outro lado, são produtos sociais *tout court*, elementos relativamente estáveis da realidade social objetiva (sendo o grau de estabilidade evidentemente determinado socialmente, por sua vez). Assim sendo, são o tema de alguma forma de teorização em uma sociedade, mesmo quando são estáveis e a formação das identidades individuais é relativamente desprovida de problemas. As teorias sobre a identidade estão sempre encaixadas em uma interpretação mais geral da realidade. São "embutidas" no universo simbólico e suas legitimações teóricas, variando com o caráter destas últimas. A identidade permanece ininteligível a não ser quando é localizada em um mundo. Qualquer teorização sobre a identidade – e sobre os tipos específicos de identidade – tem, portanto, de fazer-se no quadro das interpretações teóricas em que são localizadas. Voltaremos adiante a este ponto.

Deveríamos acentuar ademais que estamos nos referindo aqui às teorias sobre a identidade enquanto fenômeno social, isto é, sem prejulgar nada quanto à aceitabilidade delas pela ciência moderna. De fato, chamaremos essas teorias "psicológicas", e incluiremos qualquer teoria sobre a identidade que pretenda explicar o fenômeno empírico de maneira ampla, quer essa explicação seja "válida", quer não, para a disciplina científica contemporânea que tem aquele nome.

Se as teorias sobre a identidade são sempre incluídas em teorias mais amplas a respeito da realidade, isto deve ser entendido de acordo com a lógica que serve de fundamento a estas últimas. Por exemplo, uma psicologia que interpreta certos fenômenos empíricos como resultado da possessão por seres demoníacos tem por matriz uma teoria mitológica do cosmo, sendo inadequada para interpretá-los em um quadro não mitológico. Igualmente, uma psicologia que interpreta os mesmos fenômenos como perturbações elétricas do cérebro tem por fundamento uma teoria científica global da realidade, humana e não humana, e deriva sua consistência da lógica subjacente a essa teoria. Dito de maneira simples, a psicologia pressupõe sempre a cosmologia.

Este assunto pode ser bem ilustrado fazendo-se referência ao termo muito usado em psiquiatria "orientação na realidade"[41]. O psiquiatra que procura diagnosticar um indivíduo, a respeito de cujo estado psicológico está em dúvida, faz-lhe perguntas para determinar o grau de sua "capacidade de orientação na realidade". Isto é inteiramente lógico. Do ponto de vista psiquiátrico há evidentemente algo problemático relativamente ao indivíduo que não sabe qual é o dia da semana ou que realmente admite que falou com os espíritos de pessoas falecidas. De fato, o termo "orientado na realidade" pode ser útil neste contexto. O sociólogo, porém,

---

41. O que está implicado aqui, evidentemente, é uma critica sociológica do "principio de realidade" de Freud.

tem uma outra pergunta a propor: "Que realidade?" Diga-se de passagem que este acréscimo tem importância para a psiquiatria. O psiquiatra certamente levará em consideração, quando um indivíduo não sabe o dia da semana, se este acaba de chegar de outro continente por avião a jato. Pode acontecer que não saiba o dia da semana simplesmente porque ainda está "em outro tempo", por exemplo, na hora de Calcutá, em vez da Hora Padrão do Oriente. Se o psiquiatra for sensível ao contexto sociocultural das condições psicológicas chegará a diagnósticos diferentes do indivíduo que conversa com os mortos, dependendo desse indivíduo vir, por exemplo, da cidade de Nova York ou de uma zona rural do Haiti. O indivíduo pode estar "em outra realidade", no mesmo sentido socialmente objetivo em que o indivíduo anterior estava "em outro tempo". Dito diferentemente, as perguntas relativas ao estado psicológico não podem ser decididas sem o reconhecimento das definições da realidade admitidas como verdadeiras na situação social do indivíduo. Expressando-nos de maneira mais precisa, o estado psicológico é relativo às definições sociais da realidade em geral, sendo ele próprio socialmente definido[42].

A emergência das psicologias introduz uma nova relação dialética entre identidade e sociedade, a relação entre a teoria psicológica e os elementos da realidade subjetiva que pretende definir e explicar. O nível dessa teorização pode naturalmente variar muito, conforme acontece com todas as legitimações teóricas. O que foi dito anteriormente a respeito das origens e fases das teorias legitimadoras aplica-se aqui com igual validade, mas com uma diferença que não deixa de ter importância. As psicologias pertencem a uma dimensão da realidade que tem a maior e mais contínua relevância para todos os indivíduos. Por conseguinte, a dialética entre a teoria e a realidade afeta o indivíduo de maneira palpavelmente direta e intensa.

---

42. Cf. BERGER, P.L. "Towards a Sociological Understanding of Psychoanalysis". *Social Research*. Spring, 1965, 26ss.

Quando as teorias psicológicas alcançam um alto grau de complexidade intelectual torna-se provável que sejam ministradas por pessoal especialmente educado neste corpo de conhecimento. Qualquer que seja a organização social desses especialistas, as teorias psicológicas penetram na vida cotidiana, fornecendo os esquemas interpretativos para que o especialista se livre dos casos problemáticos. Os problemas que surgem da dialética entre a identidade subjetiva e as atribuições sociais de identidade, ou entre a identidade e seu substrato biológico (a respeito do qual falaremos a seguir), podem ser classificados de acordo com categorias teóricas, o que é evidentemente o pressuposto de qualquer terapêutica. As teorias psicológicas servem, por conseguinte, para legitimar os procedimentos de conservação da identidade e da reparação da identidade estabelecidos na sociedade, fornecendo a ligação teórica entre a identidade e o mundo, tal como ambos são socialmente definidos e subjetivamente apreendidos.

As teorias psicológicas podem ser empiricamente adequadas ou inadequadas, e neste sentido *não* nos referimos à sua adequação em termos dos cânones de procedimento da ciência empírica, mas antes ao valor delas como esquemas interpretativos aplicáveis pelo perito ou pelo leigo a fenômenos empíricos da vida cotidiana. Por exemplo, é improvável que uma teoria psicológica que admite a possessão demoníaca seja adequada a interpretar os problemas de identidade de intelectuais judeus de classe média da cidade de Nova York. Essas pessoas simplesmente não têm uma identidade capaz de produzir fenômenos que sejam interpretados de tal maneira. Os demônios, se existem, parece que os evitam. Por outro lado, é improvável que a psicanálise seja adequada à interpretação de problemas de identidade nas regiões rurais do Haiti, ao passo que algum tipo de psicologia vudu pode fornecer esquemas interpretativos com alto grau de exatidão empírica. As duas psicologias demonstram sua exatidão empírica pela aplicabilidade à terapêutica, mas com isso nenhuma delas demonstra a condição ontológica de suas categorias. Nem os deuses vudu nem a energia da libido podem existir fora do mundo definido nos respectivos contextos sociais. Mas nesses contextos existem, em virtude da definição social, e são interiorizadas como realidades no curso da socialização. Os haitianos rurais *são* possessos e os intelectuais nova-iorquinos *são* neuróticos. A possessão e a neurose são assim constituintes de realidade objetiva e subjetiva *nesses* contextos. Esta realidade é empiricamente acessível na vida cotidiana. As respectivas teorias psicológicas são empiricamente adequadas precisamente no mesmo sentido. O problema de saber se, e como, poderiam ser criadas teorias psicológicas para superar esta relatividade sócio-histórica não nos interessa neste momento.

Na medida em que as teorias psicológicas são adequadas neste sentido, são capazes de verificação empírica. Ainda mais, o que está em jogo não é a verificação em sentido científico, mas a prova feita na experiência da vida social cotidiana. Por exemplo, é possível propor que os indivíduos nascidos em certos dias do mês provavelmente serão possessos, ou que os indivíduos com mães autoritárias provavelmente serão neuróticos. Estas proposições são empiricamente verificáveis na medida em que pertencem a teorias adequadas, no sentido acima mencionado. A verificação pode ser empreendida pelos participantes ou por observadores estranhos das situações sociais em questão. Um etnólogo haitiano pode empiricamente descobrir neuroses em Nova York, assim como um etnólogo americano pode empiricamente descobrir a possessão vudu. O pressuposto dessas descobertas consiste simplesmente em que o observador externo esteja disposto a empregar os mecanismos conceituais da psicologia indígena na pesquisa em curso. Saber se está também disposto a atribuir a essa psicologia validade epistemológica mais geral é coisa que não tem importância para a pesquisa empírica imediata.

Outra maneira de dizer que as teorias psicológicas são adequadas consiste em dizer que refletem a realidade psicológica que pretendem explicar. Mas se isto fosse tudo, a relação entre teoria e realidade não seria neste caso dialética. Há uma autêntica dialética implicada por causa do poder *realizador* das teorias psicológicas. Na medida em que as teorias psicológicas são elementos da definição social da realidade sua capacidade de gerar a realidade é uma característica, de que participam com outras teorias legitimadoras. Contudo, seu poder realizador é particularmente grande, porque é atualizado por processos de formação de identidade emocionalmente carregados. Se uma psicologia se torna socialmente estabelecida (isto é, torna-se geralmente reconhecida como uma interpretação adequada da realidade objetiva) tende forçosamente a se realizar nos fenômenos que pretende interpretar. Sua interiorização é acelerada pelo fato de referir-se à realidade interna, de modo que o indivíduo a realiza no próprio ato de interiorizá-la. Além do mais, como uma psicologia por definição refere-se à identidade, é provável que sua interiorização seja acompanhada pela identificação, por conseguinte *ipso facto* é provável que seja formadora de identidade. Neste estreito nexo entre interiorização e identificação, as teorias psicológicas diferem consideravelmente de outros tipos de teoria. Sendo os problemas da socialização incompleta os que mais conduzem a este tipo de teorização, não é de surpreender que as teorias psicológicos tenham mais facilmente efeitos socializadores. Isto não é a mesma coisa que dizer serem as psicologias capazes de se verificarem a si mesmas. Conforme indicamos, a verificação dá-se pelo confronto das teorias psicológicas e da realidade psicológica empiricamente acessível. As psicologias produzem uma realidade, que por sua vez serve de base para a verificação delas. Em outras palavras, estamos tratando aqui de dialética, não de tautologia.

O haitiano rural que interioriza a psicologia vudu tornar-se-á possesso logo que descobre certos sinais bem definidos. Do mesmo modo, o intelectual de Nova York que interioriza a psicologia freudiana ficará neurótico logo que diagnostica certos sintomas bem conhecidos. De fato, é possível que, dado um certo contexto biográfico, os sinais ou os sintomas sejam produzidos pelo próprio indivíduo. O haitiano neste caso produzirá não sinais de neurose, mas sinais de possessão, enquanto o nova-iorquino construirá sua neurose de conformidade com a sintomatologia reconhecida. Isto não tem nada a ver com "histeria em massa", e menos ainda com simulação de doença, mas refere-se à impressão de tipos de identidade social sobre a realidade subjetiva individual de pessoas comuns dotadas de bom-senso. O grau de identificação variará com as condições da interiorização, conforme mostramos anteriormente, dependendo, por exemplo, de realizar-se na socialização primária ou na secundária. O estabelecimento social de uma psicologia, que também acarreta a atribuição de certos papéis sociais ao pessoal que ministra a teoria e sua aplicação terapêutica, dependerá naturalmente de várias circunstâncias sócio-históricas[43]. Mas quanto mais socialmente estabelecida se torna, mais abundantes serão os fenômenos que serve para interpretar.

Se admitirmos a possibilidade de certas psicologias se tornarem adequadas no curso de um processo de realização, implicamos a questão de saber por que as teorias até agora inadequadas (como deveriam ter sido nas fases primitivas deste processo) surgem em primeiro lugar. Dito de maneira mais simples, por que uma psicologia deve substituir outra na história? A resposta geral é que esta mudança ocorre quando a identidade aparece como problema, por qualquer motivo. O problema pode surgir da dialética da realidade psicológica e da estrutura social. As transformações radicais da estrutura social (por exemplo, as transformações produzidas pela Revolução Industrial) podem dar em resultado alterações concomitantes da realidade psicológica. Neste caso, novas teorias psicológicas surgirão, porque as antigas não explicam mais adequadamente os fenômenos empíricos imediatos. A teorização sobre a identidade procurará então tomar conhecimento das transformações da identidade que aconteceram realmente, e será ela própria transformada no processo. Por outro lado, a identidade pode tornar-se problemática no nível da própria teoria, isto é, como resultado de desenvolvimentos teóricos intrínsecos. Neste caso as teorias psicológicas serão maquinadas "antes do fato", por assim dizer. Seu estabelecimento social *subsequente*, e concomitante poder gerador da realidade, pode ser realizado por qualquer núme-

---

43. Cf. ibid.

ro de afinidades entre o pessoal teorizador e os vários interesses sociais. A manipulação ideológica deliberada por grupos politicamente interessados é uma possibilidade histórica.

4. Organismo e identidade

Examinamos muito anteriormente os pressupostos orgânicos e as limitações da construção social da realidade. É importante acentuar agora que o organismo continua a afetar cada fase da atividade humana construtora da realidade e que o organismo por sua vez é afetado por esta atividade. Dito de maneira rude, a animalidade do homem transforma-se em socialização, mas não é abolida. Assim, o estômago do homem continua roncando mesmo se o indivíduo está tratando de seus negócios na construção do mundo. Inversamente, os acontecimentos que se passam nesse mundo, que é produto do homem, podem fazer seu estômago roncar mais, menos ou diferentemente. O homem é mesmo capaz de comer e fazer teorias ao mesmo tempo. A coexistência permanente da animalidade do homem e de sua socialidade pode ser proveitosamente observada em qualquer conversa depois do jantar.

É possível falar de uma dialética entre a natureza e a sociedade[44]. Esta dialética é dada na condição humana e manifesta-se renovada em cada indivíduo humano. Para o indivíduo, evidentemente, ela se desenrola em uma situação sócio-histórica já estruturada. Há uma contínua dialética que começa a existir com as primeiras fases da socialização e continua a se desenvolver ao longo de toda a existência do indivíduo na sociedade, entre cada animal humano e sua situação sócio-histórica. Externamente é uma dialé-

---

44. A dialética entre a natureza e a sociedade, por nós aqui discutida, de modo algum pode ser equiparada à "dialética da natureza" desenvolvida por Engels e pelo marxismo posteriormente. A primeira sublinha que a relação do homem com seu próprio corpo (do mesmo modo que com a natureza em geral) é por si mesma uma relação especificamente humana. A segunda concepção, pelo contrário, projeta fenômenos especificamente humanos numa natureza não humana, e em seguida passa a desumanizar teoricamente o homem, considerando-o apenas objeto das forças naturais ou leis da natureza.

tica entre o animal individual e o mundo social. Internamente, é uma dialética entre o substrato biológico do indivíduo e sua identidade socialmente produzida.

No aspecto externo é ainda possível dizer que o organismo estabelece limites para aquilo que é socialmente possível. Como disseram os advogados constitucionais ingleses, o parlamento pode fazer tudo exceto os homens parirem filhos. Se o parlamento tentasse, o projeto fracassaria com base nos fatos rígidos da biologia humana. Os fatores biológicos limitam a gama das possibilidades sociais abertas a qualquer indivíduo, mas o mundo social, que preexiste a cada indivíduo, por sua vez impõe limites ao que é biologicamente possível para o organismo. A dialética manifesta-se na limitação *mútua* do organismo e da sociedade.

Uma oportuna ilustração da limitação que a sociedade impõe às possibilidades biológicas do organismo é a longevidade. A expectativa de vida varia com a localização social. Mesmo na sociedade americana contemporânea existe considerável discrepância entre a expectativa de vida dos indivíduos de classe inferior e a dos indivíduos de classe superior. Além disso, a incidência e o caráter da patologia variam com a posição social. Os indivíduos de classe inferior adoecem mais frequentemente que os da classe superior. Além disso, têm doenças diferentes. Em outras palavras, a sociedade determina durante quanto tempo e de que maneira o organismo individual viverá. Esta determinação pode ser institucionalmente programada na operação dos controles sociais, como na instituição da lei. A sociedade pode aleijar e matar. De fato, é no poder sobre a vida e a morte que manifesta seu supremo controle sobre o indivíduo.

A sociedade penetra também diretamente no organismo no que diz respeito ao funcionamento deste, principalmente quanto à sexualidade e à nutrição. Embora ambas sejam fundadas em impulsos biológicos, estes impulsos são extremamente plásticos no animal humano. O homem é compelido pela constituição biológica a procurar a satisfação sexual e o alimento. Mas sua constituição biológica não lhe diz *onde* deverá procurar a satisfação sexual e o *que* deverá comer. Abandonado a si mesmo, o homem pode ligar-se sexualmente a aproximadamente qualquer objeto e é perfeitamente capaz de comer coisas que o matarão. A sexualidade e a nutrição estão canalizadas em direções específicas mais socialmente do que biologicamente, canalização que não somente impõe limites a estas atividades, mas afeta diretamente as funções orgânicas. Assim, o indivíduo socializado com pleno sucesso é incapaz de funcionar socialmente com o objeto sexual "impróprio" e vomita quando se depara com o alimento "impróprio". Como vimos, a canalização social da atividade é a essência da institucionalização, que é o fundamento da construção social da realidade. Pode dizer-se então que a realidade social determina não somente a atividade e a consciência, mas, em grau considerável, o funcionamento orgânico. Assim, funções biológicas tão intrínsecas quanto o orgasmo e a digestão são socialmente estruturadas. A sociedade também determina a maneira pela qual o organismo é usado na atividade. A expressividade, o modo de andar e os gestos são socialmente estruturados. Não podemos nos ocupar aqui com a possibilidade de uma sociologia do corpo, que estas noções suscitam[45]. A questão é que a sociedade estabelece limites para o organismo, assim como o organismo estabelece limites para a sociedade.

No aspecto interno, a dialética manifesta-se como a resistência do substrato biológico à modelagem pela sociedade[46]. Isto é naturalmente de todo evidente no processo de socialização primária. As dificuldades de socializar inicialmente a criança não podem ser explicadas simplesmente em razão dos problemas intrínsecos da aprendizagem. O pequeno animal luta contra, por assim dizer. O

---

45. Sobre esta possibilidade de uma disciplina da "sociossomática", cf. SIMMEL, G. Op. cit., p. 483ss. (O ensaio sobre a "sociologia dos sentidos"). • MAUSS, M. *Sociologie et Anthropologie*. Paris: Presses Universitaires de France, 1950, p. 365ss. (O ensaio sobre as "técnicas do corpo"). • HALL, E.T. *The Silent Language*. Garden City, N.Y.: Doubleday, 1959. A análise sociológica da sexualidade forneceria provavelmente o mais rico material empírico para esta disciplina.

46. Isto foi muito bem compreendido na concepção da socialização de Freud. Foi enormemente subestimada nas adaptações funcionalistas de Freud, de Malinowski em diante.

fato de fatalmente ter de perder a batalha não elimina a resistência de sua animalidade à influência cada vez mais penetrante do mundo social. Por exemplo, a criança resiste à imposição da estrutura temporal da sociedade à temporalidade natural de seu organismo[47]. Resiste a comer e dormir de acordo com o relógio, em vez de atender às exigências, biologicamente impostas, do organismo. Esta resistência é progressivamente quebrada no curso da socialização, mas se perpetua como frustração em todas as ocasiões nas quais a sociedade proíbe o indivíduo esfomeado de comer e o indivíduo sonolento de ir para a cama. A socialização inevitavelmente implica este tipo de frustração biológica. A existência social depende da subjugação contínua da resistência, biologicamente fundada, do indivíduo, que acarreta legitimação bem como institucionalização. Assim, a sociedade oferece ao indivíduo várias explicações da causa ter de comer três vezes por dia, e não todas as vezes que tem fome, e explicações ainda mais fortes da razão pela qual não deveria dormir com a irmã. Na socialização secundária existem problemas semelhantes de acomodação do organismo no mundo socialmente construído, embora naturalmente o grau de frustração biológica provavelmente seja menos agudo.

No indivíduo completamente socializado há uma dialética interna contínua entre a identidade e seu substrato biológico[48]. O indivíduo continua a sentir-se como um organismo, à parte das objetivações de si mesmo de origem social, e às vezes contra elas. Esta dialética é frequentemente apreendida como luta entre um eu "superior" e um eu "inferior", equiparados respectivamente à identidade social e à animalidade pré-social, possivelmente antissocial. O eu "superior" tem de afirmar-se repetidamente sobre o "inferior", às vezes em provas críticas de força. Por exemplo, um homem tem de vencer o instintivo medo da morte pela coragem na batalha. O eu "inferior" neste caso é chicoteado até a submissão pelo

---

47. Confronte-se aqui com Henri Bergson (especialmente sua teoria da *durèe*), Maurice Merleau-Ponty, Alfred Schutz e Jean Piaget.

48. Compare-se aqui com Durkheim e Plessner, e também com Freud.

"superior", afirmação de dominação sobre a substrato biológico que é necessária para manter a identidade social do guerreiro, objetiva e subjetivamente. De modo semelhante, um homem pode exceder-se na execução do ato sexual, contra a resistência inerte da saciedade fisiológica, a fim de manter sua identidade como modelo de virilidade. Ainda uma vez, o eu "inferior" é compelido a servir ao "superior". A vitória sobre o medo e a vitória sobre o cansaço sexual ilustram a maneira em que o substrato biológico resiste e é derrotado pelo eu social dentro do homem. Não é preciso dizer que há muitas vitórias menores, realizadas rotineiramente no curso da vida cotidiana, assim como também há derrotas menores e maiores.

O homem é biologicamente predestinado a construir e habitar um mundo com os outros. Este mundo torna-se para ele a realidade dominante e definitiva. Seus limites são estabelecidos pela natureza, mas, uma vez construído, este mundo atua de retorno sobre a natureza. Na dialética entre a natureza e o mundo socialmente construído, o organismo humano se transforma. Nesta mesma dialética o homem produz a realidade e com isso se produz a si mesmo.

Conclusão
A sociologia do conhecimento e a teoria sociológica

Procuramos apresentar nas páginas precedentes uma exposição geral e sistemática do papel do conhecimento na sociedade. Evidentemente, nossas análises não são exaustivas. Mas esperamos que nossa tentativa de desenvolver uma teoria sistemática da sociologia do conhecimento estimulará a discussão crítica e as pesquisas empíricas. De uma coisa estamos seguros. A redefinição dos problemas e tarefas da sociologia do conhecimento já está atrasada. Esperamos que nossas análises indiquem o caminho ao longo do qual novos trabalhos possam ser realizados com proveito.

No entanto, nossa concepção da sociologia do conhecimento também contém algumas implicações gerais para a teoria sociológica e os empreendimentos sociológicos, fornecendo uma diferente perspectiva sobre diversas áreas específicas de interesse sociológico.

As análises da objetivação, institucionalização e legitimação aplicam-se diretamente a problemas da sociologia da linguagem, da teoria da ação e instituições sociais, e da sociologia da religião. Nossa compreensão da sociologia do conhecimento leva à conclusão de que as sociologias da linguagem e da religião não devem ser consideradas especialidades periféricas, de pequeno interesse para a teoria sociológica enquanto tal, mas podem fazer contribuições essenciais para ela. Este modo de ver não é novo. Durkheim e sua escola já o possuíam, mas foi perdido, por uma série de razões teoricamente sem importância. Esperamos ter tornado claro que a sociologia do conhecimento pressupõe uma sociologia da linguagem, e que uma sociologia do conhecimento sem uma sociologia da religião é impossível (e vice-versa). Além disso, acreditamos ter mostrado como é possível combinar as posições teóricas de Weber e Durkheim em uma teoria geral da ação social, que não perde a lógica interior de nenhuma das duas. Finalmente, afirmamos que a ligação, por nós estabelecida aqui, entre a sociologia do conhecimento e o núcleo teórico do pensamento de Mead e sua escola sugere uma interessante possibilidade para o que poderia ser chamado psicologia sociológica, isto é, uma psicologia que deriva suas perspectivas fundamentais da compreensão sociológica da condição humana. As observações aqui feitas indicam um programa que parece teoricamente promissor.

Dito de maneira mais geral, afirmamos que a análise do papel do conhecimento na dialética do indivíduo e da sociedade, da identidade pessoal e da estrutura social, fornece uma perspectiva complementar essencial para todas as áreas da sociologia. Isto não significa certamente negar que as análises puramente estruturais dos fenômenos sociais sejam inteiramente adequadas para grandes áreas da pesquisa sociológica, indo do estudo dos pequenos grupos até o dos vastos complexos institucionais, tais como a economia ou a política. Nada está mais longe de nossas intenções do que sugerir que o "ângulo" da sociologia do conhecimento deve de algum modo ser introduzido em todas estas análises. Em muitos casos isto seria desnecessário para a finalidade cognoscitiva visada por estes estudos. Estamos porém sugerindo que a integração dos resultados dessas análises no corpo da teoria social requer mais do que a obediência ocasional que deve ser prestada ao "fator humano", situado atrás dos dados estruturais patentes. Esta integração exige a sistemática consideração da relação dialética entre as realidades estruturais e o empreendimento humano de construir a realidade na história.

Ao escrever este livro não tivemos intuito polêmico. Seria absurdo porém negar que nosso entusiasmo pelo estudo atual da teoria sociológica é acentuadamente restrito. Em primeiro lugar, procuramos mostrar, mediante nossa análise das relações entre os processos institucionais e os universos simbólicos legitimadores, a razão pela qual devemos considerar as versões padronizadas das explicações funcionalistas nas ciências sociais uma prestidigitação teórica. Além disso, esperamos ter mostrado os motivos de nossa convicção de que uma sociologia puramente estrutural corre endemicamente o perigo de reificar os fenômenos sociais. Mesmo se começa modestamente por atribuir às suas construções uma condição meramente heurística, com grande frequência acaba confundindo suas próprias conceitualizações com as leis do universo. Contrastando com alguns modos dominantes de teorização na sociologia contemporânea, as ideias que nos esforçamos por desenvolver não postulam *nem* um "sistema social" a-histórico *nem* uma "natureza humana" a-histórica. O enfoque por nós aqui utilizado é ao mesmo tempo não sociologista e não psicologista. Não podemos concordar com a noção de que a sociologia tenha por objeto a suposta "dinâmica" dos "sistemas" sociais psicológicos, colocados *post hoc* numa dúbia relação (diga-se de passagem que o itinerário intelectual desses dois termos é digno de um estudo especial a ser feito pela sociologia empírica do conhecimento).

A concepção da dialética entre a realidade social e a existência individual na história não é de modo algum nova. Foi sem dúvida introduzida de maneira mais poderosa no moderno pensamento social por Marx. O que é necessário, porém, é aplicar uma perspectiva dialética à orientação teórica das ciências sociais. Não é preciso dizer que não temos em mente uma introdução doutrinária das ideias de Marx na teoria sociológica. Nem há qualquer finalidade na mera asserção de que a dialética anteriormente mencionada, de fato e em geral, existe. O que se precisa é passar dessa afirmativa à especificação dos processos dialéticos num quadro conceitual congruente com as grandes tradições do pensamento sociológico. A simples retórica a respeito da dialética, tal como aquela em que comumente se empenham os marxistas doutrinários, deve parecer ao sociólogo apenas como uma outra forma de obscurantismo. E, contudo, estamos convencidos de que somente a compreensão daquilo que Marcel Mauss chamou de "fato social total" protegerá o sociólogo contra as reificações distorcivas do sociologismo e do psicologismo. É por oposição à situação intelectual na qual este duplo perigo se torna muito real que desejamos ver compreendido nosso tratado.

Nosso empreendimento foi teórico. Contudo, a teoria, em qualquer disciplina empírica, deve relacionar-se de dupla maneira com os "dados" definidos como pertinentes para essa disciplina.

Deve ser congruente com eles e deve estar aparelhada para promover a pesquisa empírica. Há uma vasta área de problemas empíricos aberta para a sociologia do conhecimento. Não é aqui o lugar para fornecer um catálogo do que consideramos serem os mais interessantes desses problemas, e menos ainda para propor hipóteses específicas. Demos algumas indicações do que temos em mente nos exemplos de nossa argumentação teórica. Somente acrescentaríamos aqui que, em nossa opinião, a pesquisa empírica da relação das instituições com os universos simbólicos legitimadores intensificará grandemente a compreensão sociológica da sociedade contemporânea. Os problemas a este respeito são numerosos. São mais obscurecidos do que esclarecidos falando-se da sociedade contemporânea em termos de "secularização", de "idade científica", "sociedade de massa", ou inversamente, do "indivíduo autônomo", da "descoberta do inconsciente", e assim por diante. Estes termos indicam somente a imensidade dos problemas que exigem esclarecimento científico. Pode admitir-se facilmente que o homem ocidental contemporâneo, de modo geral, vive em um mundo extensamente diferente de qualquer outro precedente. No entanto, está longe de ser claro o que isto significa, no que se refere à realidade, objetiva e subjetiva, em que esses homens levam a vida cotidiana e na qual suas crises ocorrem. A pesquisa empírica destes problemas, por oposição à especulação mais ou menos inteligente, mal começou. Desejaríamos que o esclarecimento da perspectiva teórica da sociologia do conhecimento por nós aqui intentada aponte problemas para essa pesquisa, que são facilmente ignorados em outras perspectivas teóricas. Damos apenas um único exemplo. O atual interesse por parte dos cientistas sociais em teorias derivadas da psicanálise tomaria uma coloração muito diferente se essas teorias não fossem consideradas, positiva ou negativamente, como proposições da "ciência", mas analisadas como legitimações de uma construção da realidade, muito particular e provavelmente muito significativa na sociedade moderna. Esta análise, sem dúvida, colocaria entre parênteses a questão da "validade científica" dessas teorias, e simplesmente as consideraria como dados para a compreensão da realidade subjetiva e objetiva de que surgem, e que, por sua vez, influenciam.

Abstivemo-nos expressamente de seguir as implicações metodológicas de nossa concepção da sociologia do conhecimento. Deveria ficar claro, entretanto, que nosso enfoque não é positivista, se o positivismo for entendido como uma posição filosófica que define o objeto das ciências sociais de modo a evitar legislar sobre seus mais importantes problemas. Apesar disso, não subestimamos os méritos do "positivismo", entendido em sentido amplo, na redefinição dos cânones da pesquisa empírica para as ciências sociais.

A sociologia do conhecimento compreende a realidade humana como uma realidade socialmente construída. Como a constituição da realidade tem sido tradicionalmente um problema central da filosofia, esta compreensão tem certas implicações filosóficas. Na medida em que tem havido uma forte tendência a tornar trivial este problema na filosofia contemporânea, com todas as questões que suscita, o sociólogo pode encontrar-se, talvez com surpresa, herdeiro de questões filosóficas que os filósofos profissionais já não estão mais interessados em examinar. Em várias secções deste tratado, especialmente na análise dos fundamentos do conhecimento na vida cotidiana e no debate da objetivação e institucionalização com referência aos pressupostos biológicos da existência humana, demos alguma indicação das contribuições que o pensamento sociologicamente orientado pode trazer para a antropologia filosófica.

Em suma, nossa concepção da sociologia do conhecimento implica uma particular concepção da sociologia em geral. *Não* implica que a sociologia não seja uma ciência, que seus métodos não devam ser empíricos ou que não pode ser "livre de valores". *Implica* que a sociologia toma seu lugar na companhia das ciências que tratam do homem *enquanto* homem. Neste particular sentido, é uma disciplina humanista. Uma consequência importante desta concepção é que a sociologia deve ser realizada em um contínuo diálogo com a história e a filosofia, ou perder seu objeto próprio de pesquisa. Este objeto é a sociedade como parte de um mundo humano, feito pelos homens, habitado por homens e, por sua vez, fazendo os homens, em um contínuo processo histórico. Não é o menor dos frutos de uma sociologia humanista voltar a despertar nosso maravilhamento diante deste espantoso fenômeno.

CULTURAL

Administração
Antropologia
Biografias
Comunicação
Dinâmicas e Jogos
Ecologia e Meio Ambiente
Educação e Pedagogia
Filosofia
História
Letras e Literatura
Obras de referência
Política
Psicologia
Saúde e Nutrição
Serviço Social e Trabalho
Sociologia

CATEQUÉTICO PASTORAL

Catequese
  Geral
  Crisma
  Primeira Eucaristia

  Pastoral
    Geral
    Sacramental
    Familiar
    Social
    Ensino Religioso Escolar

TEOLÓGICO ESPIRITUAL

Biografias
Devocionários
Espiritualidade e Mística
Espiritualidade Mariana
Franciscanismo
Autoconhecimento
Liturgia
Obras de referência
Sagrada Escritura e Livros Apócrifos

Teologia
  Bíblica
  Histórica
  Prática
  Sistemática

VOZES NOBILIS

Uma linha editorial especial, com importantes autores, alto valor agregado e qualidade superior.

REVISTAS

Concilium
Estudos Bíblicos
Grande Sinal
REB (Revista Eclesiástica Brasileira)

VOZES DE BOLSO

Obras clássicas de Ciências Humanas em formato de bolso.

PRODUTOS SAZONAIS

Folhinha do Sagrado Coração de Jesus
Calendário de mesa do Sagrado Coração de Jesus
Agenda do Sagrado Coração de Jesus
Almanaque Santo Antônio
Agendinha
Diário Vozes
Meditações para o dia a dia
Encontro diário com Deus
Guia Litúrgico

CADASTRE-SE
www.vozes.com.br

EDITORA VOZES LTDA.
Rua Frei Luís, 100 – Centro – Cep 25689-900 – Petrópolis, RJ
Tel.: (24) 2233-9000 – Fax: (24) 2231-4676 – E-mail: vendas@vozes.com.br

UNIDADES NO BRASIL: Belo Horizonte, MG – Brasília, DF – Campinas, SP – Cuiabá, MT
Curitiba, PR – Fortaleza, CE – Goiânia, GO – Juiz de Fora, MG
Manaus, AM – Petrópolis, RJ – Porto Alegre, RS – Recife, PE – Rio de Janeiro, RJ
Salvador, BA – São Paulo, SP